本丛书系国家社会科学基金"十三五"规划2020年度教育学一般课题"基于课程标准的学校问责模型构建与验证研究"（项目编号：BHA200124）成果

U0641344

看得见的课程丛书

学校课程规划方案典型案例

规范实施

总主编 张斌 朱伟强

主编◎朱伟强

副主编◎徐美华

山东教育出版社

·济南·

图书在版编目（CIP）数据

规范实施：学校课程规划方案典型案例／朱伟强主编．--济南：山东教育出版社，2024．8．--（看得见的课程丛书／张斌，朱伟强总主编）．--ISBN 978-7-5701-3212-6

Ⅰ．G632.3

中国国家版本馆 CIP 数据核字第 2024FX1909 号

KANDEJIAN DE KECHENG CONGSHU

GUIFAN SHISHI：XUEXIAO KECHENG GUIHUA FANG'AN DIANXING ANLI

看得见的课程丛书

规范实施：学校课程规划方案典型案例

朱伟强　主编

主管单位: 山东出版传媒股份有限公司
出版发行: 山东教育出版社
　　　　　地址：济南市市中区二环南路 2066 号 4 区 1 号　邮编：250003
　　　　　电话：（0531）82092660　　网址：www.sjs.com.cn
印　　刷: 济南百思特印业有限公司
版　　次: 2024 年 8 月第 1 版
印　　次: 2024 年 8 月第 1 次印刷
开　　本: 710 mm × 1000 mm　1/16
印　　张: 19.75
字　　数: 338 千
定　　价: 60.00 元

（如印装质量有问题，请与印刷厂联系调换）印厂电话：0531-88931966

让课程可见

（代总序）

进入新世纪以来，我国的基础教育课程改革在持续推进。从国家层面来说，继2001年义务教育课程方案和相关课程的课程标准出台之后，2017年教育部颁布了《普通高中课程方案》和语文等学科课程标准，并在2020年完成了修订，2022年教育部又印发了《义务教育课程方案（2022年版）》以及语文等16个学科课程标准。国家层面课程文本的持续完善表明，国家的课程理想在持续升级，相应的正式课程也更趋近于理想，聚焦"立德树人"根本任务，围绕"培养什么人、怎样培养人和为谁培养人"的根本问题，优化了育人的课程蓝图。

然而，常识告诉我们，正如建筑蓝图的完成并不等同于建筑的建成，完美的课程理想以及完善的课程蓝图本身并不能确保课程自然地产生育人成效。课程要产生育人成效，唯一的路径就是与学生实现真实的互动，而且，当课程在到达学生层面时依然保持理想状态。这意味着，在国家的课程蓝图绘就之后，课程实施的各个层级（地方、学校、教师）对正式课程及其背后的课程理想的体认和领悟，对课程与学生互动的预见，以及推动课程与学生真实互动的实际行动，就成为课程取得育人成效的关键。

学校、教师是课程实施最关键的主体，因为课程与学生的高质量互动必然以学校和教师为中介——只有当学校、教师在实际运作课程时，学生与课程的互动才有可能发生。但是，这种互动的质量直接影响学生的课程学习体验，也决定了课程的实际育人成效。要确保课程–学生的高质量互动，学校、教师如何体认、领悟课程理想，如何预见并设计课程–学生的互动，就成了关键。

20余年课程改革的重要贡献之一是使课程进入学校、教师的视野。学校、教师不再像以前那样，只看到教材，只看到教学内容，只关注教学流程和方法，而是能看得见课程了，并且能够关注到课程方案、课程标准。然而，教师"眼中"的课程其实还是外在于教师的课程，更不能直接转化为学生体验到的课程。学生能够体验到的课程是教师"做出来"的课程，学生看得到、摸得着。而教师"做出来"的课程本应基于教师"心中"的课程，这种课程体现了教师基于对正式课程文本及其背后的课程理想的理解，基于所面对的特定学生的情况，对课程-学生的互动所作的预见和设想。正是这种预见和设想极大地影响了教师"做出来"的课程，进而极大地影响学生"体验到"的课程。遗憾的是，在很长一段时间中，教师"心中"的课程却好像是一个"黑箱"，不仅不能为外人可见，甚至自己也看不见。

在现实中，学校、教师层面的课程实施存在着一些明显的偏差：在学校层面，有些学校完全照搬国家、省一级的课程方案，没有基于本校教育哲学、学生特定需求等方面的思考，所搬还只是课程方案中的课程设置方案，缺少关于"课程"的整体设计；在教师层面，有些教师仅凭自己个人的经验或对他人实践的简单模仿来"实施课程"——其实质还是传统意义上的教学，"心中"的课程只有一个模糊的影子。教师的确会编制教案，但这依然不能算心中有课程——至多就像用激光笔在黑箱中照射，照到的那一部分倒是比较清晰，但其余部分仍然漆黑一片，见到了课时这棵树，但看不到课程这片森林。

尽管学生体验到的课程最终依赖于教师"做出来"的课程，但学校、教师在心中对课程的预想和设计则是课程实施中最具专业性的实践。如果缺失这种实践，教师的实践就丧失专业性，就会沦为一种熟能生巧的技艺；如果这种实践成为一种缄默的隐含的过程，教师的实践就会成为一种基于直觉的行动。正因如此，促使学校、教师将心中的课程变得可见——编制出学校课程规划、课程纲要、单元教学方案、课时教学方案，就成为课程实施推进中的关键抓手。

我们敏锐地意识到课程实施推进中的这一关键环节。早在2018年，笔者所在的山东省教育科学研究院项目组就尝试推进学校层面各类课程方案的编制工作，取得了良好的成效。从2020年起，我们启动了全省性的课程方案转化活动，引导广大一线校长、教师，把国家层面的课程方案、课程标准转化为学校层面的课程方案。为此，我们通过深入研究，创造性地把学校层面的课程方案划分为学校课程规划方案（A类）、基于课程标准的学科课程方案（B类）、综合实践活动类课程方案（C类）、校本课程方案（D类）四类，在参考华东师范大学崔允漷教授团队研究成果的基础上，针对每一类方案制定了编写框架、撰写要点和相应的评价标准，组织了一批课程改革专家面向全省中小学广泛开展课程方案编制的培训，并深入一线开展课程方案编制指导。经过几年的努力，不仅涌现出了一些有较高质量的成果，更在较大程度上提升了学校层面课程实施者的课程意识和课程设计的专业化水平。在省级层面上全面推进学校各类课程方案的编制，我们的尝试可以说走在全国的前列。

在近几年取得的课程设计优秀成果中，我们组织力量进行多轮遴选，最终选出一批比较典型的课程设计案例，结集成为本丛书。

本丛书分四册，按照项目组基于课程实施所设计的四个类别来组织：

第一册，学校课程规划方案。学校课程规划方案要求学校基于对国家课程政策和国家课程方案的理解，以及学校的教育哲学、学生需求、区域特色等，对三种课程类别以及各种课程要素进行系统的整体的思考。本册共收录了13所学校的学校课程规划方案。

第二册，基于课程标准的学科课程方案。聚焦国家课程中有国家课程标准的那些科目，要求超越传统意义上指向于课时的教案设计，按照"以终为始"的思路，系统一贯地呈现面向一个学期的课程纲要、面向一个单元的单元教学方案和指向具体课时的课时教学方案。本册共收录了10个团队所开发的学科课程方案。

第三册，综合实践活动类课程方案。聚焦国家课程中的综合实践活动，要求系统一贯地设计学期课程纲要、单元教学方案和课时教学方案。需要特别说明的是，由于本项目启动之时，劳动课程尚未出台国家课程标准，因此将劳动课程暂时纳入此类。本册共收录了16个团队所设计的综合实践活动类课程方案。

第四册，校本课程方案。聚焦于校本课程，要求系统一贯地设计学期课程纲要、单元教学方案和课时教学方案。本册共收录了21个团队所设计的校本课程方案。

借本丛书付梓之机，我们想对本项目启动、推进以及本丛书出版过程中做出重要贡献的众多领导、专家表示感谢！感谢山东省教育厅、山东省教育科学研究院领导对本项目的鼎力支持！感谢参与本项目培训、指导的各位专家，尤其要感谢我的导师崔允漷教授，他不仅是本项目创意的最初来源，还在本项目推进过程中提供了极为宝贵的专业指导和专业资料！感谢山东教育出版社领导和责任编辑的大力支持，没有他们的积极推进，本丛书不可能顺利面世！感谢积极参与课程方案编写的诸多学校和教师，他们的努力使得本项目成果有了品质保障！

尽管我们以及相关学校、教师做出了巨大的努力，但由于学校、教师先前的课程知识基础总体比较薄弱，可资参照的成熟范本相对欠缺——当然主要是我们自己的专业水平不足，所呈现的成果一定还存在着这样或那样的问题或不足。然而，可以确定地说，我们做这项工作的基本目标已经实现——学校、教师将心中的课程呈现出来了，为自己可见；我们将学校、教师的课程方案公开呈现了，也让他人可见。让课程为自己可见的过程实际上已经成为教师提升课程专业能力的过程，而让自己的课程为他人可见，则提供了可供分析批判的样例，能为课程改革共同体的知识发展提供一些素材。

是为序。

张　斌

2024年8月

目录

1

济宁学院附属小学"小天鹅"课程规划方案

编者点评

　　一个学校的课程方案需要有一个清晰的课程结构。济宁学院附属小学依据国家课程政策、学校教育哲学和课程资源特色，设计出由基础性课程、拓展性课程和发展性课程构成的课程体系。三类课程结构清晰，各自设置的科目内容丰富。

　　一份学校课程方案需要围绕一个课程分类框架来撰写。济宁学院附属小学的这份学校课程方案始终按"基础性课程、拓展性课程和发展性课程"这三类课程来撰写课程结构与设置、课程实施、课程评价，一以贯之。

　　当然，学校课程规划需要全面地考虑课程决策依据，该课程规划方案如能在学生发展需求分析方面呈现明确的调研结果和结论，可为学校课程规划提供更为可靠的学情依据。另外，需要对"志高有爱、勤学善思、阳光健康、习惯良好、勇创敢为"的毕业生形象，明确每个方面的具体表现，以便后续的课程结构与科目设置、课程实施与评价、课程管理与保障等方面的决策有明确的依据和方向。

济宁学院附属小学"小天鹅"课程规划方案

设计者：朱云峰 耿乐 王永超 孙鲁 钱广书

济宁学院附属小学创办于1988年，位于济宁市任城区浣笔泉路12号，是济宁市政府投资兴建的一所市直小学。学校现有51个教学班，2400名学生，186名教职工。初创时期，学校狠抓"管理"，加强制度及硬件建设，1992年以总分第一名的成绩获评"山东省首届规范化学校"，为其特色发展打下良好的基础；随后学校改革"教学"，坚持"素养导向"，大胆改革课堂教学，逐步形成"学得轻松，玩得愉快，全面发展，学有所长"的素质教育办学特色；进入新世纪，学校聚焦"课程"，紧随第二轮新课程改革的步伐，提出"办一所适合师生共同发展的精品学校"的发展愿景。为整合课程资源，统筹课程规划，构建适合学生发展的课程体系，特制定本课程规划方案。

一、课程背景分析

（一）政策要求

21世纪初，国家颁布《基础教育课程改革纲要（试行）》，提出"实行国家、地方、学校三级课程管理"。学校由此成为课程在事实层面上最重要、最关键的管理者，课程规划也成为学校课程领导的题中应有之义。近年来，教育部颁布的《义务教育课程方案（2022年版）》和《普通高中课程方案（2017年版2020年修订）》进一步明确要求：学校应依据国家课程方案和省级课程实施办法，立足本校办学理念，分析资源条件，制订满足学生发展需要的学校课程实施规划，注重整体规划，有效实施国家课程，规范开设地方课程，合理开发校本课程，将国家育人理念、原则要求转化为学校具体育人实践活动。

《国家中长期教育改革和发展规划纲要（2010—2020年）》提出要"广泛开展城乡社区教育，加快各类学习型组织建设，基本形成全民学习、终身学习的学习型社会"。《义务教育课程方案（2022年版）》完善了义务教育培养目标，聚焦面向未来的关键能力、必备品格与价值观念，从"有理想、有本领、有担当"三个方面明确了义务教育阶段时代新人培养的具体要求；优化课程设置，将课程分为国家课程、地方课程和校本课程三类，突出国家课程主体地位，兼顾地方课程和校本课程的拓展性、选择性功能，健全德智体美劳全面培养的教育体系；强化课程的综合化、实践性，重视培养创新精神、实践能力与真实情境下的问题解决能力。

（二）学校教育哲学

1. 办学愿景

办一所适合师生共同发展的精品学校。

（1）适合。教育不是培养适合教学的学生，而是创建适合学生的课程。我们在遵循儿童发展的规律下，建构适合学生的课程，完成国家规定的育人目标。教育还是适合教师的教育，教师在教育学生的同时，自己的专业素养得到不断成长，创造能力得到不断提高。"创造适合师生共同发展的教育"不仅是我们的愿景，更是我们一切行动的指南。

（2）学生和教师双主体。学生是目标主体，教师是落实目标主体。没有一支好的教师队伍，"学生为主体"也无法很好落实。学校为教师大半生的幸福和快乐做出努力，创造一个适合教师成长的环境，为教师提供发展的平台，是学校最重要的工作。

（3）教育需要精品。首先，学校不需要无限制扩大规模。如果学校无限制扩大规模，相应的配套设施、管理水平跟不上，势必会影响教育教学质量。其次，学校要有品牌意识。学校应该成为社会至少是所在社区文化和教育的制高点，它直接对未来负责，在文化和教育理念上有充分的自主性和话语权。

2.办学使命

济宁学院附属小学认真学习领会习近平总书记关于教育的重要论述，全面落实有理想、有本领、有担当的时代新人要求，致力于培养学生适应未来发展的正确价值观、关键能力和必备品格。学校通过创建适合学生成长的课程，注重学生"厚德""启智""健体""养习""学技"五个方面的培养，培育全面且有特长的学生；通过创设适合教师发展的文化，注重教师"尚德""勤学""善思""求真""创新"五个方面的建设，培养德优、业精且幸福、自信的教师，创办规范且有特色的学校。

3.育人目标

济宁学院附属小学设计了以起舞的小天鹅和红黄蓝三原色为设计主元素的附属小学标志（如图1）。天鹅羽毛洁白，体态优雅，具有相守一生、万里迁徙、高空翱翔的习性，是纯洁、高贵、忠诚、勇毅和志远的象征，被人们称为"美善天使"。红黄蓝三原色代表着家庭、学校、社会三者汇聚起蓬勃的力量，共同助力孩子的成长。

图1　济宁学院附属小学标志

汲取天鹅品质，坚持五育并举，注重"厚德""启智""健体""养习""学技"等方面的培养，使每一名附小学生都能成为一只志高有爱的小天鹅，一只勤学善思的小天鹅，一只阳光健康的小天鹅，一只习惯良好的小天鹅，一只勇创敢为的小天鹅。

（三）学生发展需求

不同学段、年级的学生需求存在显著差异，学校针对课程建设的实际情况，根据学生不同时期的发展规律及需求，从课程的灵活性、趣味性、互动性、创新性和个性化等方面，强化课程结构的适切性与层次性，科学规划不同年级、学段课程范畴间的"交叉"程度，从而使学校课程结构符合学生发展逻辑。

（四）社区课程期待

学校地处济宁中心城区，周围老旧小区、单位宿舍较多，又紧邻农贸市场、百货批发市场，学生基础、特长爱好、学习能力等方面存在很大的差异。随着人民生活水平的提升，整个社会对教育提出了更高的要求，家长也希望学校提供更优质的教育服务。因此，养成良好的学习和行为习惯、培育优秀品德、开展实践活动、增加课外阅读等方面成为社会、家长、学生关注的重点。

（五）学校课程建设现状

1.环境资源

借助SWOT分析方法，从"内部（组织）""外部（环境）"两个领域，经"优势、劣势、机会和威胁"四个维度进行分析，如表1所示：

表1　环境资源SWOT分析

	优势（S）	劣势（W）
内部（组织）	1. 学校拥有优良的传统，形成了实干、苦干、能干的风气，齐鲁名校长、名师、青年管理团队引领教师专业发展； 2. 教师队伍年龄结构合理，来源渠道比较一致，专业水平高，富有教学热诚，教师队伍相对稳定； 3. 学校组织结构设置合理，精简高效； 4. 基于多方实践，立体化阅读课程、德育课程、校本课程规划实施工作走在前面； 5. 经过多年的课程实践，摸索出了一定的经验； 6. 教师团队与学校管理团队互动较好，团体气氛和谐； 7. 目前学校功能室、体育馆比较齐全，基本满足现实需求； 8. ……	1. 学校教学楼部分新建，校园文化与校史资源不够； 2. 教师不能跨校交流，缺少激情，有一定的惰性，难以接受新事物，缺乏激励和源动力； 3. 新教师的课程意识亟待提高； 4. 学生整体素质较高，但素质水平具有一定的离散性； 5. 各部门缺少整体的协调规划，尤其是课程规划设计中的顶层设计较为缺乏； 6. ……

续表

机会（O）	威胁（T）
外部（环境）	1. 济宁学院附属小学是济宁市的窗口学校，在人力、财力、物力上能够得到更多支持； 2. 济宁市委市政府、社会、家长、学生对附小寄予厚望，对学校未来的发展充满期待和信心； 3. 学校地处中心城区，周边环境利于培养学生； 4. 教育政策鼓励办学形式多样化； 5. 以核心素养为导向的素质教育要求； 6. 学校与济宁学院联合，有宝贵的资源支撑； 7. "双减"政策的落地和2022版新课程标准的颁布，营造了新的教育环境； 8. ……	1. 现有集团化办学模式下，随着校区的扩大增加，一定程度掣肘了学校发展； 2. 地区性教育环境比较封闭落后； 3. 城区部分强校实施教育集团管理，有一定的办学竞争压力； 4. 家长的期望值很高； 5. 对标国内教育发达地区，亟须提升学校的办学理念和不断创新管理模式； 6. ……

2. 教师资源

学校教师年龄、学历结构合理，其中，35岁以下青年教师60余人，研究生学历15人，本科学历150余人，省市特级教师5人，齐鲁名校长、名师3人，杏坛名师2人，省市级教学能手、省市优质课执教者77人，多位教师荣获全国教学大赛一等奖。2020年，学校成立了课程与教师发展中心，统筹学校课程建设。依托学校齐鲁名校长领航工作室、齐鲁名师领航工作室、济宁市首批名师工作室等阵地，发挥课程引领辐射作用，加强教师课程开发能力。

3. 前期课程建设基础

素质教育是附小的一张名片，也是学校一直坚守的办学理念。学得轻松、玩得愉快、发展全面、学有所长是附小学生的特点。为突显这一特色，多年来，附小按照上级教育部门要求，严格执行课程计划，合理安排课时，在开齐每一门国家课程的基础上，有效整合地方课程，并开设选修型校本课程、体验型德育课程，着力打造"以社团为主的艺体教育、以体验为主的爱心教育、以校本课程为载体的特色教育"，并在此基础上开展了丰富多彩的学生课外实践活动。

（1）国家课程校本化实施。2013年，学校在语文国家课程基础上，制订了《济宁学院附小各年级阅读目录》，涉及儿童文学、少儿科普、国学经典、文哲启蒙、英语绘本等五大类，共计220本图书，并为每一本推荐读物编写了导读案，增加学生的阅读量。同时健全、完善五处学生阅览室，增加了大量读物。学校还制定了间周研讨制度，老师们在会上分享自己的心得，提出困惑。学校制作了阅读存折、阅读奖状，开展了"诵读之星""书香班级"的评比活动。2014年11月，我校"大阅读"课程获山东省特色课程一等奖。2019年我校开展实施"大阅读"课程2.0版本——立体化阅读课程，探索阅读中儿童同文本的对话，儿童同自我的对话，儿童同伙伴的对话等"三位一体"的对话过程。2016年，将创客课程纳入学校整体课程规划，进行跨学科知识联结，开展基于体验的创客学习，保障满足全校每班每周至少一课时的课程要求。一、二年级实施创客课程与科学课程的整合，主要学习基于体验的简单的机械类搭建，进行乐高搭建类的学习研究；三、四、五年级实施创客课程与信息技术课程的整合，主要学习稍复杂的机械类搭建、EV3编程与搭建、Arduino开源硬件、3D打印、VEX机器人、航模无人机等，旨在通过一系列课程建设的改革与尝试，满足学生对创客教育的差异性需求。

（2）校本课程特色化建设。针对学生的兴趣和需要，结合学校的经验和优势，充分利用学校的课程资源，利用有地方特色的传统文化，自主开发多样的可供学生选择的校本课程。我们本着导向性、发展性、开放性、独创性的原则，旨在促进学生个性发展、教师专业发展、学校特色发展，开发五大系列，如"烘焙""编织""陶艺""硬笔书法""口才""合唱"等50门课程，并制定教学实施管理细则以及完善实施过程评价标准体系，学生可根据自己的兴趣爱好选择要参加的课程。

（3）活动课程社会化发展。学校在课程专家指导下，把单一的校外实践活动进行整合、补充、提升、排序，创建了以爱心为魂，以体验为主的德育校本课程。课程体系按照有序渐进、联系实际的要求，以"爱祖国、爱家乡、爱集体、爱他人、爱自己"五爱教育为载体，按照全员参与、体验为主、下接地气的原则，横向上通过每周活动课时间、规定活动、自选活动的方式实施，纵向上通过年级轮流递进、多元体验开展，打造特色化、学科化、课程化、序列化的附小德育新模式。

二、学校课程方案

（一）课程目标

以习近平新时代中国特色社会主义思想为指导，全面贯彻党的教育方针，遵循教育教学规律，落实立德树人根本任务，全面落实有理想、有本领、有担当的时代新人要求。基于国家课程改革发展要求、学校师生发展特点及需求和学校课程建设现状，聚焦学生发展核心素养，培养学生适应未来发展的正确价值观、必备品格和关键能力，整合各类课程资源，立足学校素质教育传统和济宁文化优势，为学生打造适合自己的课程，实现内涵式发展。

学校以"办一所适合师生共同发展的精品学校"为发展愿景和课程建构理念，通过创建适合学生发展的基础性课程、拓展性课程、发展性课程，构建一体两翼的"小天鹅"课程体系。以"德"培其本，以"智"开其源，以"体"为其要，以"习"成其行，以"技"达其道，通过创建适合学生成长的"小天鹅"课程，注重学生"厚德""启智""健体""养习""学技"五个方面的培养，培育全面且有特长的学生。

（二）课程结构与设置

依据"让每一个孩子都能成为起舞的小天鹅：志高有爱、勤学善思、阳光健康、习惯良好、勇创敢为"，制定了"小天鹅"课程实施方案。如图2所示：

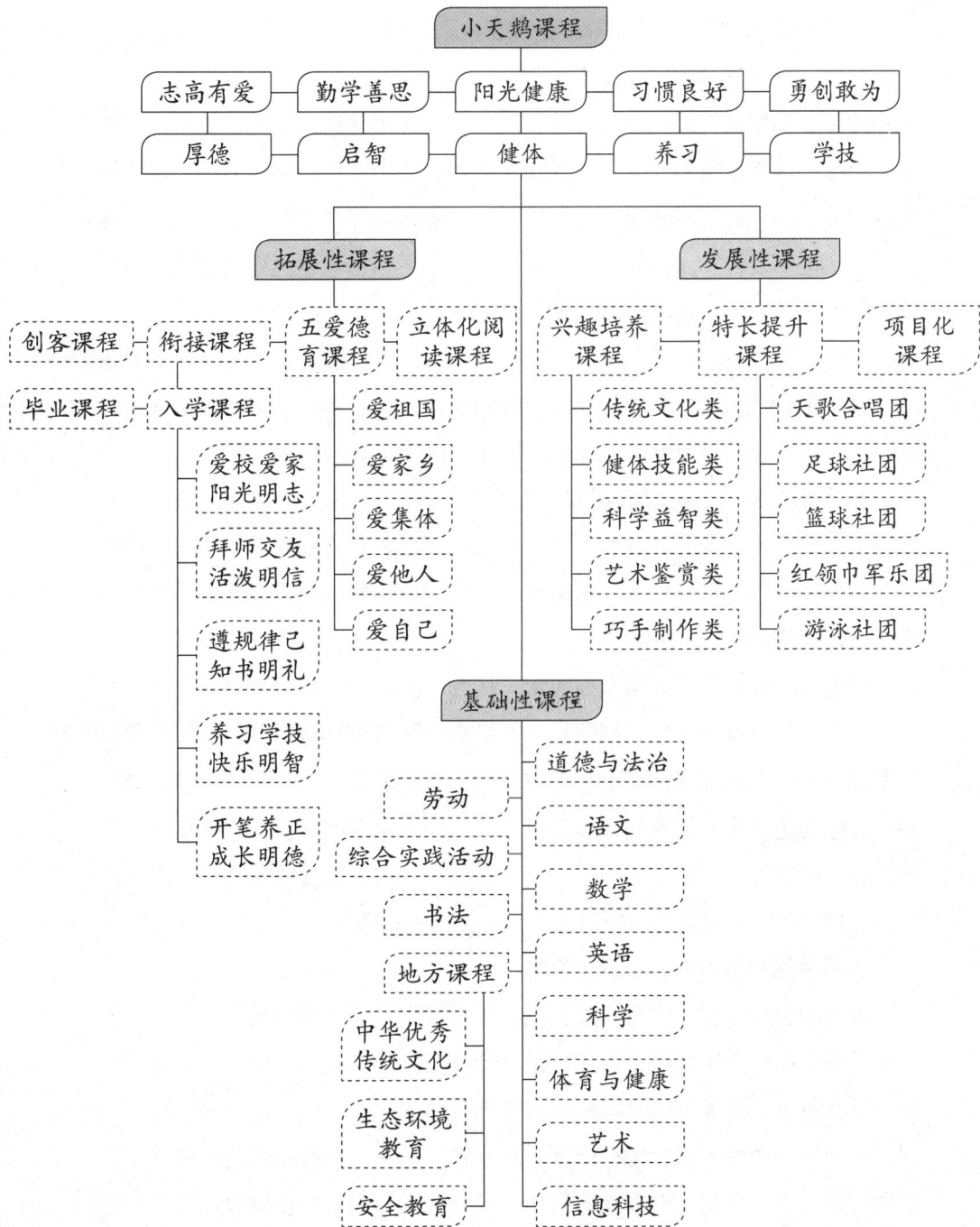

图2 小天鹅课程结构分析

1. "一体两翼"课程及其说明

（1）基础性课程：贯彻国家课程目标。基础性课程是国家和地方课程标准规定的统一学习内容，是全体学生必修的课程，课程强调促进学生基本素养的形成和发展，是国家对公民素质要求的基本体现。学校设置道德与法治、语文、数学、英语、体育与健康、艺术、科学、综合实践活动、地方课程等课程。这部分课程构建了坚实的学科基础，培养学生综合运用能力、探究意识、创新精神和实践能力。在基础性课程学习中，学生可以形成良好品德、行为习惯，提高学习兴趣，涵养人文积淀、审美旨趣和健康体魄。

（2）拓展性课程和发展性课程是基于学生发展需要、教师实际、资源条件和学校传统，由学校自主构建和实施的课程，充分考虑与基础性课程的衔接，聚焦基础性课程的校本化落实，呈现出课程育人价值的整体性。

拓展性课程是依据国家课程方案与课程标准，基于学校育人目标和办学特色，整合社区资源开设的普适性校本课程，是对基础性课程的补充和完善。拓展性课程具有特色化、活动性和阶段性。拓展性课程包括学科延展课程、德育体验课程、阶段衔接课程等。

发展性课程是基于学生个性需求、培养学生兴趣爱好、发展学生技能特长的个性化校本课程。发展性课程具有最大的开放度和包容性，随着学生兴趣爱好及个性需求的变化而不断调整设置，是最能体现"适合"与"选择"的个性化动态课程。发展性课程包括三类：一类是帮助学生寻找并培养兴趣的适合低中学段的兴趣发展课程；一类是固定兴趣形成爱好的适合中高学段的特长提升课程（社团类、项目化、比赛类等）；还有一类是项目化课程。

2. 科目设置、课时分配及其说明

课程的合理安排是课程有效实施的重要保证。学校按照教育部、山东省教育厅关于课程设置的规定，在开足、开好基础性课程的前提下，把基础性课程重新整合，将课程表进行了修订完善，形成了长、中、短三种课时（长课：40分钟；中课：35分钟；短课：30分钟），学校课程中的基础性课程和拓展性课程合理搭配，创设丰富多样的课程体系，为学生提供更加广阔的学习空间。

表2 课程安排表

课程	科目		年级					说明
		一	二	三	四	五		
基础性课程（国家课程）	语文	8	8	7	7	6		（1）一、二年级语文课程每周安排1课时用于写字课，另安排1课时用于阅读课 （2）一、二、三年级体育与健康课程每周安排1课时用于武术课；四、五年级体育与健康课程每周安排1课时用于游泳课
	数学	3	3	5	5	5		
	英语			2	2	3		
	科学	1	1	2	2	2		
	道德与法治	2	2	2	2	2		
	艺术（音乐）	2	2	2	2	2		
	艺术（美术）	2	2	2	2	2		
	体育与健康	4	4	3	3	3		
	信息科技			1	1	1		
	劳动/综合实践活动	1	1	1	1	1		
拓展性课程（融合课程）	衔接课程	入学课程	仅一年级开学前三周					为期3周
		毕业课程	仅五年级毕业前一个月					为期2周
	"五爱"德育课程	与班队活动、主题教育活动和校内实践活动整合						每学年累计1至2周
	立体化阅读课程	1	1	1	1	1		整合阅读课，每班每周开展立体化阅读1次
	书法			1	1	1		整合语文课，3~5年级间周实施
	地方课程			1	1	1		与综合实践、信息科技课程整合

续表

课程	科目	年级					说明
		一	二	三	四	五	
发展性课程（校本课程）	兴趣培养类校本课程	每周1课时					学生自主选修校本课程
	特长提升社团课程	每周1课时					学生自主选修社团活动；包括合唱、田径、足球、篮球、游泳等社团
	项目化学习类课程	每学年1至2周					四、五年级部分学生自主选修
周课时		26	26	30	30	30	

3. 拓展性、发展性课程开设的具体内容与说明

（1）衔接课程。

第一，入学课程。一年级第一学期安排为期3周的入学课程（学习准备期）。入学课程打破传统的教学模式，以新课标理念为引领，以养习为育人目标，突显中华优秀传统文化，将未来教育观、学科核心素养观、跨学科学习观、表现性评价观等新理念、新思想贯穿于课程中。利用21天的优质课程内容，增强趣味，帮助新生熟悉并适应学校生活，建立对新学校、新班级的归属感，培养新生良好的学习习惯、阅读习惯和生活习惯，为一年级学生进入小学常规的学习生活做好铺垫。如图3所示：

济宁学院附属小学入学课程主题框架

1. 爱家爱校 阳光明志
- 我爱我的家人
- 生活中的数
- 生活中的立体图形
- 大家一起去游园
- 校园植物大大发现
- 美丽校园我会画
- 亲子游戏共欢乐
- 八月十五月儿圆
- 绘本馆里来读书
- 我爱家乡爱祖国
- 铭记历史，缅怀先烈

2. 拜师交友 活泼明信
- 我是小学生
- 老师，我爱您
- 露从今夜白
- 在一起，真快乐
- 认方位，交朋友
- 认奇数，交朋友
- 认序数，交朋友
- 读绘本，交朋友
- 百家姓里找姓氏
- 以画为礼赠朋友
- 安全游戏护自己
- 和朋友分享真快乐
- 手拉手，结对子，讲绘本

3. 遵规律己 知书明礼
- 读绘本，学规则
- 坐立行，我最美
- 好习惯，早养成
- 会合作，守规则
- 在教室，说错了，没关系
- 分类整理小能手
- 我爱奖来设计师
- 合作互助整理书包

4. 素习学技 快乐明智
- 巧手叠雨衣
- 巧手操作学具
- 绳舞飞扬
- 千字文 武术操
- 我会装书包
- 我爱学语文
- 有趣的象形字
- 有趣游戏来识字
- 合作游戏来认字
- 教室整理一起来
- 多感官认识物体
- 读绘本演绎故事
- 看图画辨声
- 听声画画声

5. 开笔养正 成长明德
- 开笔礼
  - 拜师行礼
  - 朱砂启智
  - 开笔描红
  - 击鼓明志
  - 诵读经典
  - 遇见最美的自己
- 风采展示
- 颁奖典礼

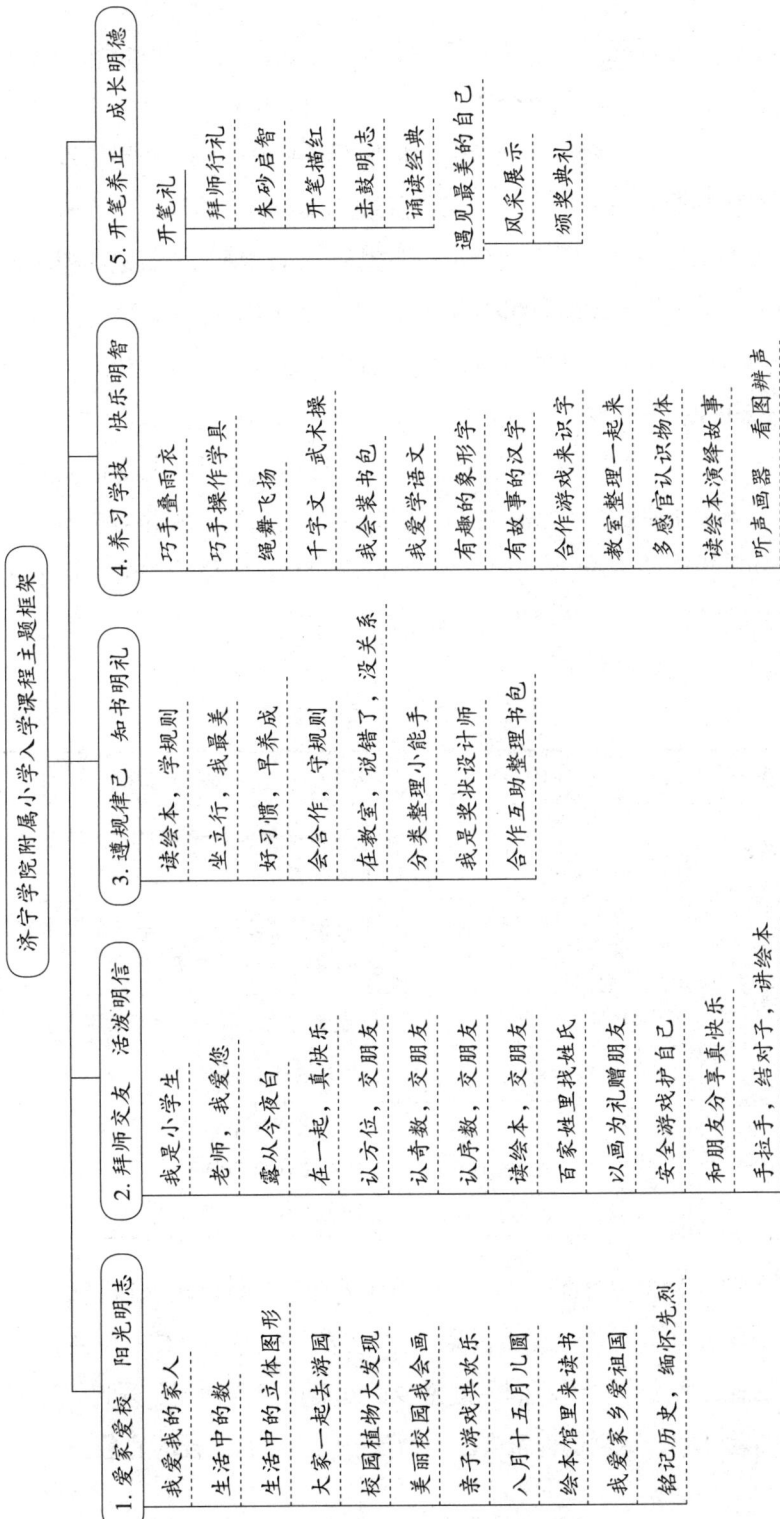

图3 入学课程主题框架

013

第二，毕业课程。毕业课程指向唤醒学生的自主学习意识和综合能力，为学生营造更加自主、更有个性、更多选择的成长环境，让学生的潜能得到自由、充分的发展。教师赋予学生一种重要新身份——课程建构者，邀请学生一起建构毕业课程，学生的认知和情感被唤醒，大胆表达想要梳理往昔、感恩母校的心情，表达需要被满足的愿望和释放的情绪，表达渴望回馈母校的热情……学生的认知能力和心智得到充分提高和发展。

毕业班的老师和学生共同制定课程内容，设计了"童年味道""回馈母校""未来可期"三个板块，包含"稚语图喃""共建美好校园（一）""共建美好校园（二）""萌学沙盘""初心未来"五项内容。毕业课程成为学生梳理往昔、眺望未来的一个美丽站点，提升了学生的综合素养与能力，提高了学生对初中生活的适应性，在思索和行动的过程中，学生完成了从小学生到中学生的美好转变。毕业课程设计如表3所示：

表3　毕业课程主题框架

板块	主题	课程内容
童年味道	稚语图喃	"照片背后的故事"——小学生活回顾项目式学习活动
回馈母校	共建美好校园（一）	让校园"鸟语花香"——鸟窝搭建项目式学习实践探索活动
	共建美好校园（二）	校园景观设计项目式学习活动
	萌学沙盘	校园沙盘设计项目式学习活动
未来可期	初心未来	1.参观体验初中生活 2.座谈（优秀学长） 3.讲座（初中老师）

（2）"五爱"德育课程。济宁作为孔孟之乡，是儒家思想的发源地。学校根植浓厚的地方文化，传承儒家"仁""爱"的思想，依据学生成长规律和学习历程，打造以"爱祖国、爱家乡、爱集体、爱他人、爱自己"五爱为内容的活动课程，探索德育新途径，为孩子的生命打上爱的底色。"五爱"课

程以培养学生厚德为育人目标，开展主题教育活动，内容涉及成长系列、安全教育、社会实践等领域。"五爱"课程积极推进新课程改革与德育一体化实施的有机结合，使实践活动逐渐学科化、课程化、序列化，构建"三化合一"新模式系列教育活动，线上、线下相结合，主题鲜明、全员参与的文体活动，培养学生阳光健康心态，引导学生心有榜样，从小做立志向、有梦想的美德少年。"五爱"课程内容如表4所示：

表4 "五爱"德育课程主题框架

月份	主题	课程	年级				
			一年级	二年级	三年级	四年级	五年级
3~6月	爱自己 3月	校级课程	1.安全知识学习（安全平台）2.主题活动、规范礼仪、争礼仪章	安全、礼仪知识学习	1.交通安全知识讲座 2.安全平台学期课程 3.少先队礼仪视频学习		
		班级课程	1.学习安全常识 2.整理文具	1.学习安全常识 2.整理书包	1.学习安全、礼仪常识 2.整理书橱	1.学习安全、礼仪常识 2.整理书房	1.学习安全、礼仪常识 2.整理自己房间
	爱祖国 4月	校级课程	我爱我的祖国——爱国主义影片展播		机场参观		羊山活动 争国防章
		班级课程	1.观看爱国主义影片 2.安全平台学期课程 3.家长课堂		主题队会 活动感悟		1."向烈士致敬"队会 2.学做讲解员

续表

月份	主题	课程	年级				
			一年级	二年级	三年级	四年级	五年级
3~6月	爱他人5月	校级课程	1. 安全平台防溺水专题学习 2. 二年级主题活动，争助乐章		1. 防灾演练 2. 自选主题活动		
		班级课程	1. 二年级主题活动 2. 评选颁发"助乐章" 3. 家长课堂		1. 走进社区、走进敬老院、走进盲校等自选活动 2. 安全知识学习 3. 家长课堂		
	爱集体6月	校级课程	1.庆六一 2.入队仪式	1.庆六一 2.讲故事比赛	1.庆六一 2.我是中队一员	1.庆六一 2.入队仪式 3.山青拓展 4.争诚信章	1.庆六一 2.我为母校添光彩
		班级课程	1.六一活动 2.家长课堂				
9~12月	爱自己9月	校级课程	1. 一年级主题活动 2. 评选颁发"自护章"	安全、礼仪常识学习			
		班级课程	1.安全课程学习 2.自己备齐学习用品 3.争自护章	1.安全课程学习 2.学习行为规范示范班条例、礼仪规范 3.会自己穿衣系鞋带 4.主题队会	1.安全讲座 2.自选活动 3.学习行为规范示范班条例、礼仪规范 4.会系红领巾、会铺床叠被 5.主题队会		

续表

月份	主题	课程	年级				
			一年级	二年级	三年级	四年级	五年级
9~12月	爱祖国 10月	校级课程	学唱国歌	学爱国童谣	讲习爷爷的故事	传承经典，争做好队员	学宪法主题活动
		班级课程	1.认识国旗、国徽 2.会唱国歌 3.家长课堂	1.爱国童谣传唱 2.家长课堂	1.红色故事 2.家长课堂	1.经典诗词吟诵 2.家长课堂	1.主题活动 2.争立志章 3.家长课堂
	爱他人 11月	校级课程	学做自理小达人	二年级主题活动月	1.主题活动 2.消防演练 3.家长课堂		
		班级课程	1.自己的事情自己做 2.家长课堂	1."三个一"实践活动 2.争助乐章	1.给朋友的一封信 2.家长课堂	1.给爸妈的一封信 2.家长课堂	1.走进特教儿童 2.家长课堂
	爱集体 12月	校级课程	我做班队小主人	我做班队小主人	我做班队小主人	我做班队小主人	我做班队小主人
		班级课程	1.护绿清洁我来做 2.家长课堂	1.岗位参与我负责 2.家长课堂	1.我为中队献计策 2.岗位参与我负责 3.护绿清洁我来做 4.争奉献章		

续表

月份	主题	课程	年级				
			一年级	二年级	三年级	四年级	五年级
1~2月	爱家乡 1~2月	校级课程	主题套餐，自选活动				
		班级课程	童眼寻绿色，传播绿色文明	体验民俗乐趣，传承传统文化	抵制燃放烟花爆竹，过传统中国年	低碳生活，变废为宝	小手拉大手，助力美丽乡村

（3）立体化阅读课程。立体化阅读课程以培养学生厚德、启智、养习为育人目标，依托省规划课题"'大阅读'实施策略的研究"，借助社会建构论，在开放的生命情境中聚焦基础教育阅读教学的改革与实践，构建"立体化阅读教学模式"，探寻学生想读、能读、乐读的内在心态，激发学生建立与现实世界有感的生命状态，促进学生人格健全和生命成长。该课程构建了基于生活世界、指向生命成长的立体化阅读教学理论模型，厘清了文本、生活世界与生命成长之间的互动机理，形成了"场域+对话+关系"的立体化阅读教学实践模式，构建了指向学生发展核心素养的阅读共同体；创新了以立体化阅读为纽带的家庭、学校、社会协同育人机制，突出学校引领，强化家庭责任，整合社会资源，家庭、学校、社会联动有力。学校拓展了育人空间，以品位育品位，形成教学相长、彼此成就的教育生态。

（4）发展性课程。针对学生的兴趣和需要，结合学校的经验和优势，充分发掘学校的课程资源，结合具有地方特色的传统文化，自主开发立体化的可供学生选择的校本课程。选修型校本课程共分五大系列，分别指向五大育人目标"厚德""启智""养习""健体""学技"，共50余门课程，涵盖厚德树人课程、科学启智课程、生活技能课程、艺术修养课程、强健体魄课程五大类别。利用每周三和周五课后服务时间开设两次校本课程，每次2课时，一周共计4课时，打破班级限制，采用走班制选课模式，形成"我的课程我做主"拓展性课程序列。每个学期还会根据学生的需求做课程微调。

（三）课程实施

1. 基础性课程的实施

（1）认真执行课程计划，开足、开齐每一门课程。根据学生学习和生活规律安排好学校课程计划，严格控制周活动总量和学科教学课时。及时了解教师课堂教学情况，及时纠正有违教学常规的现象，确保课程设置和实施的规范、科学。

（2）倡导基于课程标准的教学与评价。基础性课程是达成学校育人目标的主要途径。教师应依据课程标准，研究学情，开展有效教学。准确理解把握课程标准和教材，重视学生学习过程，优化课堂教学模式，重点关注教学目标的把握、教学方法的有效性、教学评价的一致性及多元性，提高国家课程校本化实施水平。

（3）开展基于规范的流程管理。教师备课要认真钻研教材，提倡以个人发展和终身学习为主体的核心素养模式，注重跨学科学习，强调以大观念、大主题、大过程为基础的单元设计与内容重构相结合，注重学科知识和技能的结构化。关注课堂有效性研究，加强学生实践体验，丰富学生学习经历，满足学生个性发展，促进学生健康快乐成长。遵循学校作业监测机制相关规定与要求，严格控制各年级作业量、作业内容与形式，关注学生兴趣激发、习惯养成、品质培养等方面。日常注重培优补差。补差工作力求做到耐心细致，夯实基础，注重对学习困难学生自信心的培养及学习习惯的养成。清楚把握各学段课程目标要求，教学内容与评价保持一致，注意评价内容难易程度合理。关注评价结果具有促进学生学习和改进教师教学行为的作用。

（4）研究基于主题的有效教研。以问题为导向，紧扣项目研究，立足教学实践，切实解决教学实践中的困惑与难题，努力提高教研实效。

2. 拓展性、发展性课程的实施

（1）课程开设多样化。为满足学生的全面个性发展，学校在保证开齐、开足基础性课程的前提下，在周三、周五下午开设了五个系列的拓展课程，为学生提供丰富的课程内容。教学场所根据课程的需要，采取校内学习和校外学习、实践结合的方式，建立必要的拓展性课程见习和实习的基地。根据学校发展规划和学生培养目标制定课程建设的总规划，并做好落实工作。尤其在拓展性、发展性课程规划中尊重学生发展需求、尊重教师特长兴趣，发挥教师主观能动性和聪明才智，鼓励教师个人或合作开发新课程。

（2）课程选择自主化。校本拓展性课程的开展需要兼顾教师和学生的特长与爱好，采取师生课程认领的方式，让师生双边选择。

（3）教学方式创新化。校本选修课程要以转变学生的学习方式为目标，倡导体验式学习、探究式学习、实践式学习，坚持以学生为主体，以学习为中心，变革教学方式，转变学习方法，发展学生的实践能力、创新能力。

（4）课程评价全面化。评价体系既关注结果也关注过程，既关注基础性课程也关注拓展性课程，既关注教师也关注学生，既关注教师的教也关注教师的研，既关注学能检测也关注品行表现，务求做到全面评价、全程评价、全人评价。

（5）课程运作机制化。需求调研机制：每学期结束后，通过问卷调研学生的课程需求，使课程设置逐步趋向于学生需求的均衡化。

课程申报机制：每学期开学前，学校教师结合自身的特长与兴趣爱好，根据要求撰写《课程实施方案》，内容包括：课程目标、课程内容、课程实施、课程评价等，并上传网络，完成课程申报工作。组建由学校、家长、学生各方代表参与的济宁学院附属小学课程审核机构——课程委员会。先由老师自主申报，再由课程委员会审核并发布。

课程选课机制：学生每学期可以借助平台自主选课。学生通过浏览网络平台中的课程介绍，根据自己的爱好选择相应课程，以培养自身多方面的兴趣。充分利用国家"学有优教"平台，完善选课机制，通过学端口发布课程信息，学生借助平台自主选课，教管中心、后勤中心排班、落实课程并告知流程。

课程删选机制：通过课程文本审核和学生选课两轮删选，淘汰不适合学生或学生不喜欢的课程设置，保留优质课程内容，节省学生选课时间，节约学校资源成本。

课程反馈机制：每学期结束，学校将进行满意度调查和课程汇报展演。通过多种方式，了解课程的开设情况，不断规范和提高课程质量，为学生提供更优质的课程服务。课程反馈机制由课程管理负责人、学科骨干、家委会构成。各科课程管理负责人与学科骨干引导教师完善拓展性课程框架、课程设置细化分层、课程评价公正多元。评议过程家委会全程参与，负责评议过程的监督。

（四）课程评价

学校课程评价以改善教师教学行为，促进学生学习为导向开展，课程评价包括对国家课程（基础性课程）、校本课程（拓展性课程）、地方课程（发展性课程）的评价，包含"课程的计划、实施、结果"等诸多课程要素。既包括课程计划本身，也包括参与课程实施的教师、学生、学校，还包括课程活动的结果，即学生和教师的发展。

1. 基础性课程的评价

基于《义务教育课程方案（2022年版）》及新课程标准，努力构建"看见孩子"的课程评价体系。积极探索多元化的评价方式，如学生发展记录卡、学生习得实物档案、日常行为评价等，以多元的评价方式对义务教育课程的实施提供过程的、动态的增值评价。在课程评价手段上，以传统的纸笔测试、问卷、访谈、观察等与现代信息技术相结合，形成便捷、高效、智能的大数据评价。课程评价通过学生自评、教师评价、家长评价及社区评价相结合，使评价有效衔接，以多主体交互的评价促使课程全方位落实。

过程性评价：包括学科知识能力、学习情感、习惯、态度等维度，较为全面地呈现出学生学习情况。同时，过程性评价与学校举办的各项活动相结合，以课程为载体，多学科相融合为特色，面向全校学生开展"体育节""读书节""绘本故事展演""游园活动""课本剧"等系列校园活动，为培养学生的创新精神和创新能力提供了有效途径，为深入推进素养教学奠定基础。

结果性评价：基础性课程按照学科、年段要求对日常作业、练习、阶段考查等进行等第制评价；每学期末按教学管理中心要求对学生的各学科学习表现采用评语评价。评语内容以积累学生课堂表现、表现性任务完成情况、各类考查情况等的记录为主要依据，结合学生个体学习情况，从学习态度、学习习惯、知识理解、学习能力等方面选择若干要素进行语言描述，反映出学生学业发展状况。充分利用并规范学生成长记录册的使用，对学生做出科学合理的评价，并不断加以完善。

表现性评价：教学管理中心探索出一套各学科基于新课标中学科核心素养的评价方案，即通过完成特定情境中的真实任务对学生的表现能力进行评价。表现性任务必须是学生使用高阶思维才能完成的。

2. 拓展性课程的评价

对教师的评价包括《拓展性课程实施方案》的撰写完成情况与教学管理中心每周教学巡视情况汇总两部分，记入教师绩效考核。对学生的评价按照执教教师撰写的《课程实施方案》上的评价标准与要求对学生进行科目评价，坚持日常性评价、阶段性评价与终结性评价相结合，坚持学生自评、互评与教师评价相结合。不同的科目性质可制定不同的评价计划，可以采取考试、小论文、小组研究课题、课堂表演、演讲等多种形式进行。按参与兴趣、态度情况、学习能力开展过程性评价。评价结果记入小学生成长手册。

3. 发展性课程的评价

对教师评价包括学期探究性课程过程性资料检查情况与教学管理中心每周教学巡视情况汇总两部分，记入教师绩效考核。对学生的评价按照课程的评价标准与要求对学生进行评价，坚持日常性评价、阶段性评价与终结性评价相结合，坚持学生自评、互评与教师评价相结合。自评让学生自我评价在探究活动中的得失，从学生主体性的体现、参与的程度和态度、体验感悟的深度与广度、相互协作的情况以及资料收集整理情况、探究活动的成果等方面进行评价；互评通过学生之间相互评价，团队合作精神得到培养，相互尊重得到发扬。

三、课程保障

（一）组织保障

新课程实施需要新的学校管理与之相适应，对此学校将成立专门的深化课程改革实施领导小组，统一部署和协调，使学校、教师、学生、家长理解、支持、配合、参与课程改革，并对学校各部门职能进行新的调整与定位，建立健全与新课程相适应的学校课程管理制度。

课程与教师发展中心：对学校课程规划进行顶层设计，管理课程开发、实施、评价等过程性工作。

教学管理中心：和课程与教师发展中心共同开展项目引领校本教研，提升教师课程执行力。以学科教研组为单位，组织各备课组教师研制年段（学期）课程目标，进而帮助教师开展基于标准的教学。鼓励教师积极承担课程开发实施项目，引导其自发组成课程研究小组。维护与更新选课系统，对学生的选课进行指导等工作。

后勤服务中心、学生管理中心：主要负责课程落实过程中的后勤与监督工作。家委会全程参与，负责评议过程的监督。

（二）机制保障

（1）落实学校课程目标，组织实施与学校课程计划相适应的评价标准。

（2）加强推门听课力度，听课评价着重考察教师对学校课程规划的落实程度。注重教师的团队建设，强化教研组、备课组建设，发挥好组长引领、辐射作用。

（3）结合校本研修，进行学校课程计划的学习与指导，提高教师课程的执行力。充分利用校内资源，发挥骨干教师专业引领作用，带领教师参与学校课程建设。从组织建立、现状分析、目标拟定、方案编制、解释与实施到评价修正等方面建设完备的课程开发程序。

（4）加强课程研发组的课程意识与课程开发能力。采用"请进来"与"走出去"相结合的方式，每学期至少安排两次有针对性的培训学习，组织课程研发组核心成员外出学习考察至少一次，不断学习国内外课改先进理念。

（5）设立新课程实施专项经费，每年拨付相应的款项用于课程实施的有关活动，确保经费落实，努力满足新课程对教学设施和办学条件提出的要求，为课程实施的顺利进行提供必要的物质支持，并对课程开发、实施中取得的优秀教学成果给予奖励。

（6）完善学校设施，加强环境建设，及时补充更新教学设备，为更规范、更有效地进行课程规划创造良好的外部环境。

（7）加强多方保障。为了实现课程持续开发，学校需要多方保障：教育主管部门负起责任，促使学校课程实现持续发展；建立科学、合理的保障机制，以保证学校课程开发不间断。

济宁学院附属小学的"小天鹅"课程是以育人为根本目标，在育人的过程中不断完善课程，构建开放的、多元的、国际的、丰富的课程体系。学校支持学生并坚持做真正适合学生发展的立体化课程，是为了学生的一生负责，是为了更好地落实"办一所适合师生共同发展的精品学校"的办学理念。以"德"培其本，以"智"开其源，以"体"为其要，以"习"成其行，以"技"达其道，使每一名附小学子都能成为志高有爱、勤学善思、阳光健康、习惯良好和勇创敢为的人。

2

济南市长清区博园小学"博·通"课程规划方案

编者点评

　　课程是一个有计划、有目的地安排学生学习的过程。这种有计划、有目的的安排，需要学校有明确的教育哲学来支撑，这是学校课程规划的一个重要的决策依据。济南市长清区博园小学的这份学校课程规划方案，亮点之一就在于对学校教育哲学有清晰、详尽的阐释。学校以"博·通"为学校文化的核心，秉持"博采众长，服务生长"的办学理念和"传承经典，面向未来"的办学宗旨，确立了"为具有家国情怀、国际视野、合作意识、创新精神的未来人才奠基"的培养目标，为学校课程的规划和实施提供了厚实的思想基础和明确的开发方向。

　　课程即目标，目标引领课程实施、课堂教学、考试评价。一所学校的课程目标是学校课程规划的出发点，学校课程实施、课程评价、课程管理和保障等方面的决策据此展开。济南市长清区博园小学基于中国学生发展核心素养的八个维度和学校培养目标的四个方面，明确了20个关键词的课程目标，并据此开发了学生综合素质评价框架。如能进一步明确作为课程目标的这20个关键词的具体表现，或许学校的课程设置、课程实施和评价会有更清晰、更具体的指向。

济南市长清区博园小学"博·通"课程规划方案

设计者：于飞　曾继耘　王少辉

济南市长清区博园小学（山东师范大学附属小学大学城校区）（以下简称学校）创办于2017年7月，是山东师范大学与长清区人民政府合作办学的公办学校，坐落在济南市长清大学城园博园旁。学校现有42个教学班，1876名在校生，106名专职教师。

学校依托山东师范大学深厚的文化底蕴和先进的办学理念，立足大学城核心区域地域优势，致力于将学校发展成为"大学城里的未来学校"。为了落实"博采众长　服务生长"的办学理念，深化课程改革，推进学校的持续发展，保证教育、教学质量，培养具有"家国情怀、国际视野、合作意识、创新精神"的未来人才，特制定本课程规划方案。

一、课程依据

（一）国家和地方课程政策

本课程方案的主要依据是《基础教育课程改革纲要（试行）》《中国学生发展核心素养》《义务教育课程方案（2022年版）》《义务教育课程标准（2022年版）》《山东省"十四五"教育事业发展规划》。

《基础教育课程改革纲要（试行）》提出，调整和改革课程体系、结构、内容，构建符合素质教育要求的新的基础教育课程体系。学校在执行国家课程和地方课程的同时，应根据当地社会、经济发展的具体情况，结合本校的传统和优势、学生的兴趣和需要，开发或选用适合本校的课程。各级教育行政部门要对课程的实施和开发进行指导和监督，学校有权力和有责任反映在实施国家课程和地方课程中所遇到的问题。

《中国学生发展核心素养》以培养"全面发展的人"为核心，是连接宏观教育理念、培养目标与具体教育教学实践的中间环节，可以转化为教育教学实践可用的、易于理解的具体要求，明确学生应具备的必备品格和关键能力，从中观层面深入回答"立什么德、树什么人"的根本问题，引领课程改革和育人模式变革。

《义务教育课程方案（2022年版）》指出，义务教育必须进一步明确"培养什么人、怎样培养人、为谁培养人"，优化学校育人蓝图。聚焦中国学生发展核心素养，培养学生适应未来发展的正确价值观、必备品格和关键能力，引导学生明确人生发展方向，成长为德智体美劳全面发展的社会主义建设者和接班人。

《义务教育课程方案和课程标准》是为贯彻落实党的教育方针政策，全面落实立德树人的根本任务，进一步深化课程的改革。《义务教育课程标准（2022年版）》以习近平新时代中国特色社会主义思想为指导，落实立德树人根本任务，强调育人为本，依据"有理想、有本领、有担当"时代新人培养要求，明确了义务教育阶段培养目标，为培养时代新人奠基。

《山东省"十四五"教育事业发展规划》要求，积极推进课程整合，强化跨学科学习，统筹课时安排，打破学科知识壁垒。启动实施"强课提质"行动，分学段、分学科制定课堂教学基本要求，支持教师结合学校特色、学生特点、教学个性等因素进行课堂教学改革创新。积极推进基于情境、问题导向的教学创新，强化实践教学，打破学校的传统边界，增强学生解决实际问题的能力。

（二）学校教育哲学

1. 使命愿景

学校的使命是：创造适合学生生命成长的教育，将"博园小学"塑造成一个值得信任的知名品牌，把学校建设成一所热爱学生、学生喜爱、家长放心、社会赞誉的好学校。

"博园"即师生的精神家园和成长乐园。学校有一流的质量、卓越的队伍，以及能润泽教师和学生生命成长的课程体系，是好老师、好学生的集合体。学校的发展目标是：大学城里的未来学校。

这样的使命愿景既寄寓了全校师生的理想、对未来的憧憬，也是对社会的一种交代、一种宣示。

2. 核心文化

学校核心文化是学校发展的灵魂，也是凝聚人心、重构课程、打造环境的依据和基础。博园小学的核心文化是"博·通"文化。

"博"代表广大，丰富。从"博"字的演变看，"博"字右上部分"甫"，形同一棵幼苗深扎"田"地汲取营养，努力向上生长的样态——学生即为幼苗，学校即为生命生长的田地；"博"字右下部分的"寸"，本意指"寸口"，用来形容极小或极短，代表给予幼苗最具直接的支撑；左侧的"十"始见于商代甲骨文，意为数之具也："一"为东西，"丨"为南北，则四方中央备矣；古人认为"十"是数字完备的标志，所以"十"又表示"完备"，达到"极点"，意味学生未来的发展有无限可能。"博"字意味着"集一切智慧和力量，服务学生的生命成长"，这与我们的教育初心正好吻合。

"通"，达也，本意为到达。"甬"，艸木华甬甬然也，草花欲发兒；"辶"，在传统字书中即辵部，是走走停停的意思，引申为互相连接无阻断，也指使知道、传达于对方，或了解、懂得，往来不穷谓之"通"。我们将"通"字理解为"且行且思，做高质量教育"，这是教育人的职业担当。

"博·通"文化传承山东师范大学校训中"博"之基因，紧扣"助力生命成长"的教育本质，既是"传承经典 面向未来"的体现，同时有立足区域、立足当下、扛起教育人的责任与使命。以"博·通"文化为核心，形成了博园小学的核心文化理念。

办学理念：博采众长 服务生长

办学宗旨：传承经典 面向未来

发展目标：大学城里的未来学校

培养目标：为具有家国情怀、国际视野、合作意识、创新精神的未来人才奠基

校训：做最好的自己

校风：崇尚民主　崇尚科学

教风：博学笃志　成己达人

学风：好好学习　天天向上

"教育既是传承的事业，也是面向未来的事业。"基于我们对教育的理解，将学校的办学宗旨表达为"传承经典　面向未来"。"传承经典"就是希望课程的参与者（包含但不限于学生）能够学习和传承我国的优秀传统文化和世界优秀文明成果，不管将来走到哪里，都知道自己的根在祖国，不管将来做什么，都能立足中国的根本利益；"面向未来"就是希望学生能够通过学校课程的学习，具备适应未来社会所需要的素养，有关爱自己和他人的能力，有胸怀世界的担当，能够肩负起建设社会主义现代化强国的历史使命。

学校的办学理念是"博采众长　服务生长"：博教师、家长、社区资源之众长，服务于学生生命成长。我们认为，世界是学生的教科书，所以，一切有利于学生成长的人类文明成果且适合学生学习的，都可以作为学校的教育资源。

"未来学校"培养的学生需要作答未来社会的考卷、应对未来的挑战，所以，"未来学校"的教师也必须具备适应未来的能力，面向未来看教育的成效，站在未来角度评价今天的教育教学。即便学校的个别条件受当地经济条件制约，我们也期望"未来学校"的师生精神现代化、思维现代化、理念现代化，能够适应面向未来的挑战。

3. 培养目标

博园学生应该成为具有"家国情怀、国际视野、合作意识和创新精神"的未来人才。

2020年1月，世界经济论坛发布的《未来学校：定义第四次工业革命时代的新教育模式》的白皮书描述了"未来学校"的八大特征：重视全球公民技能培养、重视创新和创造技能培养、重视技术技能培养、重视人际交往技

能培养、强调个性化及自主学习、强调易获得和包容性的学习、强调基于问题与合作的学习、强调终身学习和自主驱动学习。未来学校的八大特征中，培养的四种技能可以概括为：全球、创新、交往、技术；强调的四种学习特征可以概括为：自主、合作、包容、个性化。这八个关键词又可以整合为三个词：国际视野、合作意识、创新精神。

教育需体现国家意志，充分发挥立德树人的关键作用。所以，我们需要结合中国的实际情况，将"未来学校"的特征中国化。我们认为，"未来学校"的概念至少可以从三个维度来理解。第一个是中国特色维度：任何一个学校，任何一种教育，都是为本国的文化传承，包括培养本国公民而做努力的；立德树人是教育的核心内涵，教育永远是以培养人为核心的，所以，我们要培养适应未来社会发展的人才首先必须具有家国情怀。第二个是未来维度：面向未来，首先要关注人的全面发展，人的全面发展在行动上要遵守教育规律和人自身的成长规律；此外，技术会赋能教育、促进学生的发展，会帮助我们实现精准供给，实现学生个性化的学习，需要具备创新精神。第三个是全球化的维度：我们现在处于全球化的时代，这是一个人机共存、智能化、全球命运共同体的时代；我们在传承中国自己的优秀传统文化、经验和模式的基础上，还需要引进国外的优质资源，吸纳全人类的优秀文明成果，需要具备国际视野、合作意识。

家国情怀对应中国学生发展核心素养的人文积淀、责任担当、国家认同、自尊自爱；创新精神对应中国学生发展核心素养的理性思维、批判质疑、勇于探究、问题解决和技术运用；国际视野对应中国学生发展核心素养的国际理解、多元包容；合作意识对应中国学生发展核心素养的乐学善学、勤于反思、愿意合作、乐于分享。

（三）学情

学校结合国家教育方针政策、学生发展核心素养、学校未来发展目标等在学生和家长中进行了问卷调查。结果发现，需求较高的关键词主要有以下四个（按需求程度排列）：

（1）健康（**94.7%**）。有一个健康的身体。健康的身体是一切的基础和前提。健康有两层含义，一是身体健康，身体没有疾患；二是心理健康，有完整的生理、心理状态和社会适应能力。

（2）习惯（89.6%）。好习惯的养成。良好的习惯，既有益于自己，也有益于他人、有益于社会。培养好习惯是小学阶段一项极其重要的工作，也是家长特别关心的问题。拥有好习惯的人取得好成绩，成就未来的可能性大大提高。

（3）沟通（75.6%）。与同伴沟通交往的能力。荀子曾说："人之初也，不能无群。"与同伴沟通交往的能力是孩子必备的素质之一。沟通交往能力也是合作学习的前提。

（4）学习（72.8%）。学会学习的能力。学习力是一种能力，尤其身处在这个终身学习的时代，每一个人都需要终其一生持续学习，因此学习力成为一项关键的生存能力。

（四）社区的发展需要

学校地处大学城核心区域，周边有12所高校，社区居民整体素质较高，对教育的期待也比较高。学校充分了解社区（学区）的发展需要，把满足学生的发展需求与学校的发展愿景、家长的美好愿望有机结合起来，着力解决社区最关心、最直接、最现实的问题，进一步减轻学生作业负担和校外培训负担。博园小学自建校以来，一直受益于周边的高校资源、社区资源，同时，也面临着家长的高标准要求：

（1）在育人观念上，要求学校从本原出发，关注每一个学生的身心健康发展、个性差异发展，做高质量教育。

（2）在课程建设上，要求学校根据学生发展需求，为学生提供丰富、可选择的课程体系。

（3）在课堂教学上，要求立足于新课标和学生发展核心素养，进行课堂改革，以满足每一个学生的学习需求。

（4）在质量评价上，要求不能把成绩当作唯一评价标准，而是要更关注孩子的身心健康和全面发展。

（五）课程资源条件

1. 学校教师：年富力强，师资稳定

学校现有专职教师中，30岁及以下教师占比17%，30~40岁占比60%，40~50岁占比20%，50岁以上占比3%，平均年龄36.32岁，是一支年富力强的教师队伍。其中，高级职称7人、中级职称59人、初级及以下职称40人。现有山东省特级教师1人，山东省教学能手1人，济南市学科带头人、教学能手、名师5人，济南市优秀班主任6人，济南市优秀教师3人，长清区学科带头人6人，区级名师1人，区级教学能手8人，区级优秀教师16人，区级优秀班主任18人，区级各类先进个人18人，多人荣获部级、省、市、区级优质课一等奖，多人教育教学论文获得省、市、区级一等奖，师资稳定。

2. 社区教育者：层次水平高，参与度高

学校家长和社区教育者是学校的重要课程资源。据2022年5月的家长问卷调查显示，家长中年龄在30~40岁的占比71.78%，是占比最高的，41~50岁的占比24.74%，多为二孩家长；硕士研究生以上学历占比28.22%，高中及以下学历占比25.44%；在家庭教育中，由"爸爸陪伴"的占比13.59%，由"妈妈陪伴"的占比81.01%，由祖辈或其他人陪伴的仅占比5.4%；家长的工作性质为"企、事业单位"的占比68.4%，多为周边高校教师、政府及事业单位工作人员，自由职业者占比28.57%，其他占比3.03%。高校家长中，艺术类专业（美术、音乐、摄影、设计、动漫、戏剧、乐器等）占比约46%，人文类专业占比约12%，科技类专业占比约23%，这些都是学校课程宝贵的课程资源。

3. 社区硬件资源：资源丰富，适合度高

学校课程的设置必须基于社区和学校的资源，这是学校课程开发的可能性的保障。学校紧邻济南国际园博园，地处大学城核心区域，周边被12所大学包围，附近三公里之内还有大学城消防中队、青少年训练基地，社区的课程资源非常丰富。例如，齐鲁工业大学陶瓷玻璃艺术博物馆是保存和展示齐鲁大地一万年陶瓷玻璃艺术文明的平台；其酿酒中心是业界公认的精酿啤酒发源地，其啤酒酵母还曾搭乘"神舟九号"飞船遨游太空。山东师范大学的党史展馆、校史展馆、法学院的模拟法庭等是"大思政"教育的宝贵资源。山东女子学院图书馆内儿童绘本馆藏书超过6000册,非常适合小学生阅读。山东交通学院机车展馆,山东工艺美术学院的民间艺术博物馆,山东艺术学院汉画石博物馆,山东中医药大学内的百草园、中医药博物馆等都被开发成学校的课程资源。此外,济南国际园博园景色优美,山水兼备,占地面积5000多亩,是集园林景观、植物科普、文化博览为一体的大型综合性国际博览园。长清区大学城消防中队,不仅担负着辖区内的灭火救援、社会救助等任务,同时为中小学生开展生命安全教育,是学生学习消防安全知识的基地。

4. 专家团队资源:专业性强,跟进指导

基于学校的发展规划和培养目标,结合学校的资源优势,学校自2018年就成立了课程专家团队。在专家团队的引领下,围绕"未来学校"创新和学科课程标准,研制"未来教师"的能力框架,以问题为导向,以专题研修为抓手,利用线上线下相结合的方式,开展跨学科学习、项目式学习、大单元教学、深度学习、自适应学习、探究式教学、思维课堂等方面的专题培训。

5. 课程资源的SWOT分析

博园小学高度重视学校课程建设,课程资源比较丰富。学校与山东师范大学教育学部交流密切,拥有强大的专家团队;地处大学城核心区域,高校资源丰富,家长中高校教师占比较高,专业分布比较广泛,参与学校教育教学的积极性、主动性比较高,与学校形成了较好的家校合作模式;学校教师年富力强,有一批乐于学习、愿意探索、勇于创新的教师,但同时,教师在课程意识、课堂改革、学科规划、学科融合、逆向设计等方面也需要进一步提高,校长和中层领导者的课程领导力需进一步加强。如表1所示:

表1　博园小学课程资源SWOT分析

	优势（S）	劣势（W）
内部 （组织）	1. 学校教师学历层次较高，平均年龄适中，年龄结构相对合理； 2. 社区和家长整体素质较高，社区课程资源丰富； 3. 专家团队强大。	1. 教师观念需改变，课程意识需提高，与新课标改革的要求有一定差距； 2. 教师用于课程研究与开发的时间和精力偏低； 3. 教师的教学设计及课程实施能力有待提高。
	机遇（O）	挑战（T）
外部 （环境）	1. 国家和政府高度重视基础教育发展； 2. 主管部门和当地政府、社区给予学校发展大力支持； 3. 学校课程建设起点较高，基础较好。	1. 教师尚不具备"未来教师"的能力框架； 2. 对外部资源的开发需进一步加强； 3. 体制机制不够完善，对教师的评价激励机制不够灵活。

二、学校课程方案

博园小学的课程方案包括学生课程、教师课程、家长课程以及环境课程，本案例重点介绍"博·润"学生课程。以下"课程"主要指"博·润"学生课程。

（一）课程目标

学校培养目标是培养具有"家国情怀、国际视野、合作意识和创新精神"的未来人才。综合学校的传统与优势，结合学校培养目标，经学校课程发展委员会集体讨论、审议，初步确定博园小学现阶段学校课程的总体目标，通过课程目标的落实，逐步形成一套学段衔接、学科关联、连接生活的课程体系，达到培养目标的落地（如表2）。

表2　博园小学课程总体目标

	课程目标	指向目标	主要落实课程 / 学科
1	人文积淀、责任担当、国家认同、自尊自爱	国家要求：坚定理想信念、厚植爱国主义情怀、加强品德修养；指向培养目标"家国情怀"	道德与法治语文传统文化
2	自我管理、自理自立	凸显校本特色，形成十个良好行为习惯	主题课程（年级成长课程），养成好习惯，养成十个良好行为习惯
3	乐学善学、勤于反思、愿意合作、乐于分享	凸显校本特色，指向培养目标"合作意识"	所有课程所有学科
4	理性思维、批判质疑、勇于探究、问题解决、技术运用	国家要求：增长知识见识、培养奋斗精神、增强综合素质，指向培养目标"创新精神"	"大科学"学科主题课程跨学科主题学习
5	珍爱生命、健全人格、审美情趣	凸显校本特色，掌握一项健身技能和一项艺术特长	"大艺术"学科社团课程
6	国际理解、多元包容	凸显校本特色，指向培养目标"国际视野"	"大人文"学科主题课程、社团课程

（二）课程结构与设置

1. 整体课程结构及其说明

"润"动词为雨水下流，滋润万物，使之润。《论衡·雷虚》中记载"雨润万物"，《礼记·聘义》中为"温润而泽"，是"随风潜入夜，润物细无声"的育人效果。"博·润"意味着博学多闻、温润而泽。

"博·润"学生课程全面落实国家课程，构建适合学生成长的课程体系，落实课程目标。结合地域特色和学生需求，设置了"基础课程""主题课程""社团课程""定制课程"。如图1所示：

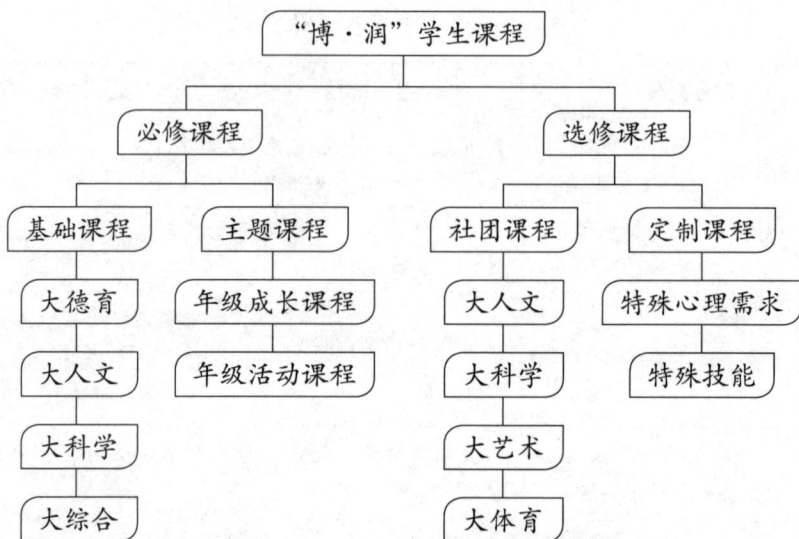

图1 博园小学"博·润"学生成长课程结构

说明：

● "基础课程"主要是以国家课程和地方课程为主，落实学科基本概念、基本原理、基本方法和情感态度价值观，培养学生发展核心素养。主要落实课程目标中1、3、4、5条。

● "主题课程"主要由"年级成长课程"和"主题课程"构成，是结合地方和学校特色，对基础课程的拓展与延伸，指向课程目标的1、2、3、4条。

● "社团课程"其目的一是为满足学生个性化的发展需求，二是为学生未来职业规划奠基，依据学生的兴趣爱好，实施时采取跨年级、纵向走班的形式开展，主要指向课程目标的3、4、5、6条。

● "定制课程"主要面向有专门心理需求的学生提供，在征得家长的同意下，尊重个人隐私，发挥个人潜能，为他们建立专门的成长档案，尽最大能力为孩子提供最适合的教育。

2. 科目设置、课时分配比例及其说明

根据《义务教育课程方案（2022年版）》《山东省义务教育阶段课程安排表》的规定与要求，结合本校的实际情况，学校课程发展委员会拟定了学校小学阶段六年的课程计划（如表3），并从一年级开始实施。

表3 博园小学学校课程设置与必修课时分配比例

课程		年级						周总课时（节）	占六年课时总比例%
		一	二	三	四	五	六		
道德与法治		3	3	3	3	2	2	16	9.30
语文（书法）		8	8	7	7	6	6	42	24.42
数学		4	4	4	4	5	5	26	15.12
英语		1	1					12	6.98
体育		4	4	5	5	5	5	28	16.28
艺术	美术	2	2	2	2	2	2	24	13.95
	音乐	2	2	2	2	2	2		
科学		1	1	2	2	2	2	10	5.81
综合实践活动/劳动		1	1	2	2	2	2	10	5.81
地方与校本课程				1	1	1	1	4	2.33
周总课时（节）		26	26	30	30	30	30	172	
学年总课时（节）		910	910	1050	1050	1050	1050	6020	

说明：

●每周按5天安排教学，必修课课时量一至二年级为每周26课时，三至六年级为每周30课时。

●基于学校课程规划与学科需求，分大小课时实施，每节课20分钟至80分钟不等。每个年级每个学期实施一个跨学科大单元主题学习。

●根据山东省人民政府办公厅2021年印发的《全面加强新时代大中小学劳动教育重点任务及分工方案》《全面加强和改进新时代学校体育工作重点任务及分工方案》《全面

加强和改进新时代学校美育工作重点任务及分工方案》，每天开设一节体育课，每位博园学生需至少掌握一项健身技能和一项艺术特长，其程度应接近儿童业余水平最高级。游泳课用体育课课时。

●劳动教育渗透在学校生活的全过程，采用分散或渗透的方式进行，集中劳动主要利用每天的自主时段进行。

3.地方课程、校本课程开设的具体内容与说明

按山东省义务教育阶段课程要求，学校开设安全教育、环境教育与传统文化课程，并将一至二年级道德与法治、劳动、综合实践活动，以及班队活动、地方课程和校本课程等相关内容整合（如表4、表5）。例如，将安全教育中的道路交通安全、乘车安全融合到主题课程"行走的课堂"中，将课间活动秩序安全融入主题课程"年级好习惯培养"中，将饮食卫生安全等融入主题课程"节日与节气"中。

表4　博园小学地方课程课时分配情况

年级	课程内容	周课时数	合计周课时	备注
1~2年级	安全教育	0.5	1.5	班会
	传统文化	1		课表呈现
3~6年级	安全教育	0.5	2	班会
	环境教育	0.5		渗透到主题课程中
	传统文化	1		课表呈现

表5　博园小学社团课程课时分配情况

课程分类	年级						周总个数（个）	占社团课程比例%
	一	二	三	四	五	六		
大人文	8	8	8	8	8	8	8	10%
大科学	12	13	19	19	19	19	19	23.5%
大体育	19	19	23	23	23	23	23	28.3%
大艺术	31	31	31	31	31	31	31	38.2%

说明：

●每天下午三点半至五点半为课后延时阶段的社团课和看护时间，不计入课时，学生自愿参加，选课计入成长手册《学生成长护照》中。

●社团课程按每学年教师资源情况动态变化。

●此表为2022年9月统计数据。

4.特色课程举例

结合学生年龄特点，在每个年级开设主题课程，例如一年级入学适应课程（如表6）。

表6　博园小学一年级入学适应课程表

时间		校园初见	习惯初建	兴趣初探
上午	1	你好，博园	我是中国人	找位置
	2	心怀强国梦 携手快乐成长	比一比	上学歌
	3	"数"说校园	认识"美术"新朋友	创造与协调
	4	就餐礼仪	Say Hello	你的名字叫什么
		午休		
下午	5	体能加油站	站如松、坐如钟	走进科学殿堂
	6	你愿意做我的朋友吗	初探百花园、百草园	11只猫做苦工

学校坚持健康第一的教育理念，除了国家要求的体育课时外，开设"阳光大课间"课程（如表7），保证每天校园阳光体育运动不少于1小时，每天上午半小时为固定的广播操时间，下午半小时"玩老游戏，交新朋友"，让生活在城市的孩子有机会与同伴一起游戏，进一步完善"健康知识+基本运动技能+专项运动技能"体育教学模式，让每个学生都能拥有自己喜欢的体育课程或体育活动项目。

表7　博园小学下午"阳光大课间"课程表

班级	星期一	星期二	星期三	星期四	星期五
一年级	兔跳接力 自主游戏	螃蟹走 单脚跳接力	跳短绳	背夹球接力 （软排）	自主游戏
二年级	"手推车" 换物接力	跳短绳	背夹球接力 （软排）	自主游戏	迎面接力
三年级	跳短绳	仰卧起坐	大猩猩赛跑 跳绳接力	自主游戏	迎面（换物） 接力蚂蚁运物
四年级	蚂蚁运物	自主游戏	双腿夹球接力 仰卧起坐	协同作战 障碍接力	跳短绳
五年级	跳长绳 跳短绳	运球接力 大猩猩赛跑	50米接力跑	自主游戏	蛙跳/仰卧起 坐素质练习
六年级	50米接力跑 运球接力	蛙跳仰卧起坐 素质练习	自主游戏	跳长绳 跳短绳	跳绳接力 双腿夹球接力

（三）课程实施

1. 顶层设计，科学规划，分类实施

学校依据《基础教育课程改革纲要（试行）》《中国学生发展核心素养》《义务教育课程方案（2022年版）》《义务教育课程标准（2022年版）》《山东省"十四五"教育事业发展规划》，立足本校办学理念，分析包括学校师资、社区资源、专家资源等资源条件，顶层设计学校课程实施方案，整体规划，分类实施。"博·润"学生课程在实施时，按授课教师可划分为基础课程、主题课程、协同成长课程三大类。

（1）基础课程。基础课程主要通过课堂教学落实，包含全部国家课程和部分地方课程，按学校培养目标划分为大德育、大人文、大科学、大艺术、大综合五大领域，主要由学校教师授课。学校需研究国家教育政策方针，带领教师不断学习，提高教学能力。

例如，基础课程中的"大德育学科"主要任务就是将"思政课"核心素养落地，通过国家课程中的道德与法治、地方课程中的传统文化等，对学生进行传统文化教育、红色革命教育，坚定学生的理想信念，厚植爱国主义情怀，加强品德修养，引导学生树立正确的世界观、人生观、价值观。

根据2022年版新课标要求，基于对劳动教育"真""全"的理解，学校构建了"六维六阶"劳动课程。本着家庭劳动教育日常化、学校劳动教育规范化、社会劳动教育多样化的原则，拓宽劳动教育途径，整合家庭、学校、社会各方面力量，形成协同育人格局。依据学生的年龄特征和认知能力水平，将"六维"课程按一至六年级"六阶"实施。"六维六阶"劳动课程在实施过程中，遵循三方协同原则，紧紧围绕"三个三"实施。分别是三类劳动的落实：日常生活劳动、生产劳动和服务性劳动；三域劳动空间：家庭、学校和社会；三项劳育支持：师资、场地和课时。如图2所示：

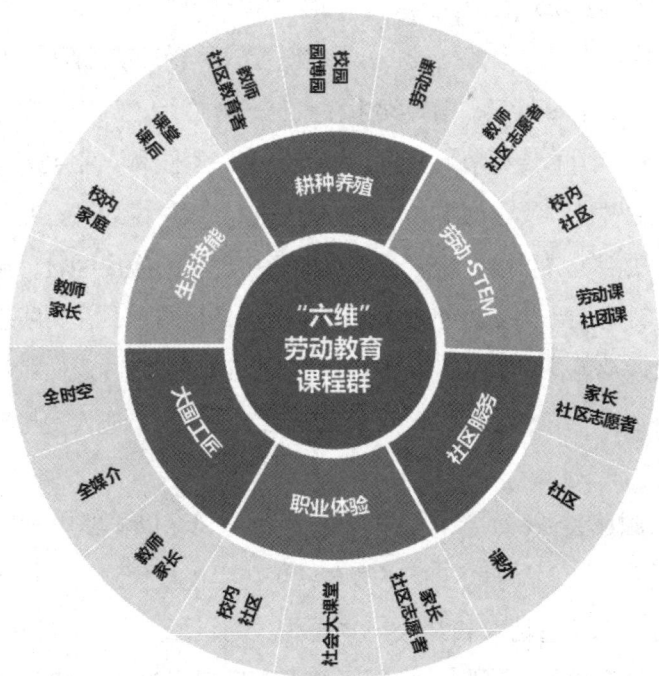

图2 "六维"劳动课程师资、场地、课时实施图谱

家长职责。家长是榜样、是教师、是陪伴者，也是监督者。家长需按学校制定的劳动清单，每天陪伴孩子做好清单要求的日常家务劳动，尽量创造条件让孩子动手动脑参与劳动。

社区教育者职责。劳动教育的授课教师除了学校教师、家长志愿者兼任以外，社区中的每个人，例如消防员、园丁、售货员、收银员、图书管理员等都是孩子们身边的劳动导师，他们或是职业体验课的教师，或是大国工匠精神的传播者。学校聘请园博园的园丁、专业技术人员等为编外劳动教育教师，结合合适的节点开展适合的劳动教育。

（2）主题课程。主题课程是活动课程，主要通过各类活动实施，由学校教师授课。其中，"年级成长课程"主要是结合学生的年龄特征，在三个年级进行"十个行为好习惯"的渐进培养；"年级主题课程"则通过主题学习等方式，对三类课程资源进行有机整合，为学生提供更加丰富多样的课程资源和学习方式，促进学生的个性化成长。例如，"节日与节气"课程，就是结合中国传统节日和二十四节气，指导学生在收集了解古诗、气象、农业谚语等的过程中，了解中国的传统节日文化，以及天文、气候和农业生产等方面的知识，引导学生对科学及非物质文化遗产的兴趣。"我"主题课程则是与国家课程"道德与法治""科学"相融合，借助学生现有的生活经验，通过参观、体验、小组讨论、合作交流等方式，课内与课外相结合，在实践基础上探索引导学生由近及远认识世界，探索"我""我的家""我的班""我的校""我的城""我的国""我的世界"，引导学生认识与自我、与他人、与自然、与社会的关系。

（3）协同成长课程。家校协同课程为选修课，以实践类课程为主，时间和空间不受限制，由家长（社区教育者）与学校教师共同承担。结合大单元学习主题，学校邀请家长开展与主题相关的讲坛，以丰富和拓宽学生视野，同时，结合主题开展相关"行走的课堂"研学课程、劳动教育、亲子共读等。

社团课程不占用义务教育课时，而是利用下午三点半之后的课后延时时间实施。学校充分发挥地处大学城核心位置的地理优势，充分挖掘家长和社区资源，邀请高校家长、社区教育者走进校园为学生开设不同主题的社团课程。

家校协同课程在实施过程中学校、教师、家长等的职责如表8所示：

表8 博园小学"协同成长课程"实施四方职责

四个层面 课程名称	学校层面	教师层面	家长层面	学生层面
"行走的课堂"研学课程	一是结合学校培养目标，结合课程资源，做好研学课程、家长讲坛以及社团课程的顶层设计，并进行科学规划。 二是将好的课程资源进行总结提炼，并及时宣传出去，惠及更多家庭、更多孩子。	行前准备：对课程资源和行走路线进行甄选，筛选出能够落实研学课程目标的资源；结合学生的年龄特点和课程目标，对行走路线进行设计，制定教学设计；组织家长义工报名，并布置行走之前需要准备事宜；结合路线和资源情况对学生进行相关知识准备和安全教育。 行中研究：结合行前准备落实教学设计。 行后总结：主要是结合行前准备和行中研学，对学生在研学过程中的收获与遇到的问题进行总结与反思。引导学生对此次研学过程进行记录与总结反思，了解学生、家长和社会对此次研学旅行课程的评价，为以后开展研学旅行课程总结经验，改进不足。	行前准备：向学校推荐课程资源；为自己的孩子做好安全等方面的准备；以家长义工的身份积极参与活动，协助老师做好全班学生安全等方面的工作。 行中研究：协助督促孩子做好行中课程落实。 行后总结：与孩子分享研学感受，帮助孩子记录成长历程。	行前准备：一是结合行走资源做前期知识储备，必要的时候需要家长或以家庭为单位参与，二是结合教学设计做好行走课程的其他相关准备。 行中研究：认真学习。 行后总结：对研学过程进行梳理，用不同形式对研学的收获与成果进行记录与表达。
家长讲坛 社团课程		了解家长中隐含的课程资源；积极与家长及社区教育者沟通交流，联系家长到校授课；为家长做好课前、课上及课后的相关辅助工作。	根据学校顶层设计做好课前各项准备工作，上好每一节课。	根据自己的爱好与特长，积极选课，认真学习。

2. 深化教学改革

《义务教育课程方案（2022年版）》指出，要注重"做中学"，引导学生参与学科探究活动，经历发现问题、解决问题、建构知识、运用知识的过程，体会学科思想方法。加强知识学习与学生经验、现实生活、社会实践之间的联系，注重真实情境的创设，提高学生认识真实世界、解决真实问题的能力。整体理解与把握学习目标，注重知识学习与价值教育有机融合，发挥每一个教学活动多方面的育人价值。探索大单元教学，积极开展主题化、项目式学习等综合性教学活动，促进学生举一反三、融会贯通，加强知识间的内在关联，促进知识结构化。

学校通过跨学科大单元教学撬动课堂教学改革，促进师生发展。

学校每个年级、每个学期有一个单元实施跨学科大单元主题教学。大单元教学体现的是课堂的自主性、共生性、应用性、泛在性和差异性。基于"语文+综合""单科+融合""课堂+生活"的原则（如图3），采取"纵向贯通、横向联动、纵横整合"的实施路径，通过"主题—目标—评价—内容—实施"五步教学法（如图4），将各学科学习内容主题化、系列化、进阶化。"大单元教学"引导教师从全局出发，从大处着眼，以"顶层设计"的思维，以真实情景中的大主题、大任务为载体引导儿童展开学习；不仅是发展"未来学校"的有效途径，还可以通过转变教师"教的方式"，从而改变学生"学的方式"，引导学生在实践中探索、迁移，进行深度学习。

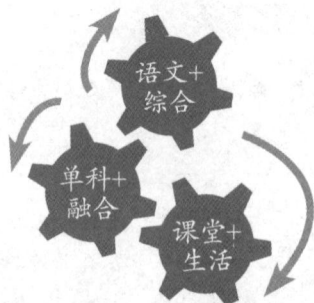

图3　跨学科大单元教学的原则　　图4　跨学科大单元教学的步骤

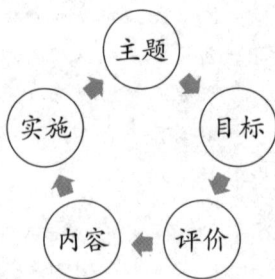

第一步，确定"大单元教学"主题。围绕儿童生命成长周期，以课程标准为核心，依据统编版小学语文的单元主题与其他学科的内在关联，依据小学语文单元主题呈螺旋式上升、逐渐深化的特点，纵向贯通小学六个年级，实现循序渐进、进阶发展，在对同一年级内各学科相关内容的研读和系统分析的基础上，纵向梳理学科内各主题间的逻辑关系、横向发掘与其他学科在培养目标间的联系，基于小学语文的单元主题，从94个人文主题中，依据学科核心素养的相关要求，选择合适的主题作为大单元的主题。

第二步，确立"大单元教学"目标。对接学校育人目标，在教学分析、学情分析、课标解读、课标分解的基础上，将国家课程标准与地方特色相结合，把发展学生的核心素养作为课程实施的基本宗旨，设计通过大单元教学才能实现的目标，从知识点的了解、理解与记忆，转变为学科核心素养的关键能力、必备品格与价值观念的培育。学生在实践中通过完成任务群，学会综合运用各学科知识解决新问题、完成新任务，通过基础性知识技能进行意义建构。

第三步，制定"大单元教学"评价。大单元的评价是由系列化的形成性评价和相应的总结性评价组成。结合大单元教学目标，进行多种评价，其中既包括大单元教学开始之前的诊断性评价、大单元教学过程中的形成性评价，还包含大单元教学结束后的总结性评价。

大单元教学的课堂评价分为教师评价、学生自评与互评。教师评价以"目标导向下，促进学生学习"为原则，采取一切促进学习的课堂评价，教师的话语需激励、引发、促进学生思考与行动，学生在大单元学习过程中一篇调查报告、录制的一段音视频、一件手工作品、一次活动策划等，只要能够促进、激励学生学习都可以纳入评价范畴；大单元教学还鼓励学生自我评价与相互评价，基于学习目标，学生通过在学习过程的自我体验、感悟、反思，生发对自我的正确认知与认可，对他人的欣赏、鼓励。这也是学校育人目标中"家国情怀"的目标之一。

第四步，重组"大单元教学"内容。在课程标准和学科素养的指导下，通过指向核心素养和单元目标的内容重组与学习设计，形成具有学习意义的大单元内容。在确立单元主题、目标和评价之后，以同一学年中不同学科相关联的教学内容为主，按课程标准和单元教学目标组合形成大概念、大任务，结合学生的学习经验和生活经验，设计学习单元任务，开展合适的实践活动。大单元横轴以年级内基础课程为主线，以主题课程为拓展，横向打通学科壁垒，形成学科内、学科间的相关单元、半融合课程、融合课程群；纵轴跨年级以社团课程、定制课程为学生提供多种选择。大单元教学纵横整合，实现学生持续的、立体化的深度学习，使学生的学习在真实任务驱动下，实现整体性、结构性和序列性，学习内容由零散走向关联、由浅表走向深入、由远离生活走向解决实际问题，从而实现有意义关联的深度学习过程。所以，"大单元教学"内容需大胆挑战传统教学中的教材编排、课时安排，通过顶层目标的设置，把学科知识按照教学的实际需要重新规划整合。

第五步，"大单元教学"实施。大单元教学的实施主要通过课堂教学与主题课程、活动课程相结合的方式。在课堂教学实施过程中，主要采取学生自主学习、合作学习、探究学习的方式进行；此外，作为课堂教学的补充与延伸，结合大单元主题开展相关的主题课程，例如家长讲坛、行走的课堂、劳动教育、亲子阅读等，将大单元教学延伸至家庭与社区。

（四）课程评价

1.课程评价原则

多主体原则。根据学生的个性发展需求而设，目的是促进学生的全面、个性发展。

多指标原则。改变单一的学业成绩评价，转向对学生综合素养和学习过程的评价，包括学习态度、学习过程、互动参与、知识积累、创新能力等，要承认差异，尊重个性等。

多样化原则。更加关注质性评价和过程评价，采取如课堂观察、调查报告、实践活动、成长记录等方式，使定性与定量评价相结合，以全面、真实、深入地再现评价对象发展为特点。

2.学生综合素质评价

学生综合素质评价主要结合课程目标进行评价。如表9所示：

表9 学生综合素质评价框架

培养目标	课程目标	核心素养	主要表现特征
家国情怀	人文积淀 责任担当 国家认同 自尊自爱	人文底蕴 责任担当	主要通过"大人文"学科体现。结合学段目标,主要采取表现性评价方式,通过在日常学习与活动中的表现,从爱自己、爱他人、爱国家等方面,初步了解中国优秀传统文化,具有家国情怀,有坚定理想信念、厚植爱国主义情怀、加强品德修养。由学生的自我评价与他人(教师、家长和同学)的评价相结合得出
	自我管理 自理自立	健康生活	结合"十个行为好习惯"在各年级中的要求及《博园小护照》记录,通过自评、互评、教师评价、家长评价等方式进行
合作意识	乐学善学 勤于反思 愿意合作 乐于分享	学会学习	具有合作意识,勤于思考,愿意主动与人合作,在小组、班级中合作完成一项或多项任务。主要采取过程性评价,通过观察日常学习生活中与他人的合作意愿和行动两个指标,通过他人(教师、同学)评价得出
创新精神	理性思维 批判质疑 勇于探究 问题解决 技术运用	科学精神 实践创新	喜欢参加创新类课程,有探索精神,可以独立或与他人合作完成一项完整的新作品。主要通过"大科学""大综合"学科体现,至少参加一门综合探索性课程并完成课程任务,有完整作品呈现,初步具备创新精神
	珍爱生命 健全人格 审美情趣	健康生活	掌握一项健身技能和一项艺术特长。借助现代化信息技术(App等),通过过程性评价及总结性评价相结合的方式评价量,通过体育和艺术所达到的水平评价质
国际视野	国际理解 多元包容	社会参与	采取表现性评价,看学生能否积极参与相关课程与活动,并在过程中换位思考;具有多元文化理解的意识,遇事能够换位思考,心怀善念,利人利己

学生综合素质评价是对学生德智体美劳的综合评定。学校将课程评价结果有机融入学生综合评定中,采取"小印章+集体投票"进行量化,两项各

占50%，评比结果有三好学生、优秀班干部、博园好少年三类。

总结性评价中，"德"指向课程目标中第1~2条。依据学生日常表现，由全班同学对学生的行为表现进行现场投票；"智"指向课程目标中第3~4条，主要参考学生日常课堂表现及学业质量检测结果（1~2年级：语文、数学、英语各科学业水平成绩均为A，其他学科学业水平可以有一门为B；3~6年级：语文、数学、英语各科学业水平成绩均为A，其他学科学业水平可以有两门为B）；"体""美"指向课程目标中第5条，参考学生的体育、卫生、艺术表现，看学生是否积极参加体育锻炼，积极参加各项艺术活动，行为美、语言美、仪表美；"劳"主要参考《学生成长护照》中家务劳动记录、学校公益劳动、值日等。

3. 各类课程评价

学科类课程的评价有两种方式，一是依据学业质量检测进行评价；二是实施过程性评价。博园学生人手一本《学生成长护照》，这是学校自主编制的学生评价手册，用来记录学生学习过程。教师结合学生每天在校的行为表现、课堂表现、作业以卡片形式奖励给学生，每十张同类卡片可以换取一个印章。《学生成长护照》还涵盖学生的家务劳动、家长评价、五项管理、行为习惯、延时课程记录等方面。

学校主题课程和社团课程主要采用表现性评价方式，即用课程实施过程中真实的活动表现做判断。通过学生在课程过程中的行动、表演、展示、操作、写作等更真实的表现评价学生的表达能力、思维能力、创造能力、实践能力，以考查学生知识与技能的掌握程度；此外，学校还结合技术手段进行跟踪评价，以实现学生的自我激励。

三、课程保障

（一）组织保障

为做好学校课程保障，学校成立了课程领导小组，由校长担任组长，由专家团队、家委会、家长代表组成，负责课程的督导；学校的教师部、学生部、教科研部负责课程的规划与研发、校本课程申报、审核等工作，由各年级主任带领一线教师共同实施。

（二）机制保障

学校课程在组织层面上表现为一种新的课程领域，需要学校发掘课程资源、架设课程框架、制定相关保障机制；在个体层面上体现的是一种新的教育理念，需要取得家长的观念认同和行动支持；在制度和社会层面上呈现的是一种新的家校共育途径，要树立正确的课程观，并有效保障课程的顺利实施；在文化层面上体现的是一种新的思维方式和价值取向，要营造良好的家庭、学校、社区合作环境，并理解不同教育主体的多元价值理念。如图5所示：

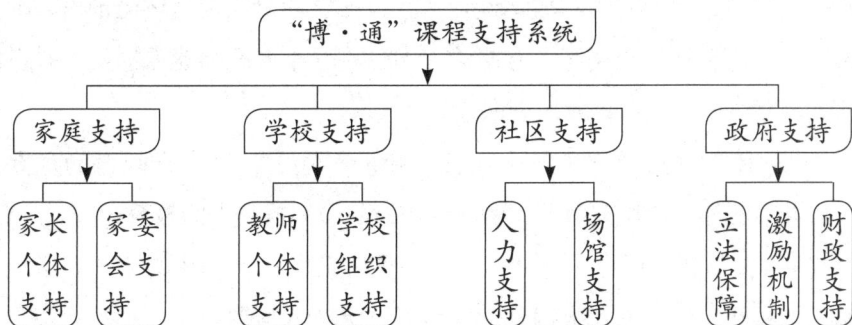

图5 "博·通"课程支持系统

（三）制度保障

课程的实施与评价分别由学生部、教师部以及年级主任负责。其中，学生部负责学生成长课程的实施、家校协同课程实施（家长、学校、三级家委会管理、家庭教育指导及课程建设）、活动课程的组织策划等；教师部负责教师发展课程实施，教学日常工作管理、各年级业务交流协调、师生教辅资料管理、学科教室管理、结对学校研讨交流协调等；年级主任负责本年级课程的规划与实施。

（四）资源保障

为了更好地发挥课程教材培根铸魂、启智增慧的作用，博园小学立足学校使命愿景、发展目标，在"博·通"核心文化的引领下，构建了学校课程——"博·通"课程。"博·通"基于区域实际，充分发挥学校的资源优势，凸显学生主体地位，关注学生个性化、多样化的学习和发展需求，深化课程改革，让课程适应学生的需要、教师发展、家长需求，解决了国家课程在学校实施过程中的适应性和发展性，解决了学校课程实施的整体性与系统性，成为连接学校与学生、教师、家长、社区的桥梁，推进学校的持续发展。

"博·通"课程由"博·润"学生课程、"博·修"教师课程、"博·和"共育课程和"博·未"环境课程四大板块构成。

"博·修"教师发展课程（博学笃志　成己达人）：根据教育部制定的中小学和幼儿园教师专业标准和未来教师能力框架需求，聚焦未来教师应具备的关键能力，包括课程与教学设计、教育教学评价、学习环境创设、师生沟通能力、信息技术应用等多方面的能力，构建未来教师能力框架，并在此基础上开发评价标准体系和培训课程。

"博·和"共育课程（博采众长　和而不同）：以家庭教育为主要内容，引导家长与学校相向而行、增加合作，共同形成强大的教育合力。

"博·未"环境课程（守望未来　枝繁叶茂）：以理想的"未来学校"为模板，构建了大人文、大德育、大科学、大艺术主题展示厅和动态记录学生成长历程的开放走廊，目的是让课程在校园里触手可及。

3

济南市市中区爱都小学"新童年"课程规划方案

编者点评

　　济南市市中区爱都小学的课程规划方案宣称了"新童年教育"的思想，确立了"为生活重塑教育，为生命守护童真"的办学理念，构建了"一核四维六纵一特色"的育人目标，并充分体现在课程方案的各要素上。学校课程结构合理，国家课程、地方课程与校本课程的科目设置规范、详尽，能够从不同课程实施主体的角度出发，明确课程实施的具体要求。课程评价从评价内容、评价方式、评价实施、评价结果处理等方面提出具体建议，充分体现了学校课程顶层设计的校本化，对学校课程实施的指导性。当然，我们在课程设计时要充分发挥目标的引领作用，24个关键词的育人目标需要描述具体的表现，以便为课程设置、课程实施、课程评价、课程管理与保障等方面提供更为明确、具体的指导。另外，这24个关键词作为课程目标分布于六个年级，需要进一步斟酌，虽然我们在确定目标时考虑了衔接性、系统性问题，但课程目标具有进阶性，它们作为课程内容主题如此分配可能更合适些。

济南市市中区爱都小学"新童年"课程规划方案

设计者：吕华 李莹 张玉晶 郑聪 李晓艺

济南市市中区爱都小学于2016年9月建校，坐落在玉函山下。目前，学校共有23个教学班，800余名学生，50名教师。学校从建校伊始，高定位、高起点，以培养"全人"为目标，改变了传统意义的教育范式，重新定义学校，以"关注每一个，成全每一个"为价值追求，将儿童立场、游戏精神、与生活链接作为学校教育的三大法宝，确立了"为生活重塑教育，为生命守护童真"的办学理念。基于现代儿童生长需要和新时代发展要求，精心设计课程，通过形象重塑、资源重组、课程再造、教学重构，探索"新童年教育"。为此，特制定本课程规划方案。

一、课程依据

习近平总书记在2018年全国教育大会上提出"努力构建德智体美劳全面培养的教育体系，形成更高水平的人才培养体系"。同时，《义务教育课程方案（2022年版）》中指出："义务教育要在坚定理想信念，厚植爱国主义情怀，加强品德修养，增长知识见识，培养奋斗精神，增强综合素质上下功夫，使学生有理想、有本领、有担当，培养德智体美劳全面发展的社会主义建设者和接班人。"

（一）教育理论依据

1. 全人教育理论

学校以全人教育为引领，以人的全面发展、整体发展、和谐发展为着眼点和落脚点，强调教育是一个包括学校、家庭、社会、自然在内的大系统，要加强连接，形成整体大环境，提倡自我、自然与社会的融合，发展多种潜能，心智和谐，人格健全，把马克思主义关于人的全面发展的理论进一步具体化、系统化。

2. 生活即教育

陶行知先生提出"生活即教育"，强调教育要在"生活"中进行，即给生活以教育，用生活来教育，为生活而教育，其目的是培养有创造力的真人，具有师承性、传承性、批判性、民主性、实践性、终身性、开放性和系统性等特点。"生活即教育"启示我们：教育目标上应注重学生创造力养成；教育过程中应处理好教育和生活的关系；教育改革应与教育环境、课程、教材改革相结合。

3. 儿童友好

儿童是国家的未来，民族的希望。儿童友好是城市人文关怀、人本主义的体现。党中央、国务院出台了《关于推进儿童友好城市建设的指导意见》，是为儿童身心成长发展提供适宜的条件、环境和服务，完备保障儿童生存权、发展权、受保护权和参与权的空间与社会环境，致力于提升儿童生活品质。

（二）学校教育哲学

1. 新童年教育的由来

当今的儿童走进新时代，认知方式、志趣爱好、情感态度发生了巨大变化。学校决心走出一条坚持儿童立场，遵循儿童身心发展和学习规律的道路。在探索儿童发展规律时，我们产生了一个疑问，随着时代变迁，我们应当怎样面对今天的"新"童年。这个"新"，体现在以儿童为积极的、富有创造力和影响力的个体，童年是儿童的自治世界。如此，我们以儿童视角出发，以促进儿童生命成长为目标，以培养儿童的核心素养为重点，通过构建

"全天候""大时空"教育环境，加强教育与生活、社会和家庭的连接，通过构建学科融合的综合学习、自主学习、研究学习等学习方式，促进儿童全面发展、自主发展、个性发展，打造新时期小学教育的新范式、新样态。

与传统的童年课程相对比，不变的是对知识的渴望、对理想的追求、对学习品质的坚守；变的是教室、学习方式、课程呈现方式、课程资源、与生活的连接、学科界限、研究主体、儿童能动性、儿童话语权等方面，我们力求通过新童年课程，给孩子一个幸福、完整、不可替代的童年生活。

2. 新童年教育的概念

学校将新童年教育定义为：以小学阶段的儿童为特定教育对象，以促进生命成长为目标，以培养学生的核心素养为重点，通过构建全时空、全方位的教育环境，加强教育与生活、社会和家庭的连接，通过学科融合的综合学习、自主学习等方式，促进学生全面发展、自主发展、个性发展，打造新时期小学教育的新范式。在此基础上，确立了"为生活重塑教育，为生命守护童真"的办学理念。

3. 新童年教育的着力点

一是为培养学生健全人格打基础。小学生的认知能力有限，心理防线脆弱，理性控制能力较差，活动空间有限，对其进行人格教育应当找准切入点、着力点，即适当对其进行挫折教育，提高抗挫能力；加强道德底线，历练自我调节能力；引导学生学会交往，悦纳他人；引导学生学会生活，做事有条理；引导学生热爱生活，保持阳光心态。

二是为培养学生多元智能打基础。人具备多元智能，既有与生俱来的，又有后天养成的。学校在学生成长期应当提供多种学习机会，让学生各得其所，学有所得，学有所长，为学生具备多种生存能力打基础，这既是"国计"，又是"民生"。

为此，学校实施了跨学科融合的课程改革，淡化了学科界限的主题，通过布置生活化的环境，打造丰富多彩的学习社区，形成多样态的学习方式，展开别开生面的仪式教育。教师包班制和全科教学，师生、生生间的平等对话，使孩子们在学前综合化、生活化学习得以延续，一种同伴式的新型师生关系得以建立和深化，一种全景式的学习方法得以确立和内化。

三是为培养和谐发展的人打基础。现行学校及家庭教育中存在重智轻德，重知识传授、轻能力培养，重结果、轻过程，重书本学习、轻实践环节等不和谐倾向，导致学生发展不均衡。学校为促进学生和谐发展做了多种尝试：构建学校、家庭、社区大生态教育圈，理顺各种教育主体的关系，形成合力；加强教育与生活的连接，让学生在教育中学会生活；构建学校微型社会，扩大师生、生生交往范围，引导学生学会交往，悦纳他人；坚持"五育并举"，促进学生德智体美劳协调发展。

四是为培养学生健康体魄打基础。为增进学生体质，学校多措并举：强化体育教学，重视教学内容的基础性、选择性及教学方法的多样性。注重激发学生的运动兴趣，引导学生掌握体育与健康基础知识、基本技能和方法；开展丰富多彩的大课间体育活动，除国家规定的集体操之外，我们自编了游戏操、艺术操，以确保学生达到足够的活动量；小课间组织学生做眼保健操，普及用眼的基本常识；开发武术课程，弘扬武术文化，磨炼意志。

（三）其他课程资源

爱都小学坐落在玉函山北麓，有着丰富的文化和历史，且优雅的周边环境为学生的学习创造了舒适的环境基础。同时，济南政府大力发展济南南部经济商圈，学校周边商圈越发繁荣和完善，为学校带来了一定的发展契机，也为学校教育提出了新的要求。

建校之初，学校85%的教师是刚上岗的新教师，对教育理念、教学方法等的理解均是全新的，这既是学校发展的劣势，也是优势。课程资源SWOTA分析如表1所示：

表1　爱都小学课程资源SWOTA分析

因素	优势（S）	劣势（W）	机会（O）	威胁点（T）	可能行动（A）
地理环境	紧邻玉函山，环境安静优雅。	地处相对偏僻、闭塞。	周围社区发展迅速。	内部道路无管理，上、下学道路拥堵。	交通规范管理，加强道路交通通畅性。

续表

因素	优势（S）	劣势（W）	机会（O）	威胁点（T）	可能行动（A）
学校规模	1.全校21个班，708人。 2.小班化教学，有利于因材施教。	社区规模小，人口有限，每年新生人数相当，学校规模相对较小。	立足全课程理念，高站位，高起点。课程开发已成体系。	学区居住人口不多，发展规模进入瓶颈期。	进一步提高学校教学水平，加强学校宣传力度。
硬件设施	共70间教室（含行政办公室）。	缺综合体育馆及大型室内活动空间。	学科教室设施完备，且有自己的风格和特色。	个别设施利用率不高。	充分研发空间功能，提高使用率，避免资源浪费。
教师特质	1.教师整体年轻化，有活力。缺少骨干教师。 2.教师队伍不稳定。	新教师多，有充足的教学热情，但经验不足。	提供各种线下和线上培训机会，进修意愿强。	教学带头人较少，经验传承出现断层。	加强教学研究，项目推进，组织TED演讲以及基本功大赛等。
行政人员	班子团结，年龄结构偏大。管理经验不足。	一岗多责，事务性工作繁重，缺少静心研究的时间和精力。	细化责任分工，各司其职。任务驱动，在工作中积累经验，提高管理水平。	年龄结构不均衡；管理机制不健全；大局意识和带队伍的能力有待提高。	加大培训力度，完善管理机制，提高境界和政治站位，追求卓越。
学生特质	学生平均素质较高。	特殊学生（学习困难、多动）渐多。情绪掌控不稳定。	勤劳、可塑性高。强化生活教育和EQ教育。	容易受家庭和社会不良环境的影响。	教师专业能力特别是心理辅导能力逐步提高，继续推进全人教育理念。

续表

因素	优势（S）	劣势（W）	机会（O）	威胁点（T）	可能行动（A）
家长条件	家长素质越来越高。	家长教育观念比较落后，重知识、轻能力；部分家长对孩子和班级情况漠不关心，对学校教育缺乏认识和支持。	开设家长开放日，邀请家长进课堂；通过微信、视频等多种方式宣传教育理念。	单亲家庭比例渐高。	办好家长学校，形成同心、同向、同行的教育合力。
社区参与	与社区联系紧密，资源越来越多。	社区文化还没有形成，缺少正确观念和方法，参与意识弱。	社区总体规划符合新时代理念。文化氛围日益浓厚。	和学校联系、接触较少，主要是教育观念淡薄。	建立机制，多举办学校和社区互动活动。
地方资源	社区居民基本实现小康，家庭经济能力较佳。	尚无组织整合系统。	举办社区活动和玉函山实践，丰富学生文化生活。	资源开发缺乏多元化。	争取政府、热心人士支持；与社区、家委会形成合力。

二、学校课程方案

（一）课程目标

在开发课程时，我们首先立足学生，思考在课程结束后，学生需要获得什么，毋庸置疑是"素养"。不管学习什么学科知识，都要让学生获得必备的"关键能力"。"中国学生发展核心素养"共分为文化基础、自主发展、社会参与三个方面，综合表现为人文底蕴、科学精神、学会学习、健康生活、责任担当、实践创新六大素养。从有理想、有本领、有担当三个方面明确义务教育阶段培养时代新人的具体要求。

根据国家的核心素养和育人目标，构建学校育人目标，同时结合学校实际情况，进行具体化、特色化调整。学校以培养小学生核心素养为重点，以国家课程为主要载体，以"五育并举"为根本途径，以培养"全人"为教育愿景，以学生童年的自我建构为核心追求，构建了"一核四维六纵一特色"的"1461"育人目标模式。

"一核四维"（如图1）以立德树人为根本任务，其中"一核"是学校的价值追求，培养"爱都棒小孩"，"关注每一个，成全每一个爱都棒小孩"。立足当下，着眼有理想、有本领、有担当、德智体美劳全面发展的社会主义建设者和接班人，将"一核"具体化，确立"四维"目标，即培养"文化自信、生活自立、善于学习、有志愿者精神"的少年君子。

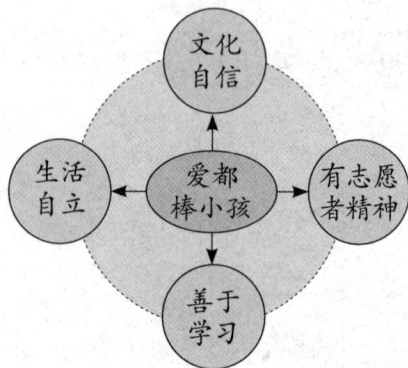

图1 爱都小学"一核四维"育人目标

"六纵"即六个年级的育人目标。它是依据"一核四维"的学校总目标进行的纵向分解与细化，并与学科接轨的能够有效落实的年级育人目标。它是年级各个学科老师根据核心素养及学生发展的需求，制定的可落实的、可评价的目标。具体如表2所示：

表2 爱都小学"六纵"育人目标

年级	A文化自信	B生活自立	C善于学习	D有志愿者精神
一年级	知习俗	讲卫生	爱学习	乐分享
二年级	诵经典	能自理	好习惯	会互助
三年级	明历史	会交往	能自主	懂团结
四年级	尊差异	有自信	敢创新	知仁义
五年级	会选择	爱家庭	勤反思	明善礼
六年级	立志向	亲社会	会学习	有仁爱

"一核四维六纵"的育人目标，具体指向落实国家课程方案中的基本要求。这种目标模式保障了学校层次育人目标和年级层次育人目标的一致性、衔接性、系统性，让全校上下真正形成教育的合力。

（二）课程结构与设置

1. 新童年课程体系

为了使学生具备所需要的必备品格和关键能力，爱都小学以国家课程为抓手，地方课程、校本课程相辅相成，力求构建三位一体的立体式课程体系。国家课程与校本课程的联结与整合不是一味地追求"国家课程的校本化"，而是要把握联结的"度"，以"素养"为目标，以"国家课程"为基础，以地方课程和校本课程为拓展补充，兼顾差异，构建起"为生活重塑教育，为生命守护童真"的新童年课程。如图2所示：

图2 爱都小学"新童年课程"框架图

就国家课程而言，全体教师积极学习新课标要求，严格落实国家课程目标，将育人目标与各年级各学科教材具体化，使育人目标落到实处。依据学科课程标准、教材与学情一致性设计学期或学年课程目标、内容、实施与评价，以规范指导学校教学。

就地方课程而言，山东省地方课程包括环境教育、传统文化课程和安全课程。地方课程既是国家课程的有机补充，又是学校课程的重要依据，具有其自身突出的特征。

就校本课程而言，教师依据学校教育哲学，在评估学生课程需要与可获得的课程资源后，以提升课程领导力为新动能，以学生发展为本，集全体教师智慧与力量，构建了主题课程、仪式课程、项目课程、研学课程、仁爱课程等。

学校构建的新童年课程，指向学生的未来，聚焦学生核心素养的培养，与生活连接，注重体验，构建三位一体的立体式"新童年课程体系"，促进人的全面发展。

2. 整合课程设置，匹配课时结构

学校严格执行国家课程方案，综合开展各类课程，科学、合理安排课程表，保障一、二年级每周26课时总量，三至六年级每周30课时总量。学校在保证周总课时不变的情况下，确定各科目周课时数，自主确定每节课的具体时长。在三至六年级语文中每周安排1课时书法；劳动、综合实践活动每周均不少于1课时；班团队活动每周不少于1课时；地方课程不超过总课时的3%；学校统筹课内外学习安排，有效利用课后服务时间，创造条件开展体育锻炼、艺术活动、科学探究、班级团队活动、劳动与社会实践等，发展学生特长。

3. 地方课程具体内容与说明

学校主要开展了环境教育、中华优秀传统文化、安全教育三种地方课程。学校从当地实际出发，设计各门课程，充分挖掘当地所存在的各种潜力，充分利用本地的教育资源。

（1）在环境教育方面，开展"沿着黄河去旅行"课程。学校从黄河广袤的空间、绵延历史的时间、塑造出的民族精神三个维度，构建了"沿着黄河去旅行"课程体系。围绕三个维度，下设11个小专题，通过项目式、多样化的学习方式，促进学生在自身体验与实践参与中展开研究性学习，发展高阶思维，提升文化自信，厚植家国情怀。如图3所示：

黄河情 爱国魂

串联广袤的空间

什么是黄河

- 历史演变 —— "数"说黄河
- 源头与支流 —— "点"亮地图
- 名称由来 —— 说文解"河"
- 河道变迁 —— 图文对比
- 治国方略 —— 治河故事

绵延历史的时间

为什么黄河是中华民族的母亲河

- 探源中华文明
  - 品鉴诗词
  - 文化故事
  - 农耕文明
- 品古都新城
  - 城市变迁
  - 城市文化
  - 城市精神
- 寻根问祖
  - 名人故事
  - 家族迁徙

塑造中华民族精神

为什么黄河成为造福人民的幸福河

- 安澜文化
  - 水利工程研究
- 生态治理
  - 中上游植树造林
  - 下游防洪
  - 支流拦洪水库
- 生态风光
  - 湿地保护
  - 资源开发

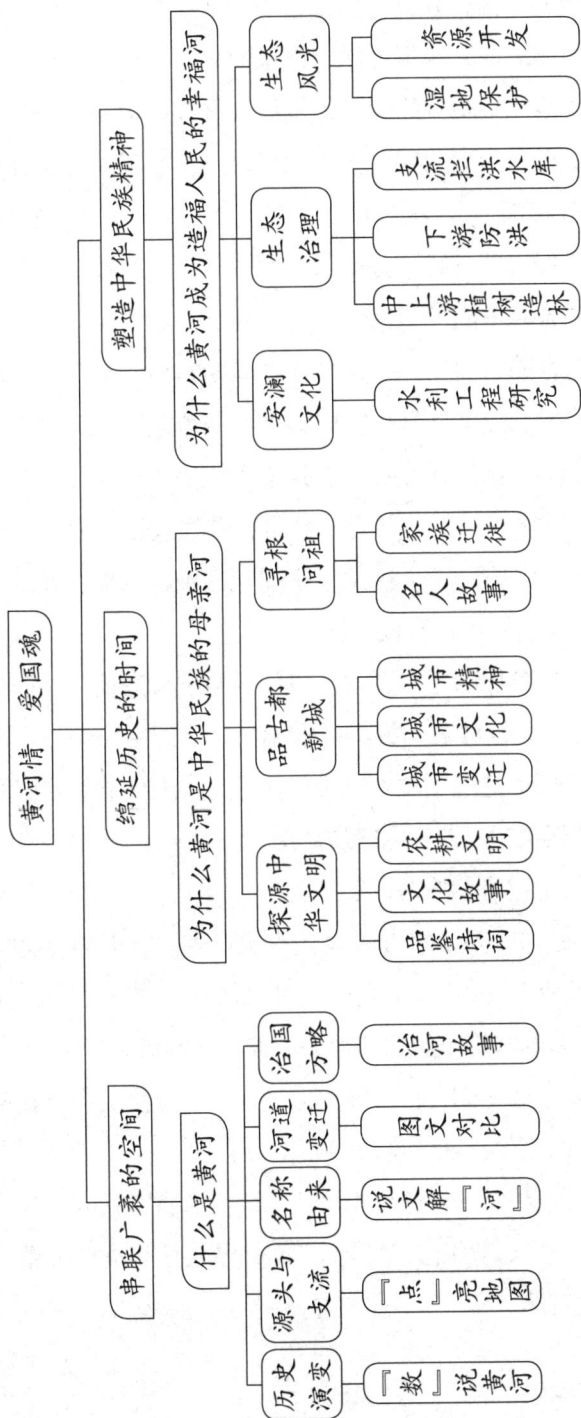

图3 爱都小学"沿着黄河去旅行"课程图

（2）在传统文化教育方面，开展"仁爱之心"课程。基于学校"童心大爱方成才"的校训，构建了与之相契合的"仁者爱人"传统文化教育的育人目标，旨在打造富有"两创"精神的新时代传统文化教育学校，培养具有仁爱之心的爱都学子，形成了富有爱都特色的"仁者爱人"传统文化课程体系。以"一个核心、三条路径、七个维度、十二个课程、七大行动"的"137127"模式，致力于打造富有"两创"精神的新时代传统文化特色学校。

4. 校本课程具体内容与说明

培养什么人，是教育的首要问题。未来社会需要的是能综合运用知识去解决问题的人，这就需要聚焦发展学生的核心素养，创造性地对学校课程进行整合、重构。爱都小学淡化学科界限，加强教育与生活、社会、家庭的连接，以主题式、体验式的学习方式实施跨学科融合课程改革，力求给孩子一个完整的世界，利于学生成长为"完整人"。主要包括主题课程、仪式课程、项目课程、研学课程、泉引桥课程等校本课程。

（1）构建生活化、体验化的主题课程。根据学生成长需求，我们构建了具有生活情境、多科融合、以体验探究为主要学习方式的主题课程，形成了六大主题课程。同时，每个主题下都有3~4个小主题，共22个主题课程。各个年级的课程目标、课程主题、课程内容层层深入。

一年级"五友课程"。主要是我与校园交朋友、我与自然交朋友、我与书本交朋友、我与生活交朋友、我与运动交朋友，让孩子们爱上校园、爱上学习。

二年级"童心撞世界"。从自我出发，走进自然界，走进生命之间的关系，然后在理解不同关系的基础上学着与他人、与世界沟通。

三年级"发现自我"。孩子们在自主探究的过程中，寻找更多自我和成长的秘密，探寻生命成长的变化，理解生命的意义和价值。

四年级"成为自己的英雄"。通过整本书阅读联系自身，找到自我镜像，努力成为自己的英雄。此外，明白人与自然之间和谐共处的重要关系，热爱自然、尊重自然、敬畏自然。

五年级"信念与选择"。通过整本书阅读，同学们将一起走近《西游记》、《城南旧事》和《上下五千年》，跟随不同的角色，经历不同的选择，得到不同的感受和收获，以此对照自身的成长。

六年级"爱都棒小孩"。主要以毕业课程和整本书阅读为主，毕业课程开展"麦香课程"、"柳文化课程"和"玉函山文化课程"三个主题课程。在阅读和体验中，培养孩子的智慧、勇气和爱国主义，成为一个名副其实的"爱都棒小孩"。

（2）构建真实性、研究性的项目课程。项目课程主要让学生在做中学，在现实生活中研究问题，得出结论。项目课程的目标是培养学生的关键能力，让学生在活动中培养兴趣，积极主动地学习，让学生学会学习。如"如何制作神奇的轮子"项目课程。

（3）构建趣味性、丰富性的仪式课程。依据学生的心理特点以及学段教育特点，在新童年课程中植入仪式教育，通过微仪式、短期仪式、长期仪式三种仪式进行构建，形成学校丰富的仪式课程，构成学生成长的阶梯。让孩子们在小学的学习生活中，在属于他们特有的时间点上，留下孩子们成长的足迹，留下深刻印象和美好愿望。

（4）构建多层次、多主题的研学课程。研学旅行的主要作用是通过实践来育人。学校结合实际情况和学生所具有的特点，借助自然文化资源、红色旅游景点以及一些教育实践研究基地等场所，开展多层次、多主题的研学课程。学校的研学课程以资源类型分类，主要有地理类、自然类、历史类、科技类、人文类、体验类。同时，研学实践成果形式多样、丰富多彩，不同类型的实践成果对学生能力的提升和核心素养的发展各有侧重。

具体课程内容如表3所示：

表3　爱都小学研学课程分类表

课程类型	研学内容或主题
地理类	寻找成长的魔法——长清马套村研学课程
自然类	黄河情，爱国魂——"沿着黄河去旅行"课程
历史类	1. 领略书本演变历史——走进课本博物馆 2. 红领巾心向党——走进解放阁红色研学之旅 3. 遍寻长征足迹，传承红色基因——跑马岭爱国主义基地研学 4. 追寻舜的足迹——走进千佛山研学之旅
科技类	1. 行走的课堂——"泉城海洋极地世界"研学之旅 2. 科技点亮未来——山东省科技馆研学之旅
人文类	1. 我与艺术有个约会——山东省美术馆研学之旅 2. 了解家乡历史和泉水文化——走进百花洲 3. 探索历史遗物，领略文化风貌——走进山东省博物馆 4. 回顾历史征程 共筑中国梦——济南市警察博物馆研学之行
体验类	弘扬劳模精神——党家街道土屋村纬二路集团学生实践基地

（5）构建全学段、体系化的"泉引桥"课程

学校根据《全学段衔接"泉引桥"工程的指导意见（试行）》，努力推进"泉引桥"工程，力求建构从幼儿园到小学、到初中的全学段衔接的"泉引桥"课程，意在关注学生发展的连续性、知识的渐进性和环境的统一性，聚焦不同年级之间的科学衔接。各年级立足各自实际，围绕学生发展的需求，大胆尝试，合力形成全学段、体系化的"泉引桥"课程。

一年级"开开心心上学去"；二年级"我上二年级了"；三年级"变化的世界变化的我"；四年级"寻找成长的魔法"；五年级"带上愿望上路"；六年级"重返一年级"。各个年级搭"引桥"，缓"坡度"，助力学生身心平稳"过渡"。

（三）课程实施

1. 在学校管理层面

（1）学校课程实施的顶层设计。

2018年10月，学校召开教代会，经会议讨论，成立了以校长为组长的学校课程管理领导小组，明确了学校课程的总体思路，设置了"课程研究院、半山书院、教师发展部、人力资源部"四个学研共同体，全力推进学校课程的实施工作。

（2）学校课程实施的三大原则。

一是课程实施项目化。从跨学科研究的视角，融合多个学科，在真实情境中，激发学生学习和探究的兴趣，让他们在生活中学会综合运用知识、学会学习。

二是课程实施主题化。构建了具有生活情境、一个主题下多科融合、以体验探究为主要学习形式的、开放性的课程体系，引导学生之间的自主合作学习。

三是课程实施场景化。我们将课程实施进行场景化，根据不同的课程内容创设不同的学习场景。学习场景不局限于校内创设的，还延展至生活、自然、场馆……让学习真实而自然地发生。

（3）学校课程实施的路径。

一是以学科素养为导向的国家课程校本化实施。学校力图改变把教材当课程、把教学内容当课程、把科目当课程等狭隘的课程观，关注人全面发展，聚焦学科核心素养，坚持立德树人，实施新童年教育，把"儿童放在课程的中央"。学校把学生的学习、生活、家庭、环境、经验等要素都作为课程元素，根据不同的素养要求，改变碎片化的课程开发，整合课程，对课程进行创编、重构、融合，并在实践中不断改进，形成校本化的实施策略，循序渐进地促进学生核心素养的提升，促进学生全面发展。

二是跨学科融合。跨学科融合是实现素养涵育的最佳载体。一方面，学生通过跨学科学习活动，灵活运用各类学科知识与技能，构建经验方法，发展关键能力；另一方面，学生在跨学科学习过程中，树立正确的价值观，养成积极、善于思考的态度。因此，在课程整合时，学校基于学生核心素养培育要求，以"课标"为基石，对相关学科课程标准进行详细梳理，找到学科教学内容相关联之处。同时，结合学生的实际情况，让学生调动所学知识和技能参与其中，以培养学生各科所需的学科素养。

三是创设七大学习场景，实现课程场景化。在国家课程方面，学校结合课程目标和课程内容，创设了学校空间对应的学科、文化、礼仪、劳动、运动、艺术、仪式七大学习场景，联结室内和户外空间，关注时间流变，布设课程节点，植入学习媒介，提供生长性资源，将课程、空间、育人有机整合起来。这样的学校课程，融合各个社区的资源，在不同社区研究并解决问题，不仅打破不同学习社区间的壁垒，同时有利于学校培育具有美好向往、博爱之心、生活情趣、脚踏实地、勤学善思的爱都学子。

2. 在教师教学层面

（1）构建"教、学、评"一致性的"学导课堂"。"教、学、评"一致性即教师的教、学生的学和对学习的评价应该具有一致的目标。在教学中，目标是课程教学的支撑点，评价是贯穿教学始终的重要内容。设计"教、学、评"一致性的课堂时，要将学习目标转变为评价任务，教师应当评价先行，在评价设计中有效分解学习目标，保证目标与评价的一致性。构建发展关键能力的"学导课堂"应坚持"学为中心"的理念，坚持"学路优先、顺学而导、学导融合"的策略，激发学生的学习兴趣，激活学生思维，激励学生"自学、自悟、自得"，实现深度学习，达到"教是为了不教"的理想状态。新童年课程研究中的"教、学、评"一致性的"学导课堂"，聚焦核心素养和育人目标，把国家课程校本化落实到课堂中，引导学生深度学习，促进学生核心素养的发展。

（2）构建收集资料和查阅文献的自主学习课堂。教育的任务必然要由使学生"学到知识"转变成"培养学生的学习能力"，培养学习能力是学习的本质。因此，借助文献资料和现代化信息交互方式，使学习在课堂内外同步中有效发生。课前，学生自主收集和查阅相关资料。课上，经过教师引领，让学生经历有目的、有计划、有导向性的学习，形成新的成长。这种学习方式超越了经典的教师、教材、学生三要素理论，凸显了以学生为主体的互动式学习场景。

（3）构建具身体验的研究型课堂。新童年课程根据课程内容的不同，教师选择不同的课堂教学方式，使学习在每一位学生身上真实发生，使新童年教学目标在全环境、全课程、全时空同步发生。因此，基于课程的设计和开发，学生在专业教师的引领下，进行探究性和项目化学习。把课堂教学向课堂之外延伸，突破了教学活动时空限制。具身体验的研究型课堂，使学生自主学习、协作学习、研究性学习的能力得到有效提升。面对未来教育，学生更加从容自信。

（4）大概念、大思路、大情境和大问题引领下的单元教学设计。以大概念、大思路、大情境和大问题统领单元教学设计，只有把大概念、大思路融入单元教学设计中，才能使学生不单单关注知识点，不再只注重一题一法的小技巧，更注重知识的结构化，从而形成解决问题的大思路。这样才能把学生的核心素养发展落到实处。单元教学设计要让学生在真实的生活实践情境中找寻问题解决的思路，在探究的过程中完成知识的建构，通过问题解决促使原有的知识经验和新知识相互作用，进而提炼和升华，形成少而精的大概念。

（5）基于指标和量规进行逆向设计。最好的设计应该是"以终为始"，从学习结果开始的逆向思考。逆向设计是有目的的任务分析，在开始设计一个单元或课程的时候，就要通过评估证据将内容标准或学习目标具体化。逆向设计的逻辑适用于任何学习目标，基于逆向设计的课堂更加有助于学生深度学习的发生。

3. 在学生学习层面：学习方式多样态

学生的学习方式呈现多样性。可根据学生年龄的不同，进行划分。

（1）低年级：游戏化学习。低年级以游戏化学习为主。游戏是学生喜欢的活动，有教育性和娱乐性并重的特点。大多数学者认为游戏是向结构化学习的一种过渡，创设多情境的游戏，让学习变得更快乐、更积极、更有效，对儿童的心理成长和学业发展都能产生积极作用。

（2）中年级：小组情境学习和合作学习。中年级以情境学习和小组合作学习为主。情境学习旨在将所学知识能够用于未来的生活之中，足以体现其学习目的的实用性。在学习过程中，通过教师呈现的不同情境下的知识，使学生真正理解其内涵与外延，从而掌握其基本理论与运用规则，进而达到学习的最佳效果，做到使学生终生受用。小组合作学习是指以学生合作为基本形式，系统利用教学中动态因素之间的互动，促进学生的学习，以团体的成绩为评价标准，共同达成教学目标的教学活动。小组合作学习有利于引导学生由被动学习向主动学习转变，有利于学生在合作时主动思考、掌握知识、有利于培养学生的创造力、探究能力和团队协作能力。

（3）高年级：自主学习、沉浸式学习和项目学习。高年级以自主学习、沉浸式学习和项目学习为主。自主学习是指学生可以独立制定学习计划，选择学习内容，调控学习过程，评价学习结果。依托于学校、家庭和社会，让学生通过自主学习，学会求知、学会做人、学会健体、学会审美、学会生活、学会交往、学会劳动、学会生存，具备与现代社会需要相适应的学习、生活、交往、生产以及不断促进自身发展的基本素质。沉浸式学习是指在面对富有意趣、充满挑战性的任务时，基于个体、小组或集体的独立思考或共同努力，学习者屏蔽外在资讯的干扰，自动开启学习心智，被知识本身所吸引而表现出来的沉醉、痴迷与忘我状态。项目学习是基于真实问题，设计学习项目，打破学科壁垒，进行跨学科学习，全体师生共同参与，让学习真实发生。通过开展项目学习，改变了学生的学习方式，让学生真正成为学习的主体。

（4）家校协同，合作育人。爱都小学倡导的新童年教育，在全人教育理念下，关注校园内师生关系，也注重家校协同育人。

第一，通过家委会建立家校合作的桥梁。在教师的引领和引导下，实现学校育人与家庭育人的合作双赢，引导家长营造好家风感染孩子，让孩子在校接受的教育和成长变化也会延续到家庭和社会中，让"5+2不等于零"。

第二，建立"家长学校"。在学校引导下，家委会组织家长们定期开展读书交流活动，分享读书心得感悟，交流育儿问题，在如何成为合格父母的道路上共同努力。

第三，定期开展家长进课堂活动。在全人教育理念指导下，全环境育人，课程资源除了来自校内老师，更多的还来自孩子家长。如果把班级所有孩子的家长所擅长的领域进行整合，那将是一笔巨大的、宝贵的"财富"。家长进课堂，正是发挥了家长的资源价值，促进家校合作，更是拉近家长与学生的关系，让孩子感受到学校给予他的安全感、自豪感、成就感。

（四）课程评价

评价文化强调真实的、情景化的测验，强调运用多元评价，强调对高层次技能而不是知识的再生产的评价。于是，学校致力于构建与核心素养、学校培养目标相匹配的课程评价体系与机制，建构了以素养为导向的课程评价方法，强调评价主体的多元化、评价标准的开放化、评价手段的创新化、评价反馈的有效化。

1.在评价内容上，聚焦学科核心素养

《义务教育课程标准（2022年版）》以落实立德树人为根本任务，以促进学生核心素养发展为红线，串联起知识内容标准、教学活动标准和学业质量标准，使之成为一个完整的有机整体。因此，学校对学生各个学科应该具备的素养进行整理和归纳，不仅包括对元认知，还有情感和社会维度以及心理动力技能的评价。

评价内容用来检测目标达成度，必须与目标匹配。而评价任务随着教学环节的展开而展开，其本身就是教学活动的组成部分，镶嵌在教学活动中。

2.在评价方式上，强调多要素赋权评价

学期成绩以百分制呈现，由两部分组成，即过程评价占50%，结果评价占50%。

过程评价（50%）=平时检测（20%）+课堂表现（20%）+实践活动表现（10%）

（1）平时检测：每个单元的检测主要是以试卷的形式，针对知识的掌握情况以及对所学知识的灵活运用，对学生进行综合性的检测和评价。

（2）课堂表现：针对课堂回答问题情况，书面练习完成情况，小组合作学习参与情况进行综合评价。

（3）实践活动评价：课内+课外，利用存放在成长记录袋中的商标、剪报、课外读物等进行展示。

结果评价主要以综合纸笔检测评分为准。结果评价（50%）=期中考试成绩（20%）+期末考试成绩（30%）。

3. 在评价实施要求上，关注学生学习的过程性和参与性表现

怎么知道学生已经到哪里？将评价整合到学习之中，看成镶嵌于教——学过程之中的一个核心成分。只有学生自己去经历、去表现、去完成，教师才能收集到学生表现的证据。

（1）过程评价在空间里无处不在。爱都小学所有的空间都能记录学生的成长轨迹，这让空间有了温度，也让评价有了具象化。学生读了多少书，都可以在图书角看到，学生值日干得怎么样，都可以在卫生角展现，学生周期性学习成果有哪些都可以在成果展示区呈现……学生成长的过程评价在空间里无处不在。

（2）评价量规让目标看得见。学校注重"评价量规"的制定，评价量规是一个真实性评价工具，它是对学生的作品、成果、成长记录袋或者表现进行评价或者等级评定的一套标准。

（3）注重学生在真实情境下的综合表现。在期末评价中，学校注重学生真实情境下的综合表现。除了纸笔测试，学校还以语文为圆心，开展多学科融合的评价改革，如"诗词大PK""迷宫大挑战""体育小健将""小小音乐家""巧手我会画""图形大比拼""创客乐园"等，打破学科界限，通过闯关地图和闯关秘籍，开展智慧闯关活动。针对中、高年级，通过开放性的题目来对学生的分析综合、鉴赏评价、表达应用等能力进行考察，关注真实情境下学生的思维发展。

4. 评价结果处理

以素养为导向的评价，目的在于帮助而非惩罚学生。以素养为导向的评价，是对教师教和学生学的不断修订和改进，是优质课程不断进步的不竭动力。

学生越来越多地承担评比过程中的责任，在这种评价文化中，传统的智慧正被超越，新的智慧正在出现：

教学智慧——关注学习；

学习智慧——反思性的、主动的知识构建；

评价智慧——情境化的、解释性的、基于表现的评价体系。

5."家—校—师—生"四方协同参与的综合素质评价

小学生综合素质的发展贯穿于小学生日常生活与学习的全过程，其评价也涉及家、校、师、生等多个层面的主体，为进一步增强小学生综合素质评价的科学性，学校构建了"家—校—师—生"四方协同的小学生综合素质评价主体。学校负责学生的管理评价，将日常管理融入学生综合素质评价的过程之中；家长与教师相互配合，在家庭中对孩子的生活自理能力以及部分在家庭中进行的教育活动进行评价；教师在教育教学中对学生德智体美劳等方面的发展情况进行过程评价；学生自评和同学互评则成为综合素质评价的重要参考。

三、课程保障

（一）组织保障

第一，以爱都小学领导班子为主的课程领导小组是新童年课程实施的核心。课程领导小组下设学生发展部、课程管理中心、班主任工作室、德育中心、后勤保障部等部门，共建育人场域，提升全环境育人新格局，提升全体教师育人水平，着力促进教师队伍建设与发展。

第二，学校成立课程研究院、教师发展部、半山书院、人力资源部四个部门，组织推进教师专业化发展，提高教师课程意识和研发能力，培养教师综合能力，同时进行专项提升。四个部门介绍如下：

（1）部门名称：课程研究院

部长：李莹

核心成员：牙颜静、刘梦茹、刘敏、张雪、王秋晨

部门发展愿景：

根据学校的办学目标，注重应用研究，充分发挥教育科研及课程研发在学校的先导作用，进行顶层设计，引领学校教师进行课程理念学习，课程深度研发。

（2）部门名称：教师发展部

部长：康雪

核心成员：李晓艺、付诗雨、刘梦茹

部门发展愿景：

教师发展部以教师梯队建设为突破口，基于教师发展需求搭建培训、交流、科研、展示四大平台，优化教师的品格结构、知识结构和能力结构，完善教师专业发展档案，促使教师个性化发展和团队共同发展的有机结合，打造教师专业发展共同体。

（3）部门名称：半山书院

部长：杨文璐

核心成员：张宝瑞、辛露芸、杨晓旭、杜姗姗

部门发展愿景：

以日常自主研习、集中合作研修和课题研究等活动为载体，以点带面，构建学习型和研究型组织——半山书院，培养一支乐学、善学的教师队伍。

（4）部门名称：人力资源部

部长名称：孙雨晨

部门核心成员：各年级组长

部门发展愿景：

做老师和学校值得信赖的伙伴，帮助老师实现梦想和学校的可持续发展，不断吸引、发展、激励学校发展所需要的人才。

第三，家校合作组织包括校级家长委员会、班级家长委员会，它们与学校建立起良好的沟通桥梁。家长们以高度的责任意识、智慧的育儿理念、善意的态度与学校领导、老师们一起搭建家校合作机制，帮助促进学校课程发展的具体进程。同时，协同推进学校发展和社区建设，加强民主评议，提升教育教学满意度。

（二）机制保障

1.国家课程运作机制

学校课程决策以《义务教育课程方案（2022年版）》为纲领，结合校情、学情与地方教育规划因地制宜进行，协调各方关系，听取各方意见，构建立体化决策系统，提升课程决策的科学性。在国家课程实施方面，在学校系统结构范式下，主张教师形成具有个人特色的教学艺术风格，教师在课程实施过程中发挥自主权。

2.校本课程运作机制

坚持儿童立场，以人为本。在新童年教育中学校充分利用育人空间和全课程设计进行学科融合。

立足社会生活实际，以点带面，深度联结生活场景和社会模式，让学生在体验中收获成长。

坚持全学科协同育人，既有跨学科的融合，又有学科相关内容的拓展延伸；扩充全时空视野，从课内到课外，从学校走向家庭、社会，覆盖学生全部在校生活，正向引导学生课余生活。统筹全方位场景布置，用校园里的各个空间记录下学生成长的点滴印记，给学生提供展示自我的平台。坚守全身心付出，学校教师团队以高度的责任感，给学生带来体验式学习的完整环境。

3.选课机制

为充分保障学生全面发展的个性需求，学校设置了十个社团（创客社团、书画社团、科技社团、合唱社团、舞蹈社团、泥塑社团、武术社团、跳绳社团、戏剧社团、器乐社团），给学生的校园生活增添了许多色彩。结合学生发展兴趣，给学生提供充足的社团课程保障，学生和社团老师双向选择，尊重每一位学生的发展意愿，实现新童年教育的多样化发展。

（三）制度保障

为切实保障课程设计的规范性与课程实施的有效性，学校设立了《学校课程规划制度》《学校课程实施制度》《学校课程资源开发与利用制度》《学校课程管理制度》《学校课程评价制度》《校本教研制度》《课堂质量检测制度》《教学常规管理制度》《功能室管理制度》等制度文件，使得校园教育教学活动有章可循、有法可依。

（四）资源保障

1. 专家资源

学校课程的变革与发展离不开专家的高位引领，专家在学校课程建设过程中给予全方位的指导与帮助。从设计到实施，再到反思与总结，一步步坚定前行。

2. 资金保障

学校为课程建设提供了充分的物质保障，课程团队在市中区教育和体育局的领导下积极参与各项课程项目的研讨，为学校课程发展申请经费，坚持精耕细作，把每一分每一毫都用在刀刃上。

3. 校园文化资源

在校园里，到处能看到学生校园生活的印记，感悟学生成长过程的美好瞬间。孔子学堂、中华武术，学生们将传统文化内化于心、习得于身；坚守良好品格教育，开展孝亲助友活动；每日晨间小升旗，树立强烈的爱国意识；定期定时开展心理健康教育宣讲，开展心理实践活动，设置独立倾听热线。

4. 校园物质资源

在环境创设和资源配套上凸显了活力与童真，环境优雅，智慧化程度高。学校配有学科专用教室、图书室、心理咨询室、校园阅读系统、宣传展板等设施设备，充分发挥校园空间的育人能力。

4

聊城市实验小学"真·趣"课程规划方案

编者点评

  该学校课程规划方案以"课程"作为抓手推动学校教育变革，落实学校教育哲学，体现了"大功夫"，对学校的课程资源条件分析科学、全面，体现了先进的教育理念。

  学校课程规划需要充分考虑学生的课程需求分析、社区对学校课程的期待，但在学校课程规划实践中，大家对这两类课程决策依据如何表述还不甚明了。聊城市实验小学的这份课程规划方案，在学生的课程需求和社区对学校课程的期待这两方面的撰写，内容规范、具体、明确，呈现了调查结果、结论和应对策略，值得借鉴、参考。当然，全面呈现作为课程决策依据的国家和地方课程政策也是非常关键的，建议充实这方面的内容，更好地发挥该课程规划方案的示范作用。

学校在"培养'明礼、智慧、阳光、风华、行知'的时代少年"课程目标的引领下，设置了"启礼""启文""启健""启艺""启博"五类校本课程，以"学科拓展课程""创新实验课程""社团课程""班本课程""生本课程""家本课程"来呈现，让我们"看见了"聊城市实验小学丰富的校本课程内容体系。但也正因为学校开发的课程内容丰富，分类方式和课程类型太多，给读者有庞杂之感。整个课程文本如能以课程分类方式来表述，前后一贯，可能会更顺畅一些。

聊城市实验小学"真·趣"课程规划方案

设计者：李月宽　徐红蕾　赵西凯　杨秀清　唐红云

聊城市实验小学前身是乾隆十六（1751）年成立的启文书院，从启文书院到聊城市实验小学，历经省立二中、郁光小学等十次更名，1938年山东第六区政治干部学校时期抗日名将范筑先任校长，张郁光任副校长。至今，学校已有近300年的历史。学校现有学生2600余名，56个教学班，教职工168人。

秉承启文书院"启天赋之门，行君子之道"的"启"文化，为落实"求真求趣"的办学理念，培养明礼、智慧、阳光、风华、行知的时代少年，学校以立德树人为导向，以国家课程为主干，以国家课程的校本化实施为基础，与校本课程的开发、实施相得益彰，遵循"小立课程，大作功夫"的课程思想，坚持"有意义、有意思、有温度、有品位"的课程理念，制定聊城市实验小学"真·趣"课程规划方案。

一、课程依据

（一）国家课程政策

《义务教育课程方案（2022年版）》完善了培养目标，优化了课程设置，细化了实施要求。关于课程设置明确提出："义务教育课程包括国家课程、地方课程和校本课程三类。以国家课程为主体，奠定共同基础；以地方课程和校本课程为拓展补充，兼顾差异。"其中，国家课程由国务院教育行政部门统一组织开发、设置，所有学生必须按规定修习。地方课程由省级教育行政部门规划设置，原则上在部分年级开设。校本课程由学校按规定设置。按照国家政策要求，学校应开齐、开足国家规定课程，各地各校要统筹课内外学习安排，有效利用课后服务时间，创造条件开展体育锻炼、艺术活动、科学探究、班团队活动、劳动与社会实践等，发展学生特长。

（二）学校教育哲学

愿景：形成百年"启"文化引领下的"真·趣教育"新样态；培养"阳光、自信、担当"的时代少年；把学校建成"至善、书香、灵动、幸福"的家园，使其成为一方教育的翘楚和符号。

使命：小学不小，不仅要奠基孩子一生的幸福，更要以未来眼光和前瞻思维安排当下的学习生活，以"有意义、有意思、有温度、有品位"的课程产品让每个孩子度过六年"真·趣"童年生活，逐步成为"阳光、自信、担当"的时代少年，成为全面发展的社会主义建设者和接班人。

培养目标：立足"有理想、有本领、有担当"新时代少年的教育目标，学校结合学生需求和办学实际，提出培养"明礼、智慧、阳光、风华、行知"的时代少年的育人目标。

明礼少年：即形成自尊自律、文明礼仪、诚信守法、乐学爱国的品格。

智慧少年：即形成崇尚真知、学会学习、乐学善思、学识丰盈的素养。

阳光少年：即形成珍爱生命、自信自爱、通情豁达、耐挫顽强的态度。

风华少年：即形成艺术感知、艺术欣赏、艺术鉴赏、艺术创造的情趣。

行知少年：即形成崇尚科学、追求真理、实践创新、放眼世界的意识。

（三）学生课程需求

学校位于聊城市主城区经济、文化、交通中心，但家庭教育基础还较薄弱，这就需要学校更要重视学校课程建设。经问卷调查了解，学生对校园学习生活，对国家课程和已开发的各类课程以及对已开设的各类社团总体满意度高达95%以上。学生们表示，这些富有趣味性、实践性、艺术性、活动性的学校特色课程与社团活动，丰富了他们的在校学习生活，给他们提供了更多发展成长的机会与可能。但学生对于传统讲授类课程学习兴致不高，同时学生希望学校能提供更多现代信息技术应用以及参与社会综合实践活动的机会，他们也表示希望学校在艺术熏陶或艺术培训方面再加大力度。经综合分析，学校加强创新实验课程和艺术课程的建设，并且加大课堂"强课提质"的力度，在各学科课堂上注重学生"倾听、表达、求助、自控、质疑、欣赏、反思、合作、实践、创新"十种学习品质的培养。

（四）社区对学校课程的期待

社区是城市的重要组成部分，是城市的"细胞"，社区建设的好坏不仅直接关系到政府的形象和社会的稳定，还与人民群众生产、生活息息相关。《聊城市城市总体规划》（2014~2030年）提出"河湖秀美大水城，宜居宜业新聊城"的建设目标，聊城市非常重视"未来社区"的建设。未来社区是以人本化、生态化、数字化为价值坐标，以和睦共治、绿色集约、智慧共享为内涵特征，以未来邻里、教育、健康、创业、交通、低碳、建筑、服务和治理等九大场景为载体，创新引领未来生活方式变革的新型城市功能单元。所以社区的发展需要一支高素质、专业化的社会工作者队伍以及全民素质的提升。学校课程建设要与时俱进，更加注重多样化课程的开发，培养德智体美劳全面发展的有理想、有本领、有担当的社区建设的多种人才。

（五）课程资源条件

2017年学校从古城区状元街9号整体搬迁至站前南街68号，仍位于聊城市主城区经济、文化、交通中心。新校区占地56.24亩，建筑面积22500平方米。学校作为一所百年老校，已逐步形成了丰厚的社会资源、校友及家长资源、教师资源、学校环境资源，现对上述资源进行SWOT分析。如表1所示：

表1　学校课程资源条件SWOT分析表

因素	优势（S）	劣势（W）	机会（O）	威胁（T）
教师资源	1. 教师队伍年龄结构合理，名师荟萃，人才辈出。山东省教育创新人物1人，齐鲁名师1人，水城名师5人，聊城市首席班主任1人，东昌名师14人，市级教学能手60余人。	1. 很多教师身兼数职，读书充实自己的时间紧张。	1. 课程设计赋予学校、教师充分的课程开发自主权。	教师群体中存在对课程建设不关注的现象。

续表

因素	优势（S）	劣势（W）	机会（O）	威胁（T）
教师资源	2. 教师研究能力强，80%的教师主持或参与过国家、省、市、区级课题研究，具有较强的课程设计能力。 3. 很多教师多才多艺，对工作与专业发展有更高追求。	2. 老教师课程校本化意识不够强烈。	2. 教师专业技术提升机会大大增加。	
社会资源	1. 学校是百年老校，政府部门和社会都对学校青睐有加。 2. 政府积极推行第二课堂——学生基地，学校组织学生实践活动的选择多。 3. 社区等共建单位与学校关系良好，也有许多可挖掘的课程资源。	1. 整合社会资源的力度不够，社会实践活动课程开发不足。 2. 社会资源课程开发还未形成体系。	1. 社会倡导学生进行社会实践，社会处处是课堂、是学习资源。 2. 社会资源的丰富性为校本课程的开发提供了多样性。	1. 社会对学校教育片面的理解，会影响学校课程建设和发展。 2. 社会资源的利用率不高，学生参与社会实践活动资金不够，安全缺乏保障。
家长及校友资源	1. 家长及校友资源丰富，从普通人士到高端人才，涉及行业广泛。 2. 部分家长和优秀校友已成为志愿者或外聘教师。 3. 家长及校友资源为学校课程开发开设提供了支持与帮助。	1. 部分家长只关注学生国家课程的学习，忽略校本课程，重视学生的成绩，忽视孩子的全面成长。 2. 多数家长忙于工作，没有时间参与学校活动。	1. 家长、校友资源丰富，便于家本课程的开发。 2. 优秀毕业学生对在校学生的影响更为突出。	1. 家长对学校提出不合实际的办学要求。 2. 部分家长不能理解学校课程设计。

因素	优势（S）	劣势（W）	机会（O）	威胁（T）
学校 环境 资源	1. 学校注重校园文化的建设，四大长廊、三大空间、两个广场，处处体现育人元素。 2. 学校功能室、校园电视台、录播室、室内体育馆等场馆设备齐全，教育教学设施全部数字化，办学环境和条件达到省内一流标准。	1. 种植区域面积太小，不能让所有孩子体验种植的辛苦与快乐。 2. 缺少游泳池，不能全面普及游泳课程。	1. 每一层分别以长廊学科特色课整体设计打造，对学生及来访者采用情景化、浸润式教育。 2. 便于打造"行走的课堂"。	1. 经费有限，校园文化建设受到限制。 2. 隐性课程还有待体系化。

通过SWOT分析，课程资源优势如下：

（1）拥有专业水平高，育人能力强，具有一定艺术水平和实践经验的教师资源。

（2）拥有丰富的社会资源，如古城区、晚清四大藏书楼之一的海源阁图书馆、山陕会馆、铁塔、可供学生实践活动的第二课堂——实践基地及良好共建的社区资源等。

（3）学校校友及家长资源丰富，涉及各行各业，从普通人士到高端人才，为课程资源开发提供资源助力，如我们开设的创客系列课程，就是充分利用了校友及家长资源。

（4）学校环境资源充足，校园建设采用开放性校史馆，按书院式打造，学校功能室、校园电视台、录播室、室内体育馆等场馆设备齐全，教育教学设施全部数字化，办学环境和条件达到省内一流标准。

综上所述，学校在课程改革中十分重视课程资源的建设，利用社会、社区、家长、教师各种资源进行全面开发，五育并举，促进学生全面发展，有效提高教育教学质量。当然也存在着一些问题，教师课程意识虽在不断增强，但课程的实施能力参差不齐，校内人力资源的不足，对校本课程建设形成一定影响。

二、学校课程方案

（一）课程目标

通过国家课程的校本化实施与校本课程的开发，为每个学生的成才提供丰富多样的学习图景，实现全人聚焦、全程关注、全员参与、全息设计以及全能培育，使每一位独具个性的学生在德智体美劳各方面都得到发展，成为有理想、有本领、有担当的社会主义建设者和接班人。课程目标如下：

通过启礼课程，学生形成自尊自律、文明礼貌、诚信守法、乐学爱国的品格，培养明礼少年。

通过启文课程，学生形成崇尚真知、学会学习、乐学善思、学识丰盈的素养，培养智慧少年。

通过启健课程，学生形成珍爱生命、自信自爱、通情豁达、耐挫顽强的态度，培养阳光少年。

通过启艺课程，学生形成艺术感知、艺术欣赏、艺术鉴赏、艺术创造的情趣，培养风华少年。

通过启博课程，学生形成崇尚科学、追求真理、实践创新、放眼世界的意识，培养行知少年。

（二）课程结构与设置

1. 整体课程结构及其说明

遵循"小立课程，大作功夫"的课程思想，坚持"有意义、有意思、有温度、有品位"四有课程理念，"真·趣"课程包括"高度、广度和厚度"三个维度、"国家课程、地方课程、校本课程、家本课程"四个层面以及"启礼、启文、启健、启艺、启博"五个方面。课程结构如图1所示：

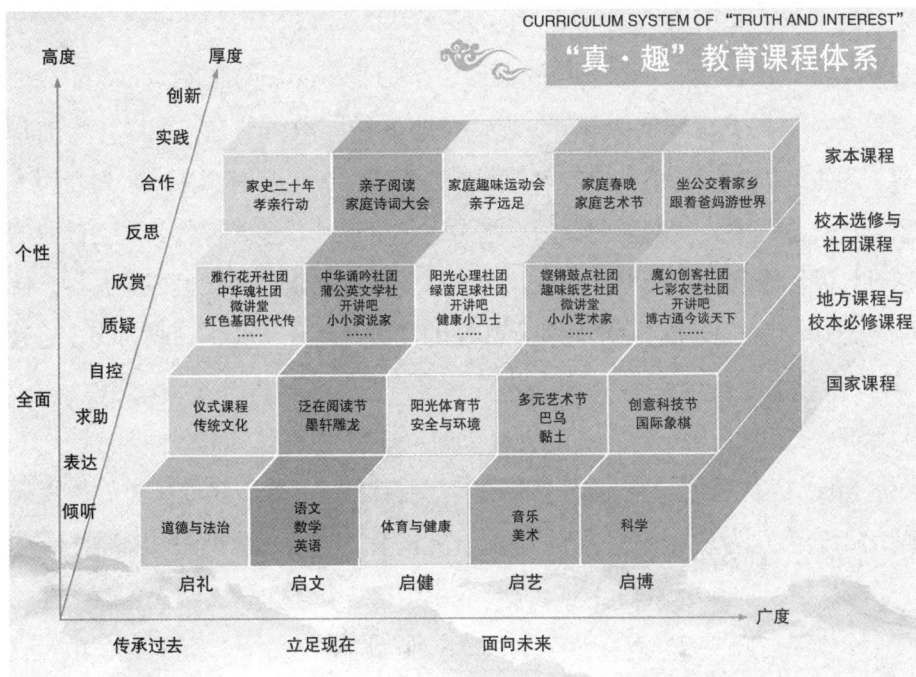

图1 "真·趣"教育课程结构

"三维"说明如下：

广度：传承过去，立足现在，面向未来。在"启文课程"中基于百年老校的厚重历史特别开发了"校史课程"：从"书院式风格，开放式校史馆的校园置景"——显性文化，到百年历史中重要的人与事的启迪与感悟——隐性课程，全部进行了课程整合；如东西走向的实验大道和南北走向的启文大道，已按时间节点进行布置，是每年的新生入学季和六年级毕业季的必修科目。

高度：聊城市实验小学具有百年光荣历史，这里曾是抗日民族英雄范筑先创办的政治干部学校；这里曾走出了"中国共产党鲁西县委"的创始人赵以政以及抗日英雄金方昌等，以红色教育培根铸魂，引领文明修身，打造全国文明校园；学校注重学生全面提高，个性发展。基于学生个性发展的多元化，学校从课程内容的五个方面，组建了52个社团，学生自主选择，个性得以发展，同时提升了学校的文化内涵。

厚度：通过十大学习品质的培养，增加生命成长的厚度，为学生今后的可持续发展奠定坚实的基础。基于"真·趣"教育理念，把以"作业创新"为主的家本课程纳入课程改革的重要组成部分，将有意义的学习变得有意思：尊重需要，激发兴趣，深度学习，综合提升，多元评价，成为最好的自己。万物皆书卷，天地大课堂。学生以"作业书"等形式呈现的兼具开放性、趣味性、实践性、层次性和灵活性的"真·趣"作业，已成为我校的教学特色。

课程内容如下：

启礼课程：教学的根本任务就是"立德树人"，基于我校特点的德育课程，我们称它为启礼课程。"不学礼，无以立。"礼仪是中华民族的传统美德，从古至今，源远流长。无论做什么事情，先让学生学会做人，做社会主义合格的明礼好少年！育文雅学生，塑儒雅教师。"六个一"是明礼少年养成教育的核心，实验学子从入学到毕业，纳礼融仪，学礼做人，在日常学习生活中践行社会主义核心价值观。课程包括：国家课程"道德与法治"；地方课程及校本必修课程"仪式""传统文化"；校本选修课程含社团课程"雅行花开""中华魂""静雅茶艺""舞龙舞狮"，班本课程"真趣主题班会""真趣升旗仪式""开笔礼""毕业礼"，生本课程"百家微讲堂·红色基因代代传"，家本课程"孝亲行动""家史探究""小鬼当家"等。启礼课程在德育领域指向"责任担当"核心素养的提升，通过一系列启礼课程的实施，培养了学生自尊自律、文明礼貌、诚信友善、团结互助、遵守规则、乐学爱国等品质。

启文课程：在"启"文化引领下的启文课程主要指以知识或文化为本位的文化类课程及其拓展课程。主导价值在于传承人类文明，启迪学生的智慧，使学生掌握、传递和发展人类积累下来的文化遗产。课程包括：国家课程"语文""数学""英语"；地方课程及校本必修课程"泛在阅读节""国学诵读"；校本选修课程含社团课程"墨轩雕龙""蒲公英""ABC英语""阅读节""地书"，班本课程"金麦克""国学范""翰墨轩""小作家",生本课程"开讲吧·小小演说家";家本课程"亲子阅读""家庭诗词大会"等。在文学领域里指向"人文底蕴"核心素养的提升。学校十分重视学生阅读能力的提升,为学生倾力打造师生阅览室、开讲吧、漂流书屋、教室内阅读区、空间德育书、悦读空间等学习平台,开展浸润式的泛在阅读。

启健课程:在"启"文化引领下的健康课程称为启健课程。健康是生命之基,是人生幸福的源泉。要创造人生辉煌、享受生活乐趣,就必须珍惜健康,学会健康生活,让健康成为幸福人生的源泉。拥有健康身心的人,更容易保持阳光、自信和快乐,而这些正是培养积极生活态度所不可缺少的条件。课程包括:国家课程"体育与健康";地方课程及校本必修课程"阳光大课间""体育节";校本选修课程含社团课程"自我保健""花样篮球""绿茵足球""乐在'棋'中""阳光心理",班本课程"'绳'采飞扬""跳皮筋""玩转沙包""呼啦圈",生本课程"开讲吧·健康小卫士";家本课程"远足""家庭趣味运动会"等。启健课程在体育领域里指向"健康生活"核心素养的提升,在体育课、大课间、社团、家庭、社区等活动中进行,让学生学会健康生活(包括身体健康、心理健康),培养学生珍爱生命、自信自爱、坚韧乐观、勇敢坚强等健全人格,使学生在体育健康活动过程中快乐成长。让运动成为一种享受,让健康成为一种资本。

启艺课程:艺术是人类文明的重要组成部分。在"启"文化引领下的启艺课程是一种培养人感知美、鉴赏美、创造美能力的审美课程。其目的在于塑造学生健全的人格。课程包括:国家课程"音乐""美术";地方课程及校本必修课程"多元艺术节""巴乌""黏土";校本选修课程含社团课程"铿锵鼓点""小叮铃合唱""'纸'因有你""小主播""丹青浅墨""魔术""陶笛",班本课程"欢乐陶笛""功夫扇""玩转彩泥""沙画秀",生本课程"百家微讲堂·小小艺术家";家本课程"家庭春晚""家庭艺术节"等。启艺课程在艺术领域里指向"人文底蕴"核心素养的提升。通过艺术课和社团活动,培养学生的艺术能力、审美情怀、厚实人文底蕴,提高学生的自信心、表现力、想象力和创造力。让才艺成为一种必需,让审美成为一种志趣。

启博课程：在"启"文化引领下的启博课程主要是指培养学生动手操作、理性思维、批判质疑、勇于探究等品质的课程。课程包括：国家课程"科学"；地方课程及校本必修课程"创意科技节""国际象棋""综合实践活动""信息技术""劳动教育""环境教育""安全教育"；校本选修课程含社团课程"魔幻创客""探微VR""七彩农艺"，班本课程"美食美课""爱自然研学"" 'E' 气风发""小帮手"，生本课程"开讲吧·博古通今谈天下"；家本课程"坐公交看家乡""跟着爸妈游世界"等。启博课程在科学实践领域指向"学会学习、科学精神、实践创新"核心素养的提升。启博课程从课本知识到高科技，关注学生的探究、合作活动，启迪学生的智慧，充分挖掘了学生的智慧和潜力，培养学生科学精神、实践创新的能力，全面提高学生的综合素养。让创新成为一种习惯，让探究成为一种常态。

2. 课程设置与课时分配、比例及其说明

严格遵守山东省关于课程设置的规定，在开足、开好国家课程的前提下，把学校课程中的国家课程和校本课程进行合理搭配、整合，创设丰富多样的课程或课程套餐，为各层次学生提供更加广阔的学习空间。

开好、开足国家课程。严格按照《义务教育课程设置实验方案》设置课程。学校制定了《聊城市实验小学课程规划方案》，开全国家课程科目，不随意增减每周的课时数，严格遵守上级部门规定的作息时间。

严格落实地方课程。根据山东省义务教育课程设置安排，学校将"中华优秀传统文化"和"安全与环境"作为地方课程与学科整合教学，每周一课时。

全面开设校本课程。校本课程按照学科拓展、社团、班本、生本四类课程构建，并以课程活动化的要求积极推进落实。

根据纲要要求开设：比如国际象棋每周一节。写字、诵读是早自习进行，周一、周三、周五诵读，周二、周四写字。

从既定课程表中抽出一定时间：比如音乐、美术从每周的课时中抽出一节上特色课程，剪纸、折纸、快板、架子鼓等。

弹性设计：比如数学文化课可以根据教学内容，适时安排课时，一个单元后可以安排一节，也可以根据进度适时穿插数学文化内容。行为习惯课，原则上是一周一节，也可以根据学生表现，选择合适的时间，比如每学期开学第一周都是常规的行为习惯周。生活技能课，既可以在课堂中进行，也可以在家里完成。

根据学校实际情况，我们在三、四、五年级进行走班教学，探索走班教学的模式，把26个教学班按学生所需变成了52个兴趣班，每周二、三下午两节课时间进行走班教学，开设的课程有音乐、舞蹈、剪纸、折纸、架子鼓、语言表演、围棋、书法、武术、乒乓球、篮球、创客等，在必修的基础上放手让孩子们选择自己喜欢的功课，基本满足了孩子们的需要。

引导创建家本课程。为践行学校"生家校社"四位一体"真·趣教育"共同体的理念，在国家、地方、学校课程的基础上，我校开创性地推出了家本课程。家本课程坚持"五育并举"，重点培养学生的创新思维和实践能力。如"真·趣"作业课程就是一门家本课程，是学校特有的一门融学科创新课程。"真·趣"作业课程依托一年中重大节日而布置实施，做到育德、育心与育智相结合，校本课程与家本课程相结合。灵活多样的作业呈现方式，兼具开放性、趣味性、实践性、层次性和灵活性，每一次"真·趣"作业都成为学生们一次生命的体验和成长。

聊城市实验小学课程设置与课时分配具体安排如表2所示：

表2　科目设置与课时安排表

课程类别		一	二	三	四	五	六	备注
国家课程	道德与法治	2	2	3	3	3	3	一年级入学初，设置2~4周的学习准备期 二至六年级开学第一周，设置一周的行为习惯课 劳动、综合实践活动课时会根据活动主题灵活安排
	语文	7	7	7	7	7	7	
	数学	5	5	5	5	5	5	
	英语			2	2	2	2	
	科学	2	2	2	2	2	2	
	艺术	3	3	3	3	3	3	

续表

课程类别		一	二	三	四	五	六	备注
国家课程	体育与健康	4	4	4	4	4	4	
	信息科技			1	1	1	1	
	劳动	1	1	1	1	1	1	
	综合实践活动	1	1	1	1	1	1	
地方课程		中华优秀传统文化、安全与环境						与学科整合教学
校本课程		国际象棋、雅行花开、书法、泛在阅读、语言表演、少先队活动、阳光大课间、社区实践活动、校园成长节日、社团课程等						
周课时总数		26	26	30	30	30	30	
新授课总课时		910	910	1050	1050	1050	1050	6020

3. 地方课程、校本课程开设的具体内容与说明

地方课程：开设"中华优秀传统文化""安全与环境"两门课程，均与学科整合教学，其中"中华优秀传统文化"由语文教师任教，"安全与环境"由班主任任教。

校本课程：校本课程分为"启礼""启健""启文""启艺""启博"五类课程，学校结合学情与校情，依托不同的课程资源进行开发与实施，一般以"学科拓展课程""创新实验课程""社团课程""班本课程""生本课程"等呈现。

学科拓展课程依托国家课程校本化开发，包括语文学科拓展课程、数学学科拓展课程、科学学科拓展课程、英语学科拓展课程等。

此项课程建设均立足学校课程目标，基于各学科核心素养，培养学生的创新思维和实践能力。如语文学科开发了以拓展双主题阅读的"窄式阅读"，激发学生写作兴趣的"启·文萃"优秀习作集，提高学生书写能力的"墨轩雕龙"课程等；数学课程开发了"玩转练与测""好玩的数学""花自满蹊"等拓展课程；英语学科设置了拼读课、绘本阅读课、社团表演课、英语国家文化课等拓展课程，使学生的语言能力、思维品质、文化品格、学习能力得到提升。

创新实验课程依托场所或环境开发。根据学校"万物皆书卷，天地大课堂"的课程理念，校园就是广义上的功能室，就是行走的课堂。校园气象站、开放型校史馆、生态园等，都是学生自主探索和个性化学习的资源。

一是依托创意空间，逐步开设了3D打印、机器人、趣味编程、无人机探索、Arduino、VR制作等课程。在创意空间上，各社团学生运用所学知识去实践探究，实现各自创意。在试错、碰撞、分享、交流的自由开放氛围中，创客们的想象力被激发，自主学习与思考能力得到了有效锻炼和提高。

二是依托学校校园电视台开发了"实验新视点""直播点播平台""留住童年"等栏目。自主组建的小记者、小主播团队，结合学校教育教学工作，自主完成采访、剪辑、播音等程序工作。校园电视台为学生综合素质水平提升以及校园正能量传播打造了一个新平台。

三是依托学校录播室，结合学校"四位一体"的理念，将名师、名生、优秀家长、社会成功人士等的成功经验，结合学校实际，制作、保存到学校发展资源库。学校录播室可以实现多种场所直播、点播、录播等功能，通过互联网可以与多所学校一课同授，完成远程教学的任务。学校采用"实验小学+"名校带动模式，通过"远程同步课堂、同步教研和名师系列课程"融合带动十余所城区新建校、农村薄弱校和远在1700公里外的青海冈察沙柳河镇民族寄宿制完全小学，真正起到了传、帮、带的作用，实现名师名校资源共享，对城乡教育均衡发展起到了极大的推动作用。

四是依托校园气象站成立气象观测社团。校园气象站可以监测校园的风速、风向、温度、湿度等多种气象要素信息。通过这些气象要素信息，为校园提供气候数据的支持，比如学生室外活动、学生穿衣等，都可以通过校园气象站监测要素信息来提供建议。学校依托校园气象站进行气象科普教育，符合未来国防教育发展趋势。

五是依托校园环境开发"行走的课堂"。只有观世界，才有世界观。学校一直秉承"最好的课堂在路上，最美的知识在脚下"的教育理念，充分挖掘校园资源，把校园变成"行走的课堂"，为学生搭建平台，让他们走出教室，如学校营造"2+n"泛在阅读体系，借助师生阅览室、"漂流书屋"、教室阅读区、空间德育书、悦读空间"开讲吧"开展浸润式的、时时处处的泛在阅读。种植和养殖课程等旨在让学生在更广阔的学习空间中，亲身参与劳动，体验劳动的艰辛与乐趣，全面提高学生的知识技能、劳动意识、综合素质。

六是依托人力资源开发"客座教师进课堂"课程。结合我校"四位一体"的教育共同体理念，通过邀请各班级、年级不同职业的学生家长或社会成功人士走进校园、走上讲台，有效利用他们的有教育意义的资源，既拓展了学生的知识面，也丰富了学校的教育活动，与学校形成"四同"共创未来的新样态。

社团课程依托少年宫场所开发。聊城市实验小学少年宫有独立的教学楼，有专用教室34个，现有少年宫辅导员35人，其中校内兼职29人，外聘6人。秉承"启迪、开放、创新、引领"的"启"文化，少年宫分为"健、文、礼、艺、博"五类课程，共有52个社团。

班本课程是落实学校新样态的一种推进策略。以班级为单位，"一个班级一个样，班班都有自己样"，每个班级都有各自的课程。课程开发基于教师个人优势及特长，以教师带动班级，让每一名学生在活动中亲历实践过程，实现学习方式创新，在体验中收获班级团队的快乐，寻求生活的本真意义。

生本课程也是落实学校新样态的一种推进策略。以学生个体为单位，"一个学生一个样，每个学生都有自己样"。参照教育家陶行知提出的"小先生制"，依据"即知即传人"的原则，采取"小孩教小孩""小孩教大人"的措施。充分利用优秀学生资源，发挥他们在德智体美劳各方面的特长，让学生当小老师去宣讲，去影响其他学生，甚至走向社区，走向社会影响更多的人。开设的科目包括红色基因代代传（启礼）、小小讲解员（启文）、健康小卫士（启健）、小小艺术家（启艺）、说古论今谈天下（启博）等。

家本课程是为践行学校"生家校社"四位一体"真·趣教育"共同体的理念，在国家课程、地方课程、学校课程的基础上，学校推出的课程包括小老师开讲啦、"真·趣"作业、亲子阅读、美食美课等科目。家本课程同样坚持"五育融合",重点培养学生的创新思维和实践能力。

如"真·趣"作业课程就是一门家本课程,是学校特有的一种融学科创新课程。学校设计出了"真·趣"实践作业指南"12345",其中,"1"即一个核心:立德树人;"2"即两个抓手:五育并举、减负提质;"3"即三结合:育人理论与实践相结合、育德育心同育智相结合、课内与课外相结合;"4"即四种特性:开放性、实践性、趣味性、灵活性;"5"即"五有"版块:"有声"指向阅读、宣讲,"有墨"指向规范书写,"有志"指向体育锻炼、家务劳动、科学实践等意志品质和能力的持续培养,"有品"指向音乐、美术、文学等艺术素养养成,"有情"指向爱祖国、爱生活等人文素养养成。

(三)课程实施

将课程方案扎实地、有效地落实于课程实践,是实现学校课程目标的重要一环。基于对课程建设目标和校情、学情的考虑,主要从以下几点来探索有效推进课程实施的策略。

加强课程规划的宣讲、解读。引导教师深刻理解课程整体育人功能,进一步明确学校课程建设目标、育人目标的定位,明确教师自身的努力方向和所需承担的课程建设任务。

编制学校课程计划。每学年根据学校课程计划扎实落实课程目标,并在实施与实践中不断优化课程结构,整合课程内容,增强课程链接的紧密度。

注重队伍建设。学校课程规划实施的主体是教师,未来几年,学校要通过校本培训、实践指导、教师间的经验交流、专家辅导讲座、教学沙龙活动等方式,加强教师团队建设,开发教师的多元智能,促进教师多元发展,不断提升教师的课程实施能力、课程执行能力。

注重课程开设形式。课程的组织形式必须以学生为本,教师应充分尊重学生的意愿,采用学生喜欢的组织形式和活动方式来开展,充分调动学生的学习积极性和活动的灵活性。

体现课程主体的自主性。在学校课程的实施过程中,教师要给学生创造宽松和谐的活动环境,允许并鼓励学生用自己的方式呈现成果,教师要重视学生的主体性，注重过程体验，不能只重活动的结果。

国家课程开设。依据新课程标准，进行大单元整合，利用乐学单，引导学生自主学习。通过"三环两段六步"的课堂育人模式，培养学生十大学习品质：倾听、表达、求助、自控、质疑、欣赏、反思、合作、实践、创新。注重学生核心素养的发展，逐步形成适应个人终生发展和社会发展需要的必备品格和关键能力，使国家课程更加富有感染力。

校本课程开设。为社团课程建立双向选择机制，实施动态监控，建立课程更新与退出机制，确保课程质量。课程开发过程中，教师必须树立档案意识，将学校课程开发中的所有资料收集整理好，期末上交学校课程开发领导小组，以便整理总结，并进一步加以改进和推广，做好展示汇报工作；班本课程开发是基于教师个人优势及特长，以教师带动班级，分年级成体系结合班队会进行；生本课程是参照教育家陶行知提出的"小先生制"，充分利用优秀学生资源，发挥他们在德智体美劳各方面的特长，结合学科"课首三分钟""学习微共体""百家微讲堂"等时段、组织，依据"即知即传人"的原则，采取小孩教小孩，小孩教大人，让优秀学生当小老师去宣讲，去影响其他学生，甚至走向社区，走向社会影响更多的人。

家本课程开设。在国家课程、地方课程、学校课程的基础上，家本课程的开设坚持"五育融合"，坚持家庭、学校、社会协同育人。根据"中国学生发展核心素养"，教师依托春节、清明节、端午节、劳动节、暑假、国庆节等长假，提炼相关主题，涉及红色主题、优秀传统文化主题、科学主题等，利用长假，结合亲子陪伴以项目式学习方式推进，突出家庭资源对学生的影响，通过展示、科学评价，培养学生自主学习能力和综合素养，体现了跨学科学习和实践意义。

（四）课程评价

当前，学校"真·趣"课程体系建设正不断向纵深推进，从最初浅层的单学科课程建设，发展到了"三维四本五元""真·趣"课程体系建设。而课程体系的建设、完善、发展离不开对目标体系的评价，只有这样才能更好地了解课程开设是否真正规范、科学，真正促进学生的全面发展，从而指导我校课程体系建设向更广、更高、更深层次范围发展。

学校始终把立德树人作为教育的根本任务，培养德智体美劳全面发展的社会主义建设者和接班人。学校以"真·趣"少年评价为抓手，从"启礼、启文、启健、启艺、启博"五类课程实施多元评价争章。

评价原则。在课程评价的过程中，我们注重有效性评价原则、个性化评价原则，追求导向与激励性原则，努力发挥评价促进学生发展、教师提高和改进教学实践的功能。评价的目的在于促进学生多元发展，激励学生学习，帮助学生有效调控自己的学习过程，使学生获得成就感，增强自信心。做到评价标准客观，评价态度客观。

评价内容。评价内容应体现多元。评价学生"礼、文、健、艺、博"等各方面的能力及其学习态度、学习习惯、学习方法、学习效果等。

评价方式。运用多种评价方式，全面反映学生课程学习水平。注重形成性评价和终结性评价，校本课程学习中以主题自主探究活动为主，应加强形成性评价。同时坚持定性评价和定量评价相结合。校本课程学习具有重情感体验和感悟的特点，更应重视定性评价。学校和教师要对学生的学习档案资料和考试结果进行分析，评价结果的呈现方式除了等级以外，还应用最有代表性的事实客观描述学生学习的进步和不足，并提出建议。

评价主体。评价主体实行多元评价，如教师评价、家长评价、学生评价、小组评价、社区评价等。注重加强将教师评价与学生自我评价、相互评价及家长评价相结合，加强学生的自我评价和相互评价，从而确立学生课程评价的主体地位。这种评价的实质，从侧面反映了学生是学习主体的现代教学观。

评价实施具体要求。学校的具体评价标准分学科进行制订，学科组精心设计本课程的评价标准，采用多元主体和多种评价形式对学生参与课程的学习情况做出体现本课程特点的评价，每学期期末将评价情况反馈给学生和家长。

国家课程、地方课程及学科拓展课程评价方式一律采用等级制评价。所有学科一律采用四级等级制，即优秀、良好、合格、待评。

新课程提出过程性评价的评价理念，是通过观察学生学习过程中表现或依据学生学习所完成作品的质量进行评价。在课堂教学中根据十种品质评价要素进行评价，落实学生主体地位，强调依学定教、顺学而导。在学业评价上采用过程性评价和终结性考评相结合的形式，其中过程性评价探索实施"实验'真·趣'少年"储章过程性评价指标。

社团课程评价方式采用过程多元评价方式，包括团队（或个人）作品展示、才艺表演等多种形式。关注学习过程，对学生进行多元评价。

每期课程结束进行课程学习"成果展示"。主要依托"体育节、科技节、艺术节、数学节、读书节"等活动进行。成果展示分为两大块，所有可展示类的课程学生都要参加舞台展示，其他课程学生以作品（书画作品、制作作品、小报告、小调查）等形式在展厅展示。最终评价落实到"实验'真·趣'少年"的评选指标。

"实验'真·趣'少年"争章评价，即"启礼、启文、启健、启艺、启博"五类课程实施多元评价争章。学校以培养"阳光、自信、有担当"的学生为目标，立足各科素养，聚焦26个测评点，设立了5类徽章，印发了储章表。每类课程评价标准用三个关键词来概括，每个学科都有徽章，这5类徽章作为过程性评价，只要学生在某一方面能够达标，就可以得到相应的徽章。学校与家长携手创新多元评价，力求阶段性专项过关，实行真正意义上的个性评价，让每个孩子成为最好的、独特的自己。

"启礼课程"关注学生的道德标准、文明礼仪、传统美德，在平时的学习、生活和实践活动中，评选出"明礼少年"。

"启文课程"关注学生的学习能力和学习习惯、文化视野等，在平时的学习、生活和实践活动中，评选出"智慧少年"。

"启健课程"关注学生强健的体魄、健康的心态、自信的表现，在平时的学习、生活和实践活动中，评选出"阳光少年"。

"启艺课程"关注学生的艺术修养、艺术鉴赏的能力，在平时的学习、生活和实践活动中，评选出"风华少年"。

"启博课程"关注学生的自理能力、探索能力、创造能力，在平时的学习、生活和实践活动中，评选出"行知少年"。

"启礼、启文、启健、启艺、启博"五类课程中囊括中华优秀传统文化，通过"真·趣"少年评价体系更能激发我校学生对于传统文化的学习。

三、课程保障

（一）组织保障

1. 成立学校课程规划领导小组

组长：李月宽（校长）

副组长：徐红蕾 赵西凯

成员：课程管理主任、课程审议组长、课程评估组长、选修课程中心组组长、各年级主任、各学科教研组长。

学校课程规划领导小组职责是：负责编制课程规划方案、校本课程开发指南和各学期校本课程实施计划。直接领导下设各工作委员会，开展课程评议，实施课程方案评估，协调与家长委员会、社区等有关部门机构的关系，提供政策与经费保障，确保校本课程的开发、审议、实施和评价。

2. 成立学校课程审议委员会

课程审议委员会由校长、教师代表、学生代表及相关专家等人员构成。课程审议委员会的职责是：依据《学校课程规划方案》的要求，审议教师送审的《课程纲要》，重点审议各课程诸要素的情况，决定教师所申报的课程是否可以被立项。

3. 成立学校课程评估委员会

评估委员会由校长、相关副校长、课程教学处主任、学生处主任、各学科组长等人员构成。评估委员会的职责是：依据《课程方案评估标准》的有关规定，实施课程方案的评估，制定评价标准，指导教师做好学生的评价工作，对评价过程中出现的问题、意见分歧进行处理和仲裁。

4. 成立学校学生选课指导中心

学校成立学生选课指导中心，各年级成立分中心，由分管副校长、年级主任负责各分中心的运作，各分中心吸收班主任和骨干教师参加。学生选课指导中心的职责是：根据学生发展现状及兴趣需求，指导学生选好选修课。

（二）机制保障

1. 国家课程运作机制

我校提出"教科研训"一体化的"真·趣"教研新思路，构建了一体化的教研操作模式。教研活动开展包括集体备课、示范课、优质课、研究课等教学观摩、教学研讨、教师培训等，且教研形式多样，大教研、小教研、微教研和网络教研相结合，交互作用。

确保教研的时间。按规定，每周二为语文教研组活动时间，每周四为数学教研组活动时间，其余教研组自定时间教研，上报教务处。所有教研组长需积极组织本组教师坚持每周至少一次教研活动，每次活动事前需准备充分，教研要有记录，每次活动时间不少于一课时。各个学科主任每月开展一次大教研，在录播室进行示范课展示、评课、总结、引领。

拓宽教研的内容。采取同伴互助，结合课例开展合作研究办法，将"集体备课""集体听课""集体讨论"融为一体。

改进教研的形式。以大教研、小教研、微教研和网络教研多种形式进行。采取教研组推荐一节"示范课"，"同课异构"的形式，充分发挥教师个体、教研组集体的作用。

加强教研的宏观指导。每学期各教研组根据教学研究的需要，确定一个主题，各教研组按组开展小组专题教学活动。围绕专题全组共同研究，人人做课，相互观摩，随时研讨。形成一种人人参与，相互交流的研究氛围。

建立激励机制。鼓励教师积极参与教研活动，凡在教研方面取得突出成绩的教师，学校会将成绩纳入其年终考核积分。

2. 校本课程运作机制

（1）制定方案。第一，课程规划领导小组采用问卷调查，利用邀请专家、教师、学生访谈等方式，对学生的需求、兴趣，我校的教育资源、办学特色、办学宗旨、育人目标、校本课程的总体框架等进行调查分析，确立课程目标和总体框架。第二，根据课程目标制定《校本课程开发方案》。

（2）开发与申报。第一，每位教师都有开发校本课程的义务，计划开设校本课程的教师要提前一个学期，根据学校和学生的实际以及自己的特长进行校本课程的开发与研究，编写课程纲要和教案。第二，计划开设校本课程的教师要根据校本课程开发与实施领导小组的要求，按时申报自己拟定的校本课程，上报申报材料，包括课程提纲、教案、教学计划等。

（3）审核。学校校本课程开发与实施领导小组要对教师申报的校本课程进行审核，审核采取看材料、听汇报以及试听等方式。通过审核的校本课程纳入使用范围，供学生在下学期进行选修。

（4）实施。教师按照教务处最终的选课结果一览表，在规定的教学时间和教学场所授课，由教务处组织统一检查。

（5）考核。第一，教师从教必须有教案、有学生特色课程学习花名册、有考勤记录、有过程性材料、有教学总结。第二，教师应保存学生作品及在活动中、竞赛中取得成绩的资料。第三，每学期末，教师组织学生进行教学成果汇报展示，学校领导、教务处、学科主任进行评估。

（6）激励措施。第一，规定教师开发校本课程的课时等同于开设主科的课时。第二，适度减少开发校本课程教师的常规工作量。第三，多给开发校本课程的教师提供对外交流和参加有关学术活动的机会。第四，鼓励教师积极参与校本课程开发，凡在校本课程开发方面取得突出成绩的教师，学校将成绩纳入其年终考核积分。

3. 选课机制

"启"文化的内涵是让每个孩子成为最好的自己，发现天性，发掘天赋。"真·趣"社团课程是为孩子们五彩缤纷的个性成长所设。我们本着以人为本的原则，根据学生的兴趣爱好，开发了菜单式选修课程，让学生自主选择，让不同的学生得到不同的发展。

宣传到位。学校学生选课指导中心做好选课活动的宣传发动工作。开学前一周提供课程菜单、课程介绍、课程表及教学常规与过程管理工作，以"致家长的一封信"的形式让班主任利用微信群向学生及家长宣传，开学后班主任利用班会再向学生宣传。

指导选课。有意愿参加的学生，由家长提出申请，填写申请表，经任课教师了解后，双向选择参与活动。由于有些课程需制作材料，且制作材料制成成品后不能复原，需家长自备材料，具体事宜由任课教师安排。二、三年级周二下午前两节上课，四、五年级周三下午前两节上课。

退改选。学生选课一月内，经试课感觉不合适，写申请上报班主任，由班主任汇总上报选课中心，可以退出再写申请重新选择，由任课老师抽时间补课。

（三）制度保障

制定《教研制度》《课程审议制度》《课程评估制度》等一系列制度，保证了课程的高效有序开展。教研制度体现"教科研训"一体化，采用多种形式展开活动，使教研发挥效益；课程评议制度重在体现课程是否有价值；课程评估制度的制定保证课程开设的效果。实施"精品课程工程"，提高校本选修课程质量。设立选修课"精品课程"标杆奖，由学校课程规划领导小组在考核的基础上颁发证书。

（四）资源保障

利用家校社生"四位一体"的教育共同体，开发、拓展校内外课程资源。建立选修课程校外实践基地，打造一支数量足够、专业化程度较高、相对稳定的校外选修课兼职教师队伍。

5

潍坊高新金马公学（小学部）课程规划方案

编者点评

民办学校在课程设置上往往存在偏重国际教育、忽视国家课程、缺乏系统谋划等问题。前身是民办国际学校的潍坊高新金马公学（小学部），结合本校实际确立的五彩课程体系有效避免了上述问题，有借鉴作用。学校从"让每个人都有人生出彩的机会"这一办学理念出发，提出了五彩课程，上对应人人出彩这一理念，下通过五种颜色对应了德智体美劳育人目标表述。同时，虽然学校并没有将国家课程、地方课程、校本课程进行整合安排，但通过不同色块，可以看到不同类别的课程都在努力呼应和照顾学校五彩课程的设置，特别是"中医药"校本课程内容设置，较为详细地展示了不同学段、不同学习领域的具体课程，有助于读者了解课程开设情况。

另外值得肯定的是五彩课程评价体系，学校设置了五个获取积分的维度，通过游戏积分和兑换争章的方式设置了一系列不同的章，体现了多元评价的特点，也对应了学校人人人生出彩的办学理念。

需要改进的地方有两个：一是课程分类框架太多，有五色五彩课程，有基础型、拓展型、研究型课程，还用国家、地方与校本课程的分类表述；二是课程实施等环节没有关注资源的作用，资源的丰富性是天然优势，应该重点关注。

潍坊高新金马公学（小学部）课程规划方案

设计者：王晓荣　李娜　李姗姗　马梦蕾　韩璐

潍坊高新金马公学于2008年建校，前身是潍坊高新国际学校，是潍坊市和高新区政府为了吸引外资、优化引进高端技术人才软环境，专门研究成立的一所九年一贯制国有民办高端国际学校。2022年9月，响应国家号召，进一步促进义务教育优质均衡发展，结合高新区党工委文件，学校正式转为公办。学校建校初期以造就"有中国灵魂、世界眼光的人"为己任，秉承自主教育理念，用心培养孩子的国际情怀和受用一生的自主学习力、自主发展力和自主教育力。学校小学部现有学生1317人，39个教学班，92名老师。为贯彻党的教育方针，落实国家课程方案，学校坚持"在一起，做最好的自己"的校训，以"办一所自主教育特色学校"为办学目标，以"培养有中国灵魂、国际视野的金马学子"为育人目标，坚持立德树人、五育并举，促进学生全面发展，健康成长，特制定本课程规划方案。

一、课程规划的依据

（一）国家课程政策

2022年4月，教育部正式颁布了《义务教育课程方案和课程标准（2022年版）》，自此以核心素养为纲的课程设计在国家层面已经基本完成。当前，中小学加快建设高质量教育体系，必须建构导向正确、结构完整、要素清晰的实施框架，推动以核心素养为纲的课程体系的建设。

学校深研《关于全面深化课程改革落实立德树人根本任务的意见》《中

共中央国务院关于深化教育教学改革全面提高义务教育质量的意见》《深化新时代教育评价改革总体方案》及"双减"等文件，在"五育融合"背景下建设课程。"五育并举"首先要让"五育"课程立起来，即一个都不能少；其次，要让"五育"课程强起来，但"强"不一定各个都强，可以让"先强带动后强"，可以"一育融合多育"；第三要让"五育"课程通起来，即"五育融合"。"五育融合"强调"五育"之间的关联、渗透和融通，不是"五育"量的平均、力的对等，而是"五育"有机结合、相互融通，协调发展、协同育人，其课程是第一载体。

（二）学校育人模型探索

课程是立德树人的导航系统，为学校教育教学把方向、指路径、定至高点。立德树人的根本问题是解决"培养什么人、怎样培养人、为谁培养人"的问题。学校站在当今世界百年未有之大变局，网络新媒体迅速普及，人工智能方兴未艾，儿童青少年成长环境深刻变化的视角迎接教育新挑战。始终坚守教育教学规律，优化学校育人蓝图，扎实落实立德树人，为党育人，为国育才。我们从三方面做了有益的探索：一是指向立德树人目标，促进学生德智体美劳全面发展，确定学校需要培养学生的哪些必备品格和关键能力；二是立德树人的有效路径和实施策略；三是建构多元化评价标准，促进学生五育并举、全面发展，具备适应未来发展的必备品格和关键能力。从这三个方面回答好"培养什么人，为谁培养人，怎样培养人"的问题。从这三个方面探索结构模型。

1. 确立学校教育哲学，学校课程建设目标更科学

一位哲人曾这样说过，无哲学的教育是盲的，无教育的哲学是空的。教育家陶行知说，最好的教育是教学生自己做自己的先生。金马公学从建校起，就以"自主教育"为教育哲学。

通过对自主教育的全面解读，明确了自主教育的根本精神：成人之美、成物之美，它的根本目的是对他人尊重、包容，对自己积极，努力做事，主动求真。自主教育追求的目标是培养有自知、能自强，有主见、能选择，有自主、能践行，有专注、能自控，有责任、能担当的具有自主品质的人。针对国家教育方针、社会需求、学校培养目标以及对自主教育的解读，我们确立了金马学子十大正确价值观、必备品格、关键能力：会学习善反思，勤实践善创新，懂自律爱健体，善观察会审美，有责任能担当。

学校秉承的办学思想是"撤去外力，让孩子理性选择力生长；撤销告诉，让孩子主动思维力生长；撤除帮忙，让孩子独立生存力生长"。以"办一所自主教育特色学校"为办学目标，"让每个人都有出彩的机会"为核心办学理念。

2. 毕业生形象具象化设计，学校课程培养目标更清晰

依据党和国家对学生培养目标的要求，结合社会对人才素养的需求以及我校"有中国灵魂和国际视野的金马学子"的培养目标，梳理形成了金马学子的十大必备品格和关键能力以及正确价值观：会学习善反思，勤实践善创新，懂自律爱健体，善观察会审美，有责任能担当。这也是我们期待金马学子毕业时的样子。

（三）学生需求评估

学生需求评估是一个系统化的调查研究过程，揭示学习需要，从而发现问题，分析问题产生的原因，确定问题的性质。

1. 家长对学生培养目标的期望

学校紧邻医院、十甲农贸、旧村改造小区、中高档小区，家长及学生群体复杂，家长有企事业单位工作人员、自由职业者、商贩、本村居民、外来务工人员等。家长对于学生和学校的期望高，对于教育的要求，不仅在意成绩，也看重学生的综合素养。

2. 目前学生的现状

我校学生的学业成绩和学科素养一直都比较优秀，在全区的学业抽测和素养抽测中表现优良。项目式学习的领域密切结合学生的生活，学生的参与度增加了，不再是学习的被动接受者，而是学习的主动建构者，学生所有层面的能力都得到了承认。学生能从不同学科角度理解知识，解决问题，在学习中学会变通思维，形成变通能力，为运用各学科知识解决生活实际问题扫清障碍，使学习富有社会意义乃至人生意义，摆脱单科学习的单调和枯燥。

（四）社区课程资源分析

打开校门做教育，社会资源是实践育人强有力的支撑，比如学校紧邻的中医院、妇幼保健院，是生命教育的最佳实践场所。学校梳理周边及家长资源，形成基本的社区资源体系。如表1所示：

表1　社区课程资源分析表

资源项目	教学所用	德育所用
社区志愿者	诗词讲座，书法培训，球类比赛。	主题活动进校园，培养良好性情，多才多艺的展示平台。
市图书馆	阅读课外书，撰写学习心得，评选书香少年。	组织读书主题实践活动，培养阅读兴趣，提高文学欣赏和表达水平。
军分区（部队驻地）	参观学习，了解军人的生活、精神，开展国防教育。	学习军人的精神，培养爱国主义情操。
植物园	观赏植物，写观察日记，学科融合等。	熟悉身边的自然环境，认识掌握植物生长特性，体会人与自然和谐共处的美好。
十甲农贸市场	学科融合，撰写市场调查报告。	主题实践活动，社会实践活动，劳动教育，初步了解财商。
畜牧学校	学科专业，动物观察研究，课外学业等。	基地参观学习，主题实践体验活动。
妇幼保健院	主题讲座，专家进课堂，生物学科实践，健康教育。	主题实践活动，生命教育，感恩教育，责任意识。
中医院（中药博物馆）	中药传统文化，中医主题讲座、学习。	中华优秀传统文化的传承与发扬。
市博物馆	历史溯源，实物展示，资料搜集，名人汇总。	红色教育的实践活动，名人故事学习。
市科技馆	科学体验，实验操作。	生命教育，创新素养主题活动。
市少年宫	拓展学习，课外学业，社区资源进学校。	主题活动进校园。

（五）师资分析

我校拥有一流的师资队伍，本科以上学历的教师比例高达98%。学校教师年龄结构合理，教师层级发展路径清晰，新手教师、成熟教师、骨干教师、学科带头人、首席教师的比例为3∶2∶2∶1.5∶1。学校拥有一流的管理团队，核心成员中省市级教学能手12人，特级教师1人，学科带头人5人。他们教学管理经验丰富，业务水平高，课程领导力强。

二、学校课程方案

（一）课程目标

以尊重学生视角为核心思想，眼中有学生，以学习者为中心，遵循人才成长规律，让每一位学生健康成长，让学生成为学校的主体责任人。学校的育人目标为"培养有中国灵魂、国际视野的金马学子"，根据学校的五彩课程体系，经过师生座谈、研判、征集，确定金马学子五个学习共同体伙伴：德优优、智多多、健壮壮、艺美美、勤好好，并赋予鲜活的生命，他们拥有星座、爱好、偶像、名言等，让五个伙伴成为学校课程文化的浸润载体。我们努力培养具有"德优优、智多多、健壮壮、艺美美、勤好好"的"金马学子"，具体内涵如下：会学习善反思、勤实践善创新、懂自律爱健体、善观察会审美、有责任能担当。如表2所示：

表2　金马公学的育人目标

育人目标 ＼ 年段	低年级	中年级	高年级
会学习善反思	1. 对学习有兴趣，掌握文化课程标准规定的要求，具有良好的学习习惯。 2. 善于倾听，乐于分享，善于合作，并能表达自己的观点。	1. 热爱学习，形成浓厚的学习兴趣。掌握文化课程标准规定的要求。 2. 能认真倾听，独立思考，自主探究，动手实践。	1. 热爱学习，乐于学习，学会学习，保持积极主动的学习兴趣，掌握文化课程标准规定的要求。 2. 养成良好的学习习惯和初步的自主学习能力。

续表

育人目标 年段	低年级	中年级	高年级
会学习 善反思		3. 合作、交流、反思、质疑，展示分享能运用所学习的知识和技能解决问题，并初步将所学习的知识与技能运用于生活。	3. 具有大胆创新和主动探究的意识，对问题有自己独特的见解和看法，并勇于发表自己不同的看法，能熟练运用所学习的知识和技能解决问题。 4. 主动参加家务劳动、公益活动和社会实践。扩展知识领域，增长生活经验，感受知识与生活的联系，能掌握与人交往的方法，用积极的方式解决问题。
勤实践 善创新	1. 懂得人人都要劳动、劳动成果来之不易的道理。初步感知劳动的艰辛与乐趣，学会尊重他人的劳动付出。喜欢劳动，具有主动劳动、积极参加劳动的意愿。 2. 完成比较简单的个人物品整理与清洗，居室、教室等卫生保洁、整理与收纳，以及垃圾分类等劳动任务，参与简单的家庭烹饪。形成"自己的事情自己做"的意识，具有初步的个人生活自理能力。	1. 懂得"一分耕耘，一分收获"的道理。体会劳动光荣、劳动无高低贵贱之分的道理，尊重劳动，尊重普通劳动者，初步形成热爱劳动的态度。 2. 养成良好的个人清洁卫生习惯。认识常用家用器具，掌握家用小器具的使用方法，具有家用电器使用安全意识和初步的器具保养意识。 3. 主动分担家务，协助参与家庭环境卫生清洁，能制作简单的劳动工具。	1. 懂得劳动创造财富等道理。认识到劳动者是国家的主人，"三百六十行，行行出状元"，体会普通劳动者的光荣与伟大。初步树立劳动最光荣、劳动最崇高、劳动最伟大、劳动最美丽的观念。 2. 掌握家庭生活中常用的清洁与卫生、整理与收纳的基本技能。了解家庭常用器具的功能特点，规范、安全地操作与使用。初步掌握基本的家庭饮食烹饪技法，制作简单的家常餐，具有食品安全意识。进一步增强生活自理能力和家务劳动能力，初步具有家庭责任感。

续表

年段 育人目标	低年级	中年级	高年级
勤实践 善创新	3. 在劳动过程中遵守纪律，不怕脏、不怕累，具有初步的劳动安全意识，初步养成有始有终、认真劳动的习惯。	4. 初步学会简单的家务劳动技能，形成生活自理能力。 5. 初步体验简单的种植、养殖、手工制作等生产劳动，能规范地使用常用的劳动工具，了解常用材料的作用与特征，对劳动过程中遇到的问题具有好奇心和探究欲望。 6. 参加校园卫生保洁、垃圾分类处理、绿化美化等劳动，适当参加社区环保、公共卫生维护等力所能及的公益劳动，初步体验简单的现代服务业劳动，初步形成公共服务意识。 7. 懂得在劳动中遵规守约，初步学会与他人合作劳动。珍惜劳动成果，初步养成有始有终、专心致志的劳动习惯和品质。 8. 在劳动过程和日常生活中做到勤俭节约、不怕困难。	3. 进一步体验种植、养殖、手工制作等生产劳动，能根据劳动任务选择合适的材料和工具、技术与方法，安全、规范、有效地开展劳动，初步养成持之以恒的劳动品质。 4. 主动参加校园卫生保洁和环境美化等劳动，积极参加社区环保、公共卫生维护等力所能及的公益劳动，进一步体验新技术支持下的现代服务业劳动，形成关爱他人、积极参与社区建设的劳动意识和能力，增强公共服务意识，初步形成社会责任感。 5. 根据劳动目标确定劳动任务，制订劳动计划，并根据劳动课程的进展情况适时优化调整，初步形成劳动效率意识和劳动质量意识，初步形成爱岗敬业、乐于奉献的精神。 6. 在劳动中主动克服困难，初步形成不怕辛苦、积极探索、追求创新的精神。

续表

育人目标 \ 年段	低年级	中年级	高年级
懂自律 爱健体	1. 积极参加体育活动，初步掌握简单的技术动作，感受运动给自己的生活带来的乐趣，形成积极进取、乐观开朗的生活态度。 2. 珍爱生命，提高心理素质。 3. 初步了解安全自护知识和健康技能。	1. 积极参加体育锻炼。掌握基本的运动技能，养成坚持锻炼身体的习惯，形成健康的生活方式和积极进取、乐观开朗的生活态度。 2. 珍爱生命，提升心理健康水平，形成健全的人格。 3. 学习基本的安全自护知识和健康技能。	1. 积极参加各项体育运动，形成灵敏、力量、耐力、协调等身体素质。 2. 通过国家体制健康测试，掌握2~3项体育运动技能，并成为特长项目。 3. 乐于运动，享受快乐，激发潜能，锻炼意志。 4. 珍爱生命，提升心理健康水平，能控制自己的情绪，形成健全人格。 5. 掌握基本的安全自护知识和健康技能。
善观察 会审美	1. 在快乐中认识艺术，拥有简单的审美辨别能力，能区分美丑、好坏，培养对艺术的兴趣爱好。 2. 通过聆听、观赏积极向上的审美艺术启发幼小的心灵，在积极体验的状态下模仿和探究艺术的趣味。 3. 简单了解艺术的各种知识，培养孩子自信的、自然的、开心的表演艺术素养。	1. 能集中注意力聆听或者欣赏简单的音乐、美术等艺术。有一定的韵律感和审美认识能力，养成健康向上的审美情趣。 2. 通过开放式和趣味性的艺术学习，积累情感经验，能演唱歌曲或者创作绘画。 3. 学习各种艺术的初步技能并自然地运用起来，并能初步理解艺术的各种创作背景和相关文化。	1. 尊重艺术，能与他人分享审美感受，并乐于学习和欣赏美，拥有正确的审美观念和审美修养。在艺术的集体表演和实践的过程中，能够与同学交流合作。理解艺术并运用到生活当中。拥有艺术审美基本技能和艺术审美知识，感知不同艺术门类的特征，理解艺术与社会生活的关系。

续表

年段 育人目标	低年级	中年级	高年级
有责任 能担当	1.爱学校，爱班集体，爱父母，爱老师，爱同学，爱校园环境，爱祖国。 2.讲文明，懂礼貌，养成良好的生活和行为习惯，懂得基本的道德规范和文明礼仪。 3.遵守学校纪律，积极参加集体活动。 4.诚信友善，宽厚待人，知错就改，自己的事情自己做。	1.爱祖国，爱家乡，爱学校，爱父母。 2.自觉遵守行为规范和校规校纪，积极参加集体活动。养成良好的学习生活和行为习惯。 3.诚信友善，宽厚待人，做事有责任心，能持之以恒，积极参加各项社团活动。 4.传承中华优秀传统文化，理解社会主义核心价值观。	1.爱祖国，爱人民，爱家乡，爱学校。 2.孝亲敬长，有感恩之心。 3.养成遵守社会公德、文明的行为习惯。具有规则意识和民主法治观念。 4.有积极向上的人生态度和良好的心理素质。 5.有正确的价值取向和为人处世的基本原则，愿意为集体服务，做事有责任心，勇于承担责任，能持之以恒，能明辨是非，能换位思考。 6.传承中华优秀传统文化，理解社会主义核心价值观。 7.了解党史国情，珍视国家荣誉，初步具有全球意识和开放的心态。

（二）课程结构与设置

1.学校的课程结构

基于"五育并举"、全面发展理念，目前我校五彩课程框架图、"4+N课后服务"融入的五彩课程方案、横向纵向课程图谱基本完成。五彩课程（如图1）遵循"跨界融合、多元智能、任务驱动、自主创生"的课程理念，主要由三大部分组成：基础型课程和拓展型课程、研究型课程。基础型课程包含国家课程、地方课程和学科延伸课程，指向学生的全面发展；拓展型课程主要指学校的必修课和选修课，指向学生的个性培养；研究型课程主要指学校的校本课程，指向学生的创新意识和实践能力，采用项目式学习、案例研究、实地考察等多样化的教学方法，让学生在实践中学习，通过实际操作来深化理解。五彩课程的设计与实施，旨在"突出德育实效，提升智育水平、强化体育锻炼、增强美育熏陶、加强劳动教育，扎实培养学生有自主、会选择，有自信、善合作，有自强、敢创新，有责任、能担当的必备品格和关键能力，有效落实立德树人根本任务"。

"双减"背景下，对五彩课程体系进行了拓展，开发了"4+N延时服务课程"。"4"为学科作业、拓展阅读、体育健康、劳动教育。"N"为学校所有选修课程，通过丰富多彩的延时服务课程，既减轻了学生的负担，又培养其学习兴趣、学习动力，从而让"双减"真正落地。

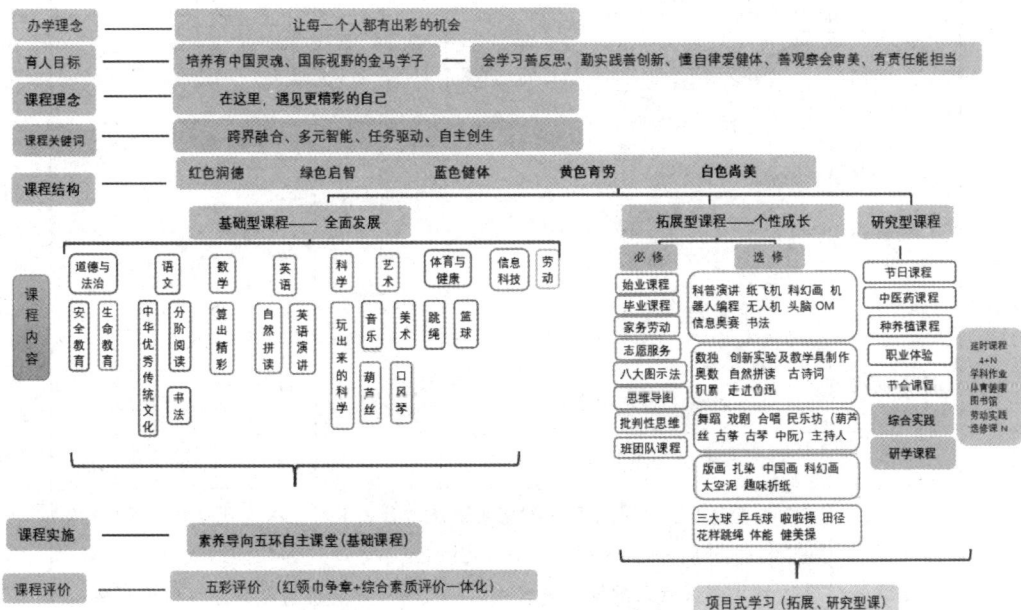

图1　金马公学课程体系框架图

2. 课程设置与课时分配及其说明

根据《山东省义务教育阶段课程安排表》《潍坊市义务教育阶段课程安排表》，结合我校实际情况进行如下课程设置与课时分配（如表3）。

表3　金马公学课程设置与课时分配表

课程类型	科目	年级					
		一	二	三	四	五	六
国家课程	道德与法治	2	2	2	2	2	2
	语文（含书法、中华优秀传统文化）	7	7	7	7	7	7
	数学	4	4	4	4	5	5
	英语	3	3	4	4	4	4
	体育与健康	4	4	3	3	3	3
	音乐	2	2	2	2	2	2
	美术	2	2	2	2	2	2
	科学	1	1	2	2	2	2
	信息科技	0	0	1	1	1	1
	劳动	1	1	1	1	1	1
	综合实践活动（含班、队活动）	2	2	2	2	2	2
地方课程	生命成长（含环境教育、安全教育、心理健康教育）	1	1	1	1	1	1
校本课程	中医药项目学习	1	1	1	1	1	1
备注	1.中医药项目校本课程每学期组织两次项目式学习，每次项目式学习校内8课时，校外8课时。2.项目式学习融入的学科内容，课时从相应学科的跨学科学习时间按融入的内容统筹安排。（综合实践活动、劳动、语文、数学、英语、体育与健康、音乐、美术、科学、信息科技）						

3. 中医药校本课程设置及其说明

基于项目式学习的中医药中华优秀传统文化育人课程以中医药中华优秀传统文化为载体，依托国家、地方、校本课程内容，挖掘各学科中医药文化要素，培养学生以文化自信为主的国家认同意识，以珍爱生命为主的健康生活素养和以问题解决为主的实践创新素养，基于学科融合、纵向贯通、问题解决、学以致用的项目式学习为实施路径，建构了本项目的课程实施体系，并将其纳入学校特色五彩课程总体系，培养"中国灵魂，国际视野"的金马学子。

学校层面形成低、中、高年级中医药资源包，分为节日传统、道地生药、药食同源、节气养生等八大主题、31小主题，每个小主题采用问题提出、概念引领、实践方案、具体实施、反思评价、自主探究模式，资源包由浅及深、由表及里挖掘中医药文化价值，实现了生命健康教育与中华优秀传统文化融合的课程诉求。学生层面丰富生命健康知识，养成积极健康的生活方式，感受中医药求真求源的核心价值观。如表4所示：

表4　中医药校本课程内容设置

学段	领域	八大项目	一级主题
低年级1	承传统·扬文化	节日传统	春节元宵、清明端午、重阳中秋、冬至腊八
低年级2	敬先农·爱本草	道地生药	自然环境、本地药材、药材种植、药材加工
中年级1	尝百味·论养生	药食同源	厨房中药、花园中药、果园中药、药膳制作
中年级2	尝百味·论养生	节气养生	春季养生、夏季养生、秋季养生、冬季养生
中年级3	忆名医·话医德	名家名典	医药圣手、名家故事、名典理论
高年级1	忆名医·话医德	医者仁心	当代名医、民族义举、致敬战士
高年级2	承传统·扬文化	文学元素	四大名著、诗词歌赋、生活用语、故事传说、《本草纲目》纪录片
高年级3	承传统·扬文化	未病预防	阴阳：对立统一；五行：相生相克；运气：疫情规律；经络：针灸推拿

（三）课程实施

1.自主课堂——全员、全程、全过程育人的主阵地

以"学习共同体"理念助推课堂优化。聚焦学生核心素养的提升，从"学习空间的再造，学习设计的建构、学习方式的变革"三个维度对课堂进行整体改进，努力打造安全、温暖、倾听、联结、互助的课堂。结合已经出台的新课程标准理念，深化大单元、大任务研究，以期深度学习真实发生。

聚焦"焦点学生"，以"蚂蚁之眼"观察课堂，寻找看得见的评估证据，促进每个学生参与学习、真实学习，从而保障每一个孩子高品质的学习。

把核心素养的目标要求落实到各门课程的教学中去，以"教、学、评"一致性策略，实践"做中学""用中学""创中学"，促进落实立德树人根本任务，是当前教育教学的研究重点工作。

"循道而行，功成事遂。"立足核心素养，彰显育人为本的导向，梳理"素养导向的五环导学自主课堂"模型。把课前、课中、课后一致性思考，形成"课前：运用旧知，自主预习；课中：提炼方法，迁移应用；课后：迁移应用，习得方法"的整体建构。课中五环流程"明确目标，任务驱动；自主探究，提出问题；互助分享，破解问题；建构知识，归纳策略；运用策略，解决任务"。由任务驱动，到任务解决，形成问题解决闭环。

（1）明确目标，任务驱动。小学阶段，应该以指向结果的任务呈现方式，作为一节课的起始，可采取PPT呈现任务和要求。

（2）自主探究，提出问题。明确了学习任务，就有了清晰的学习目标和方向。即知道学什么，学到什么程度。怎么学，完成任务的标准是什么，需要教师精心设计具体的学习策略和方法，对学生的自主学习给予指导。

（3）互助分享，破解问题。费曼学习策略中提出：分享与实践是一种非常有效的学习策略。教会别人的过程是系统思考、深入领会、融会贯通的过程，是理解应用后的创造性学习过程。本环节重点关注共同体学习的倾听与分享，有输出、有回流；有思考、有评价；有归纳、有提升。

（4）建构知识，归纳策略。建构主义理论明确提出：学生是信息加工的主体、是意义的主动建构者，而不是外部刺激的被动接受者和被灌输的对象。"联系"与"思考"是意义构建的关键。本环节旨在通过教师基于共同体环节合作学习的问题归纳，精讲点拨，加强新旧知识的关联，形成知识网络，概括、提炼解决问题的方法策略。

（5）运用策略，解决任务。在新课程标准理念下，教学由解题向解决问题转变。学生是否正真正掌握这一学习策略，还需要在真实的任务中进行评价和反馈。

素养导向的五环自主课堂，以真实任务情境驱动，教学过程中的每个子任务都是为了更好地完成总任务展开的"教、学、评"一致性的学、评、教活动，学习活动和评价活动密切融合，相互嵌入，在"学习—评价—反思—改进"中形成环环相扣、螺旋上升的学习闭环。学生在自主学习、合作探究的过程中，高参与、真探究，真正实现每个孩子的高品质学习，让课程育人效果更扎实有效。

2. 学共体教师发展模型，推动教师发展

在学习共同体的研究过程当中，催生了教师研究共同体，形成学共体教师发展模型。从教师自我提升的需求出发，我们通过一团队、一品牌，实现人人有项目，在项目研究中引领教师互学共研、抱团发展，培养学习型、研究型教师，以提高教师素质保障课堂高效。

3. 综合拓展必修课程，推动项目式学习

我校一、二年级整合国家课程，将其合理地融入项目中。通过自主探究学习的方式来指导学生超学科学习。三到五年级以项目式学习为主，把中医药文化教育作为中华优秀传统文化教育的重要内容，从师生日常生活入手，以培育学生对中华优秀传统文化的亲切感和感受力为重点，养成良好的生活习惯，关注生命健康，体认中华优秀传统文化，培养对国家、民族的感情——培根铸魂。

（四）课程评价

我校紧紧围绕"为党育人、为国育才"的目标，遵循全面发展的质量观和科学的教育评价观。

1. 基础型课程评价

基础型课程的学生学习评价，按各科课程标准的要求实施。

2. 拓展型课程评价

拓展型课程评价包括教师课程方案评价、教师课堂评价、学生学习情况评价三项内容。

评价原则。一是科学性原则。对课程的评价要运用科学的评价方法，提高评价的效度和信度。二是可操作性原则。评价方法要简单可行，可操作性强。三是素质培养原则。对课程的评价要注重考查提高学生各方面的素质，培养学生的创新意识和创新能力。四是参与性原则。对学生的评价要注重学生课堂的参与情况，作为学生考核的重要依据。五是全面性原则。对教师的评价既要考虑到教师课程目标的实施情况、学生能力的提高水平，又要考虑到教材的编写质量。

评价方法。一是对教师开发的课程方案的评价。教师的课程方案内容包括课程开发方案、课程纲要、教学计划、教材、教案。二是包括对教师课堂教学的评价。三是对学生学习情况的评价。

3. 研究型课程评价

研究性学习强调学习的过程，强调对知识技能的应用，强调学生亲身参与探索性实践活动并获得感悟和体验，强调学生的全员参与。因此，要采用形成性评价的方式，重视对过程的评价和在过程中的评价。学生在学习过程中的自我评价和自我改进，使评价成为学生学会实践和反思、发现自我、欣赏别人的过程；同时，要强调评价的激励性，鼓励学生发挥自己的个性特长，施展自己的才能，努力形成激励学生积极进取、勇于创新的氛围。

评价原则。一是主体性原则。学生既是研究型课程评价的客体，又是研究型课程评价的主体。评价过程也应该是评价者与被评价者"共同构建心理"的过程。二是探究性原则。在评价过程中，既要注重预先设计的研究型课程的目标，又要时刻关注在实施过程中可能出现的各种情况，并随时探究修正目标措施。三是过程性原则，评价应贯穿研究型课程实施前、实施中和实施后的全过程。四是发展性原则，评价应该围绕学生的身心发展而展开。

4. 金马五彩综合评价

学校将学生学业质量评价与"红领巾争章"融合，深化过程评价，探究增值评价，建构了标准化评价和多样化表现性评价相结合的金马公学五彩课程评价体系。"红领巾争章"是以学生的思想道德素质、科学文化素质和健康素质等方面的要求具体内化为学校特色章，旨在鼓励学生不断为自己确立新的目标，发现自己的潜能，看到自己的进步，证明自己的成功。

（1）评价维度。"五彩评价"分为两个维度：一是学业质量，二是日常行为表现。学业质量以国家课程标准为依据，分解细化为十二阶五彩评价课程体系；日常行为表现结合中小学日常行为规范和日常活动要求制定十二阶五彩行为规范评价标准。

（2）评价设计原则。

第一， 关注评价的趣味性、人文性。遵循学生年龄特点和认知规律，设计与学生认知相吻合的五彩标识宝宝，五个标识宝宝代表五彩积分。学生可以按照规则标准，用一定数量的五彩标识兑换"红领巾"系列章。用五彩标识兑换红领巾章的方式将更好地激发学生的内驱力，让每个争章的过程成为学生"心之所向"。红领巾争章情况纳入学生综合素质评价。评价方式游戏化，评价主体多元化，让评价有目标、有证据、有趣味、有温度。五彩课程学习伙伴的命名和性格特点形象贴切，赢得了师生、家长的一致好评，尤其是学生对五彩宝宝感觉亲切，五彩宝宝就像陪伴自己成长的伙伴，营造五彩育人文化。

第二，深化评价的过程性、科学性。为了让评价更加客观反映学生的发展情况，准确反映学生发展中的优势与不足，我们研发了金马公学自主成长评价体系，并借助信息化手段，开发出五彩金马App（手机软件）。从课程、作业布置与反馈、教研分析与记录、五彩币、红领巾章的颁发、家校沟通方面贯通设计，每一评价维度都制定了可观察、可测量的评价标准和赋值规则。评价标准的制定依据2022年版新课程标准的学业质量评价指标和评价方式建议，确保标准的科学性，保障评价的信度。日常行为、必备品格依据小学生日常行为规范、红领巾争章相关要求，以及金马学子十大必备品格，细化分解到每个学期，共十二阶标准。

为方便师生、家长及时了解每个人的情况，我们设置了教师端、学生端、家长端、管理端。不同层面的人随时可以根据需要进行评价和数据的提取、分析。周评价、月评价、学期评价、学年评价；家长、教师对学生个体的学科学业质量、日常表现等情况及时掌握；学生对自己的表现也能心中有数。评价的各个维度数据互证，能有效地为学校、教师、家长提供学生清晰的成长画像，更是为每个学生的发展提供了清晰的路径。

第三，关注素养导向和增值评价。基于新课程标准的评估细则，保障评价数据的客观真实；基于数据分析形成的评估报告，能持续反馈每个学生的成长轨迹，看到他们成长过程中的进步和努力，引领学生综合素养的不断提升和长效发展。

以低年级阶段的学期评估报告为例，评价包含三部分：第一部分五彩课程总评，基于学校课程建构的学生十大必备品格和关键能力，标准化五彩星级评价；第二部分五彩课程分学科、分特色课程评价，基于我校基础课程、拓展课程标准形成星级评价；第三部分项目式评价，因为每学期开设的项目不同，所以采用开放式评价。项目学习一、二年级整合国家课程，将其合理地融入项目中。通过自主探究学习的方式来指导学生跨学科的学习。

五彩课程总评估（每项目最高星级为3☆），如表5所示：

表5 五彩课程总评估

五彩课程	十大素养	评价内容
红色润德课程	能担当	1. 立志听党话、跟党走，从小树立为实现中华民族伟大复兴的中国梦而努力奋斗的志向，爱党、爱国、爱人民，传承四个自信。
		2. 积极参加重要节日、纪念日主题教育活动，少先队活动，积极向英雄模范和先进典型人物学习。
		3. 注重仪表、举止文明，诚实守信、知错就改，朴素节俭，表现出同理心、同情心和尊重。
		4. 孝敬父母，尊重师长，对待同学、朋友、老师、亲人有情有义。
		5. 努力开展服务，通过行动使他人的生活和我们周围的世界发生积极的变化，懂得自己的事情自己做，他人的事情帮着做。
	有责任	1. 自尊自律，文明礼貌，具有团队意识和互助精神；对自我和他人负责，答应的事情讲信用，具有规则意识，对自己的行动及其后果承担责任。
		2. 爱护公共财物，热爱并尊重自然，具有可持续发展理念及行动，节粮、节水、节电，低碳环保生活。

续表

五彩课程	十大素养	评价内容
绿色 启智课程	会学习	1. 以多种方式充满信心和富有创意地进行自我表达。
		2. 能有效地开展协作，注意倾听他人以及其他群体的观点。
		3. 好奇好问、乐学善学，有良好的学习习惯和自主学习能力。
		4. 能独自或与他人一起学习，有信息意识，能主动搜集、整理信息。
		5. 有好奇心、想象力和求知欲，对学习充满热情，终身保持对学习的热爱。
	善反思	1. 喜欢博览群书，养成阅读习惯，具备一定阅读量和阅读理解能力。
		2. 对各种重要性的问题和思想观点进行探讨。
		3. 主动预习，认真听讲，积极思考，踊跃提问，及时复习，认真完成作业。
		4. 运用批判性和创造性思考技能，对复杂的问题进行分析并采取负责任的行动。
		5. 能够根据不同情境和自身实际，选择或调整学习策略和方法。
		6. 具有对自己的学习状态进行审视的意识和习惯，善于总结经验。
白色 尚美课程	善观察	1. 积极参加学校组织的文化艺术等各种美育活动。
		2. 经常欣赏文学艺术作品、观看文艺演出、参观艺术展览等。
	会审美	1. 掌握1~2项艺术技能，能唱主旋律歌曲。
		2. 具备健康向上的审美趣味、审美格调，能够在学习和生活中发现美、感受美、欣赏美、表达美。
蓝色 健体课程	懂自律	在生活中做到智力、身体和情感均衡发展。
	爱健体	认识到自己与他人及我们所处世界的相互依存关系。
黄色 育劳课程	勤实践 善创新	见详评

三、学校课程保障

（一）组织保障

学校课程改革应认真贯彻执行国家课程计划，开齐课程，开足课时，保障课程的有效落实。成立校本课程开发委员会，根据校本课程的总体目标与教师的课程开发能力，对教师申报的课程和教师的相关资质进行审议，确定是否执行。建立课程管理、审核委员会，校长为第一责任组长，副校长和课程教学中心主任为副组长，级部主任和班主任为核心成员，用学校行政力量和制度为课程保驾护航。

（二）机制保障

1."五育并举"，课程系统化机制

以学生视角持续优化五彩课程载体，完善五彩课程评价体系，满足学生个性发展需求，减负提质，促进教育教学高质量发展。五彩课程设计与实施，旨在"突出德育实效，提升智育水平、强化体育锻炼、增强美育熏陶、加强劳动教育，扎实培养学生有自主、会选择，有自信、善合作，有自强、敢创新，有责任、能担当的必备品格和关键能力，有效落实立德树人根本任务"。

2.五环自主课堂，教研规范化机制

基于"备教学评"系统性思考，建构五环自主学习课堂，提高学习内驱力，薄弱学科稳步提升。教研的目的是落实责任，让自主学习真正发生，让"研、训、评"一体化，工作目标明确。

（1）建构"四线协同"推动模型——研训一体，建构"四线协同"管理推动模型。四线：教育教学发展中心、级部会商组、教研备课会商组、班级会商组。学部中心与各会商组横向形成"四线协同"方式，纵向明确重点关注落实项目，做到横纵结合、研训一体，研究由教师教的课堂到学生自主学的课堂的路径与策略。比如班级会商组纵向线，重点解决同班无弱科，缩小学生差异，重点研究一班一品项目建设，共同体协助学习方式。

（2）深化自主课堂研讨规范化模型——研评一体，建构双备双磨，四课联动校本教研。教研组明确磨课重点目标与突破难点，进行主备的说课、改课，备课组在说课的基础上，进行"一课同上"反复打磨，最终突破难点，形成精品课。评价纳入教研组、备课组、级部三级量化评价，做到课堂研讨高效率、高效益、高参与度。

（3）建构闭环式任务统领下的五环自主课堂，课前、课中、课后，全时空联结，一体化思考。基于目标引领下的自学、互学、质疑、求助，解决"讲教多，学练少"的问题，实现课堂由教向学转变。

（4）在研究核心素养的单元结构化问题上，重点突破教师基于"教、学、评"的问题链的设计，从单元问题——基本问题——到课时问题串的结构化思维。从"教研思维可视化"教研表的问题提出到"观课量表"的结构性问题观察，促进教师结构化思维深研自主课堂。

（5）基于需求，明确观课、研课实施路径，教师成长需求，在"教、学、评"一致性+信息技术环境研究下，采用学习社群、微格研究、分层考核、赛课、三说方式，提高教学质量。

3. 构建作业设计模型化机制

作业设计模型化工程，基于课程视角下的作业模型建构，作业研究纳入学校评价机制，提升教师作业设计能力。基于课程视角，构建校本作业体系，明确作业观、作业内容、实施、评价，把作业作为校本化研究的重要方面。

建立"四线协同"控量机制，学部、级部、教研组、备课组协同管理，明确各自的关键任务和关键证据，基于作业机制、学生家长反馈、作业兴趣个性化、作业质量时间、评价记录等做到控量提质。建立作业"两批一讲评"模型、作业设计模型、"一单五深化"模型，严格规范落实双减政策。

4. 教研、科研、培训一体化机制

系统化"研、训、评"一体化思考，构建教研、科研、培训一体化模型，把课堂作为主阵地，科研成果服务教研，教研提炼、深化科研，培训、评价驱动教研、科研的形式，具体化教研、科研措施和评价成果，建构让评价软着陆的教研、科研目标模式。

5. 评价管理人文化机制

完善发展性评价实施路径，引领师生自我发现，挖掘潜力，发挥内驱力，制定评价标准与简约流程，形成范本。用"评价管理人文化工程"去减少差距，结合用户思维和需求分析，做到人人有事做，事事有人做。激励评估，完善制度，用学习社群、品牌课程激发师生内驱力，从而提升教育教学质量。

（三）制度保障

1. 审议制度

（1）学校全体教师均有权参加校本课程的开发与实施，骨干教师及青年教师应积极参与。在学校进行发动与培训后，可以自主申报。

（2）教师在进行专门培训的基础上，将《教学设计》和《课程纲要》等相关资料上交学校校本课程领导小组会审。学校校本课程领导小组在进展全面综合分析和评审后，决定开发科目及实施人员。

2. 管理、监控、督导制度

（1）建立方案、总结交流制。凡承担校本课程的教师在教学处及教研组的指导下，针对自己所开发的校本课程制定出切实可行的学期方案，组织集体交流、互相借鉴；学期末教师进行全面总结。

（2）每学期要安排专题督导、监控、指导教师校本课程开发与实施的详细工作情况，做出科学的评价。开课情况将在评选优秀教研组与备课组时做重要参考。

（3）每学期必查项目有教学方案、教案、课堂教学、评价、学生满意率等。教师必须严格按照课程表上课，按照教学常规进展教学。

3. 激励制度

（1）有校本课程的教师的工作考核纳入日常考核与期末考核之中。有关校本课程的相关资料学校给予优先办理。

（2）担任校本课程研发及授课的教师，参加评优、评先时在同等条件下优先考虑。

4. 评价制度

评价方式表达多样化，需将以下几个方面的评价方式结合起来。

（1）"档案袋评价"。要求活动小组建立活动档案袋，里面包括活动方案、活动记录、调查表、出勤登记表、实验记录表或调查记录表、原始数据、体会、日记等与活动有关的文字、图片、音像资料，作为小组成绩评价的主要依据。

（2）日常观察即时评价。日常观察即时评价要贯穿活动的整个过程。一方面可以随时随地鼓励学生，调节课程的实施；另一方面日常观察能明显地提高形成性评价的准确度和有效率。

（3）成果展示。成果展示包括小论文、调查报告、研究笔记、设计方案等，学校定期举办一届研究性学习成果展示评价活动。

（4）工程评价与阶段综合评价。在每个活动工程完毕后，组织学生进行评价，促使学生在活动之后能及时进行总结和反思，指导后继的活动，并为每学期的阶段综合评价提供依据。阶段综合评价是学生每学期综合实践活动课程成绩的主要依据。考核结果使用等级制。

（四）资源保障

对课程资源的开发利用，是新课程改革的重要内容之一，也是实现新课程改革的必要条件。突出学生的学习主体地位，是课程资源开发的重要原则之一。

要关注校内课程资源、校外课程资源和信息化课程资源的开发与应用，为学校课程实施提供强有力的资源保障。

1. 合理配置校内课程资源

设施配备方面，要向课程建设倾斜。进一步加强图书馆和专用教室的建设，添置教师用书，合理配置教学设备。基于项目学习、阅读体系建构，每年学校给予经费支持，从图书采购、学科教室方面做好预算经费规划，支持学校课程实施。

资金倾斜，为课程建设提供保障。学校设立专项资金，用于校本课程开发与实施、教师培训、设备配置、对外交流等。由校长带领核心骨干团队进行校本课程研发与实施。

设立课程项目基金，建立项目申领机制。在课程开发与实施过程中，教师必需使用的费用有权申报（提交书面使用申请），得到校本课程领导小组的审核批准后，必须专项使用。由教师在学年初自主申领自己擅长或感兴趣的领域，进行专项领导，学校给予经费、专家培训、外出学习等机会，带动教师学习共同体成长。

2. 充分挖潜校外课程资源

（1）家长资源。不同的家庭文化背景，生活经验，不同行业家长的不同专业知识和技能，都转化为很好的课程资源。在实践活动课程、劳动教育、节日课程、职业体验、家校合育大讲堂、德育大讲堂等活动中，都应该充分发挥家长的资源优势，作为课程开发与实施的有效补充。

（2）社区资源。梳理学校周边资源，形成基本的社区资源体系，为课程实施提供校内、校外资源保障。

周边社区的场所资源，如中医院、妇幼保健院等，是生命教育的最佳实践场所。

城市文化馆、博物馆等，是进行家国情怀教育的实践基地。

三甲市场、佳乐家商超等，是学生探究消费问题的实践园。

科技馆、软件园、蓝色智谷，是学生创新实践、科普教育的校外基地。

（3）院所资源。市科学技术协会、市创新教育研究院、第一中学，为学生实践创新素养贯通培养提供了平台。

（4）人力资源。市中医院教授为学校的中医药育人项目研究提供人力保障；市教育科学研究院为课程实施改革提供专业引领。

3. 整合运用信息化课程资源

一是在教研、课堂教学等方面充分利用好国家教育智慧平台；二是开发并不断优化学校的五彩评价App（手机软件），以评价助力学生全面发展、个性成长。

6

枣庄市薛城区临山小学"以美育人"课程规划方案

编者点评

　　枣庄市薛城区临山小学的学校课程规划方案结构完整、要素齐全、内容匹配、表达简洁精炼。基于课程决策依据，在"大美至善"核心理念引领下，明确了"培养学生成为'知行合一、追求完美'的美少年"的毕业生形象，并将其具体表述为课程目标。学校采用基础性课程和拓展性课程的分类框架来设置课程，并对两类课程的实施和评价都提出了具体的做法，前后一致、表述清晰。

　　建议：增加"理想信念"方面的课程目标，充实"责任担当"方面的具体表现；课程设置和课时分配需要再详细地说明如何落实国家课程方案中相关课程的基本要求的，劳动、综合实践活动课程的开设内容也需呈现出来，以便读者"看见"学校是如何利用学校课程资源设计这两类课程内容的；"十美学生"评价标准和表扬卡的使用办法具体、明确、新颖、有创意，从评价内容来看，这些"十美学生"评价标准和表扬卡不只是基础性课程的评价，还是指向学校课程目标的学生综合素质评价，因此，还需要对各类课程的课堂评价提供具体的评价要求。

枣庄市薛城区临山小学"以美育人"课程规划方案

设计者：张志鹏　王胜利　王芬芬

本校是一所始建于1996年的城区小学，2009年并入枣庄矿务局子弟学校，2021年8月东西校区分设，学校恢复原办学形式。学校始终坚持素质教育导向，实施"大美教育"，以"德、文、艺"为大美教育的三条主线和三个抓手，突出"全员德育、平安校园、教师发展、教学质量、美读美写、艺术教育"六大工作重点，努力建设师生幸福快乐、家长放心满意的特色学校。

为落实党和国家的教育方针、国家课程方案和地方教育主管部门的相关课程政策，结合我校五年发展规划，围绕"大美至善"办学理念，以新课程理念为指导，挖掘各类课程资源，彰显学校办学特色，促进学生全面发展，特制定本课程方案。

一、课程依据

（一）政策依据

为全面贯彻落实习近平新时代中国特色社会主义思想和党的二十大精神，贯彻落实党和国家的教育方针，落实立德树人根本任务，深入实施素质教育，深化教育教学改革，切实减轻中小学生过重的课业负担，促进中小学生身心健康发展，根据《中共中央、国务院关于深化教育教学改革全面提高义务教育质量的意见》《中共中央办公厅、国务院办公厅印发〈关于进一步减轻义务教育阶段学生作业负担和校外培训负担的意见〉》《教育部关于印发义务教育课程方案和课程标准（2022年版）的通知》《教育部关于加强中小学地方课程和校本课程建设与管理的意见》《教育部办公厅关于印发〈基础教育课程教学改革深化行动方案〉的通知》《山东省教育厅等11部门印发〈关于深化基础教育改革全面提高中小学教育质量的意见〉》《山东省教育厅印发〈关于加强新时代学生创新素养培育体系建设的意见〉》《山东省普通中小学强课提质行动实施方案》《山东省教育厅印发〈关于加强义务教育阶段学生作业统筹管理工作的通知〉》《山东省教育厅印发〈加强普通中小学劳动教育若干措施的通知〉》《山东省教育厅印发〈关于推进义务教育学生综合素质评价工作的指导意见〉》《山东省教育厅印发〈关于加强普通中小学校学生社团建设工作的通知〉》等文件精神,以及枣庄市教育科学研究院印发《关于进一步做好新课堂达标学历案编写工作的指导意见》、枣庄市教育局印发《关于进一步加强减负工作推进中小学作业建设的指导意见》、枣庄市教育局印发《枣庄市义务教育学校作业设计指南(试用)》、《枣庄市教育科学研究院2023年工作要点》等文件,严格落实新的课程方案和课程标准,强化美育、体育、劳动教育的实施,优化课程建设,开足、开齐课程,丰富三级课程;推进教学改革,深化新课堂达标活动,通过"教、学、评"一致性的实施强化过程管理,来达成课程目标,确保我校课程规划的科学性和有效性,促进学生的全面发展。

(二)学校教育哲学

1. 理念愿景

核心理念:大美至善。

发展定位:现代化精品型齐鲁名校。

发展愿景:畅享文韵的学园,立美立人的乐园,同频共振的家园。

人才理念:多元相融,适才适位。

办学目标:坚持"大美至善"核心教育理念和"修美善之品,成美慧之人"的培养目标,践行"为学生的终身发展奠基,为民族的兴旺发达育人"的办学宗旨,全力推动"品质立校、科研兴校、文化强校",丰富完善"融美于心,化美于行"的校训,遵循规律办教育,心中有爱,眼中有人,在学生和教师同频共振中全面发展,在传承与创新有效融合中开启未来,积极培养高素质人才，努力建设高品质学校。

2. 学情

学校进行划片招生，因地处老城区，经商务工人员的随读子女人数逐年增加，学生家庭教育水平参差不齐，学生的需求也各不相同。通过问卷调查，学生对校园的学习生活、对已开发的各类课程以及对已开设的各类社团总体还是满意的。这些富有趣味性、实践性、活动性的学校特色课程与社团活动，不仅丰富了学生的学习生活，还给他们提供了更多的成长机会。随着社会的发展，学生希望学校能提供更多现代信息技术应用以及参与社会综合实践活动的机会，也希望能在学校接受一定的艺术熏陶或艺术培训。

3. 社区的发展需要

城市社区的发展变化是较快的，基础教育课程的发展一直都在规范的基础上向社会主义核心价值观靠拢，重在培养什么样的人，为谁培养人。学校特色课程与社团活动，一直都在为培养社会主义接班人而努力。

4. 课程资源条件

目前，学校占地面积32566平方米，学校总体建筑用地8561平方米，建筑面积9242平方米。学校现有小学、幼儿园两个学部，共有51个班，在校生2324名，其中，小学部42个班、在校生2084名。现有教职工137名，其中，正式在编在岗教师97名，合同制教师21名，临时教师19名。历经20多年的发展，学校积淀了较为深厚的文化底蕴和优良的办学传统。学校有着素质优良的师资队伍，为学校的持续发展奠定了良好的基础；有着科学规范的管理，为教育教学改革顺利进行起到了重要的保驾护航作用；有着有效的教学模式，为学生的个性发展提供了沃土；有着创新活力的校本课程，能够满足学生的兴趣和个性发展需要；有着积极向上的育人氛围，注重学生常规养成和自主管理，促使学生各方面潜能得到最大限度的释放、和谐健康的成长。

社会资源：第一，学校位于主城区，当地政府对教育非常重视，提供丰富的教育资源，包括教育经费、图书资料、教学设备等，支持学校课程的建设；多种方式支持小学师资的培养。例如，提供教师培训、研究资助等，提升教师的教学能力和专业素养，为小学课程方案设计提供坚实的保障。第二，学校周边单位可以为学校提供各种形式的支持和帮助，共同促进小学课程设计的改进和发展。①枣庄市青少年宫、枣庄市科技馆、枣庄市图书馆既为学校提供各种社会实践和校外活动的机会，同时也为学校提供教育资源和教师培训，帮助学校更好地将科技教育、阅读、写作融入课程设计。②微山湖、红河湿地、台儿庄战役纪念馆、台儿庄古城以及山东省非物质文化遗产对课程设计都有很大的帮助。台儿庄古城是一个很好的文化体验基地，学生们可以在这里亲身体验到中国传统建筑、音乐、舞蹈、美食等多元文化的魅力；在台儿庄战役纪念馆，学生们可以更深入地理解中国的抗战历史；洛房泥塑是薛城民间特色艺术，我们将这一民间艺术引进校园，通过泥塑活动来培养学生的动手动脑能力和创造能力，加深对民间特色艺术的了解，激发学生对家乡的热爱。除此之外，我校还是枣庄学院继续教育学院艺术教育基地。社区等共建单位与学校关系良好，也有许多可挖掘的课程资源。

家长资源：学校家长资源丰富，涉及各行各业，从普通人士到高端人才都有，其中部分家长已成为志愿者。这些资源为学校课程开发、开设提供了支持与帮助。医生为学生讲解身体的构造和健康知识，示范如何正确洗手、如何急救等，帮助学生树立正确的健康观念和自我保护意识；警察教授学生一些基本的自我保护技巧和法律知识；消防员则可以教授学生应对火灾的正确方法。通过与家长的紧密合作，学校为学生提供更为丰富的学习内容和更为广阔的学习视野，促进学生的全面发展和个性化成长。

教师资源：学校教师整体比较年轻，育人能力强，部分教师有一定的艺术教育和以美育人的实践经验。

二、学校课程方案

（一）课程目标

基于传统艺术教育优势和美育研究基础，尝试用审美的视角改造基础性课程，开发拓展性课程，努力做好课程整合，立足学生创新素养和实践能力培养。在"大美至善"核心理念引领下，通过多元化课程实施，培养学生成为"知行合一、追求完美"的少年。

具体表现：具备欣赏美、表达美，并能在日常生活中运用美的原则来创造美好生活的审美能力；具备创造新的事物或解决复杂难题的创造能力；具备与人沟通交流，表达自己的意见和倾听他人观点的社交能力；具备与他人合作完成任务或共同解决问题的团队合作能力；具备自我调节、自我激励和自我规划，保持良好的心理状态并能够在日常生活中进行自我管理的能力，成为关注社会、参与社会、服务社会，为社会进步和发展做出贡献，有益于社会的人。

每位学生都能通过多彩的课程，拓展自己无限的潜力，拥有自己的兴趣和追求，都能找到自己的舞台，挑战自我，收获成功，做美慧之人。

（二）课程结构与科目设置

1. 课程结构

学校课程分为两类：基础性课程与拓展性课程。基础性课程主要培养学生适应终生发展和未来社会发展所需的正确价值观、必备品格和关键能力；拓展性课程主要满足学生的个性化学习需求，开发和培育学生的潜能和特长。

2. 科目设置与课时分配

基础性课程由国家课程中的大部分教学内容、地方课程中的一部分教学内容，将国家课程中的道德与法治、语文、数学、英语、科学、信息科技、音乐、体育与健康、美术、劳动、综合实践活动与地方课程整合成五大领域：阅读与表达、数学与探究、品德与美善、技术与应用、运动与健康。其中语文课时中拿出一节用来上写字课。拓展性课程由国家课程中的综合学习、校本课程中的大量内容整合构成。课程每节课40分钟。如表1所示：

表1 科目设置与课时分配

课程类型		科目	年级						课时合计
			一	二	三	四	五	六	
基础性课程	国家课程	道德与法治	2	2	2	2	2	3	455
		语文	8	8	7	7	6	6	1470
		数学	3	4	5	5	5	5	945
		外语			2	2	3	3	350
		科学	1	1	2	2	2	2	350
		信息科技			1	1	1	1	140
		体育与健康	4	4	3	3	3	3	700
		音乐	2	2	2	2	2	1	385
		美术	2	2	2	2	2	1	385
		劳动	1	1	1	1	1	1	210
		综合实践活动	1	1	1	1	1	1	210
	地方课程	安全环境教育传统文化							
拓展性课程	校本课程	综合性学习班团队活动等	2	1	2	2	2	3	420
	周总课时		26	26	30	30	30	30	
	学年总课时		910	910	1050	1050	1050	1050	6020

3. 拓展性课程的内容设置与说明

拓展性课程主要分为美读美写课程、艺术素养课程、实践活动课程三大类。

美读美写课程着眼于学生全面发展，为学生文学素养发展和特长培育提供选择与可能，旨在帮助学生培养兴趣爱好，激发读写热情，养成良好的阅读习惯和文学欣赏能力。

艺术素养课程着眼于学校艺术特色品牌打造，培养学生艺术气质、审美情趣，开发与培育学生艺术潜能。

实践活动课程着眼于学生动手实践能力培养，旨在引导学生探究自然、体验生活、了解社会，着重培养学生动手实践、科学探究、团结协作、服务社会的能力。如表2所示：

表2　拓展性课程的类型与内容设置

类别		课程内容
美读美写课程	阅读类	每天阅读一小时、经典诵读、读书交流
	书写类	采蜜集、硬笔书法、创意征文、新绿文学社
艺术素养课程	艺术感受系列	京剧课程
	艺术技能系列	竖笛课程、剪纸课程、合唱队、舞蹈队
	艺术活动系列	艺术节、音乐会
	美术书法类	硬笔书法、创意彩泥、儿童画、黏土塑形、橡皮泥、彩铅绘画等
	体育健美类	足球、乒乓球、跆拳道、少儿武术、篮球等
实践活动课程	信息技术类	技术应用、编程、电脑绘画、创客空间
	劳动技术类	创意手工、创意纸工、陶泥
	科技活动类	手工小制作、科技制作、科学实验等
	活动探究类	社区实践服务

（三）课程实施

1. 基础性课程审美化改造——以美辅德，以美益智

在开齐、开足国家课程的基础上，把学科课程进行审美化改造，注重学生核心素养的发展，逐步形成适应个人终生发展和社会发展需要的欣赏美、体验美、感悟美、创造美的能力，成为融美于心、化美于行的好少年。如表3所示：

表3　基础性课程的审美方向

学科名称	大美方向	具体载体
语文	语言之美	读、写课程系列
数学	思维之美	数学核心素养
科学	探究之美	实验操作
体育	艺体之美	艺体社团

主要做法：

（1）立足课程标准，开展学历案及审美化教学研究。

第一，深入分析课程标准。要深入了解课程标准的课程目标、内容标准、实施建议等方面的要求，特别是对于审美化的要求进行深入分析，确定课程标准的重点和难点，为学历案的制定和实施提供依据。

第二，制定合理的学历案。根据课程标准的要求，结合学生的实际情况与课程内容，注重挖掘其中所蕴含的美学元素，通过审美化的改造，使课程内容更加生动、形象、有趣。例如，语文课程中的文学作品可以引导学生感受文学美，数学课程中的公式定理可以引导学生感受对称美、简洁美等；开展审美实践活动。如文学创作、音乐表演、绘画比赛等，让学生通过亲身参与和体验，感受到美的独特魅力和价值。

第三，注重学科交叉。各门学科之间存在相互联系，彼此影响。在制定学历案和进行审美化研究时，要注重学科交叉，将不同学科的知识和技能融合在一起，培养学生的综合素质和能力。

第四，构建多元化的评价方式。传统的评价方式注重知识掌握和考试成绩，而忽略了学生的实际发展和成长。因此，需要构建多元化的评价方式，将学生的审美素养、创新精神和实践能力纳入评价范围，从而更好地促进学生的全面发展。

（2）立足课堂，追求"轻负高质"，开展有温度的课堂及教师评选。学校秉承"学为中心"的理念，构建高效课堂。采取大、小教研结合的形式，丰富教研内容，确保教研工作的日常化和实效性；实施"四课"（备课、说课、上课、评课）制度，开展立标示范课、集体教研课、优质课评比、拜师结对、新课堂达标验收、联研共同体等多种活动，促进课堂质量再提升，学期末评选"五美教师"。

（3）立足作业，落实"一本作业本"，做到"课内作业随堂化，课外作业精选化"。坚持以生为本，科学设置作业，严格作业时限，保证作业的规范、高效。注重作业设计与备课、上课、教研、评价相结合，实现年级统一步调，用优质的作业设计为学生减负。实施作业会商，确保学生的作业不超量、不超时、不超标。积极落实"周三无作业日"，鼓励布置实践性作业。

2. 拓展性课程特色化开发——实践育美，以美陶情

为了凸显学校大美特色，围绕培养目标，将拓展性课程分为美读美写课程、艺术素养课程、实践活动课程三大类。以"为学生的终身发展奠基，为民族的兴旺发达育人"为要求，强调学习与个人生活、社会发展的联系，实施过程要体现民主性和尊重个性发展的原则。坚持课程开发的多样化，提倡教学活动的多样化，教学时间和空间的开放性，学习方式的自主选择，评价方式的多元化，促进学生的全面发展和学校特色的形成。

主要做法：

（1）统筹规划课程类别，逐步形成学校课程特色。建立以艺术教育课程为龙头，特长技艺、实践探索类课程为重点的拓展性课程群。教导处与德育处联手协调拓展性课程，负责统筹规划拓展性课程的类别和内容。

（2）加强课程方案审核，建立双向选择机制。坚持"成熟一个，开设一个"原则，严把入门关，把握课程方向，实施双向选择，提高课程针对性。按照制定的教学计划，教师开始实施拓展性课程。在这一过程中，教师需要注意学生的反应和反馈，及时调整教学策略。完成一个阶段或一个学期的拓展性课程后，教导处需要对课程的实施情况进行总结和反思，从而对课程进

行改进和优化。

（3）加强过程管理，保证课程质量。加强对拓展性课程实施的管理，确保课程质量。学校定期组织研讨会，让教师分享拓展性课程的教学经验和成果。通过研讨会，可以促进不同学科之间的交流与合作，丰富拓展性课程的内涵。

（4）实施动态监控，建立更新与退出机制。为帮助教师了解课程的优缺点，学校建立评价机制，对拓展性课程进行评价和反馈。评价可以包括学生的参与度、满意度、学习成绩等方面。根据评价结果，学校可以及时调整和改进拓展性课程。

（四）课程评价

1. 评价要求

评价的目的在于促进学生多元发展，激励学生学习，帮助学生有效调控自己的学习过程，使学生获得成就感，增强自信心。多主体评价相结合，采用教师、学生和家长共同参与的形式开展评价，做到评价标准客观，评价态度客观。重视智能多元化，尊重学生个体差异，关注学生在教育教学过程中的表现，体现满足社会发展需要与个体发展需要的辩证统一，使评价过程成为促进学生发展和提高学业质量的过程。

2. 评价方式

（1）基础性课程评价方式。一律采用等级制评价。所有学科评价一律采用等级制，即：优秀、良好、合格、待评（A、B、C、D）。

新课程提出过程评价的评价理念，是通过观察学生学习过程中的表现或依据学生学习所完成作品的质量进行评价。在课堂教学中根据"十美学生"评价要素进行评价，评价标准如表4所示：

表4 临山小学"十美学生"评价标准

评价项目	评价标准
礼仪之美	说普通话，具备良好的语言组织和表达能力，知道"握手、鞠躬、招手、敬队礼基本的礼节"，会使用"您好、请、谢谢、对不起、没关系、再见"等基本的文明用语，会使用待客礼仪迎送招待客人，懂得尊重老师、同学及其他人。平时待人热情有礼貌，能主动和老师、同学、家长打招呼，对外尊重老人、爱护幼童，在家里帮助爸爸、妈妈招待客人，自觉遵守学校纪律和社会公德。平时和同学相处融洽，主动帮助有困难的人，经常做好事。
勤学之美	课前认真预习，课上认真听讲，积极回答问题，学习刻苦，知识掌握牢固，学习方法恰当，肯动脑筋，虚心好问，作业工整，按时完成，各科成绩优秀。看有益图书、报刊，知识丰富，眼界开阔。
环保之美	个人卫生做到衣服整洁朴素，手脸干净，红领巾、校徽佩戴齐全、整洁。不随意坐或躺在地上；爱护环境卫生，不随地吐痰，不乱丢杂物，不乱涂画墙壁；爱劳动，做值日时，不怕脏、不怕累，能在规定时间内完成好自己的劳动任务；主动做到见到垃圾就扫，见到纸屑就捡，见到污迹就擦，见到乱扔就管；爱护花草树木和文物古迹，做到不攀折，不刻划；能说出三种污染空气或水质的现象。一、二年级做到上述六项即可获章，三至六年级做到上述六项并选择下列任意两项做到即可获章：一，能提一个保护美化环境的建议；二，能参加一次环保劳动或宣传，为保护环境做件好事；三，能查出本地区一种以上空气水质污染源，并向环保部门报告。
自理之美	积极参加劳动，主动帮助父母做家务事，自己的事情自己做，生活和学习用品摆放整齐有序，有良好的卫生习惯，穿戴整齐得体，自觉保护公共场所环境卫生，爱护公共设施，生活节俭，掌握基本的自我保护常识。
才艺之美	积极参加学校组织的各种校内外活动和各类兴趣小组，有一至两项以上技能或特长。业余生活中经常关注、参加各项文艺活动，生活丰富多彩，富有情趣。
守纪之美	课堂纪律：按时上课、无迟到现象；做好课前背古诗和课前准备工作，桌上不得摆放与本堂课无关的东西或书籍；认真听讲，积极举手回答老师的问题，不懂就问；守课堂纪律，不乱讲话、搞小动作、交头接耳等。

续表

评价项目	评价标准
	课间纪律：无追逐打闹、高声喧哗现象；上、下楼无跨跳台阶、拥挤打闹等现象；不存在爬护栏等不安全行为；注意文明礼仪，遇到老师、客人等主动问好，并行少先队队礼。
体育之美	积极参加大课间活动，态度认真、效果好。认真上好体育课，成绩达标。在体育运动方面有突出特长且在校级以上的各类体育比赛中取得成绩。 课间操：整队带入、带出场地，无喧哗打闹、散队现象，做到快、静、齐；做操时队形整齐，协调一致；动作符合节拍要求，规范、有力、准确、整齐；上下楼梯无拥挤、掉队、喧哗打闹现象。 眼保健操：按时做眼保健操；按准穴位，随节拍认真做；注意用眼卫生，读书写字都要符合用眼卫生要求。
公德之美	认真学习先进人物事迹，坚持主动做助人为乐的好事，美德行动感染周围同学，起到榜样作用，受到学校或班级表扬。
励志之美	生长在贫困家庭或者特殊家庭，身处逆境却有积极乐观的心态和远大的理想，面对挫折有迎难而上、不畏艰难的勇气，没有优越的家庭条件却有着令人敬佩的人格力量和较优异的学习成绩。刻苦学习、善于思考、具有强烈的求知欲和上进心，学习成绩优秀，把理想化作日常具体行动的学生榜样。
创新之美	积极参加各级各类科技活动，具有创新精神，热爱科学探索，在校级以上科技类比赛中获奖。

　　落实学生主体地位，强调依学定教、顺学而导。在学业评价上采用过程性评价和结果性考核相结合的形式，采用"十美学生"卡、纪念卡、表扬卡、荣誉证书等方式进行。其中，表扬卡使用办法如表5所示：

表5　临山小学表扬卡使用办法（试行）

项目	具体内容
活动意义	为激励学生认识自我、完善自我，帮助学生建立自信、激发潜能，促进每名学生更加热爱自己、悦纳自己、超越自己，从而活泼幸福地成长，结合实际，特制订表扬卡使用办法。

续表

项目	具体内容
实施范围	各年级在校学生。
基本原则	1. 主体性原则。坚持以人为本，尊重学生主体地位，尊重学生个性发展。 2. 激励性原则。坚持多元化、多角度评价，宽容失误，发现闪光点，让学生体验到成功的愉悦。 3. 发展性原则。着眼学生未来，促进学生智商、能力、人文情感的健康发展。
发放标准	1. 由学校组织、参加区级及以上活动（比赛）的。 2. 参加校内重大活动（比赛）时，表现优异的。 3. 好人好事且表现比较突出的。 4. 在各项素质达标、质量监测中，表现突出或进步明显的。 5. 积极参加公益活动、志愿者服务，为学校赢得荣誉的。 6. 奖励章达到一定数量的。 7. 平时表现特别突出或进步特别明显的。 8. 其他值得表扬奖励的。
兑换方式	1. 获得10次激励章的，可以兑换1张表扬卡。 2. 获得3张纪念卡的，可以兑换1张表扬卡。 3. 获得3张表扬卡的，可以兑换1个"美篇"本。 4. 获得5张表扬卡的，可以兑换1封嘉奖信。 5. 获得8张表扬卡的，可以兑换1份纪念品。 6. 获得12张表扬卡的，可以兑换1份惊喜奖品。
活动说明	1. 学生的各类比赛活动纳入体系管理，各类比赛活动都有专门的纪念卡，由我校美术社团的学生进行设计，上面印制学生的作品。参与的学生授予纪念卡，比赛成绩优秀的学生授予表扬卡，表扬卡积累到一定数量将获得不同的奖励。 2. 每月兑换一次，由班主任审核把关后，统一到教导处或德育处办理，并做好统计记录。 3. 兑换奖励时，卡片不回收、不累计使用，由负责兑换的处室在卡片处做出标记。 4. 坚决杜绝互赠表扬卡，一经发现，没收表扬卡，并对涉及的同学予以批评教育。

（2）拓展性课程评价方式。采用过程多元评价方式，包括作品展示、才艺表演等多种形式。关注学习过程，对学生进行多元评价。每期课程结束后进行课程学习成果展示。成果展示分为汇报展演、社团展示。

具体做法：

A. 主题活动

在开展好校园读书节、体育节、音乐节、美术节、科技节活动的基础上，还要开展英语沙龙、级部诵读展演、数我精彩等系列活动，评选诵读小达人、读书之星、计算小达人、书法小名士、英语小达人，做到课上学习和课下活动相结合，做好有益互补，形成合力推进学生全面发展，全面提高学生素质。

B. 社团活动

丰富社团活动。学校对社团建设的要求是"五一""六定"。"五一"指原则上艺体教师每人一个社团；根据个人专长每人定一个专题；开学初每人制定一份社团活动计划；每个月学校进行一次督导考核；每学期学校组织一次成果展演。"六定"指定辅导及社团人员、定社团活动地点、定社团活动时间、定社团活动内容（科普、文体、艺术、阅读等活动）、定成果展示标准、定社团考核要求。依托课后服务，做好社团建设及活动的开展，学期末评选精品社团，真正让社团成为学生喜爱的第二课堂。

三、课程保障

（一）组织保障

1. 课程管理小组

课程管理按照"校长室——课程处——各部门"的架构，校长室直接领导，设立课程处，强化课程管理，负责协调教导处、科研室、德育处、后勤等部门的课程建设与实施工作。

2. 课程研发小组

课程研发小组由课程处和课程项目组构成，负责课程的开发—审议—开设—学生选择—评价等一系列过程，在充分听取各教研组意见和学生、家长意见的基础上，调研各类教育资源，向兄弟学校学习，扬长避短，引导全体教师积极支持及参与校本课程的开发与建设，同时对课程实施过程中发生的问题进行调整、再设计。

3. 课程视导小组

学校成立由课程处、教导处组成的课程视导小组，首先，每学期课程老师撰写《校本课程记录册》交教导处审议，然后针对课程实施中存在的具体问题，定期召开校本课程教师、全体教师的研讨会，进行总结、交流、探讨，确保课程内容顺利实施。

每期召开一次学生、家长代表会议，倾听他们对课程内容及实施的意见，并反馈给授课老师，修订、完善课程内容，调整实施方法。

对个别教师在实施过程中遇到的具体困难，教导处及时给予指导、帮助，共同商量解决办法。

4. 课程评价小组

课程管理、课程研发、课程视导小组联合，每学期分别进行一次课程开发质量评估；学生课程学习效果评估是作为学生综合素质考查的一个重要依据；每学期末对教师执教的课程进行评价，其中学生对所学课程满意度调查及教师撰写心得体会是评价的依据。

（二）机制保障

1. 教研机制

制定《校本课程记录册》，对教师进行培训。培训内容既有当下课程的跟进性培训，又有未来课程的前置性培训。

（1）全员培训。开展教师课程实施调查，基于教师课程实施中的困惑进行菜单式的培训，培训内容以课程整合、课程开发为主。每学期至少进行两次学校课程学习会，邀请专家来校指导。每学期一次课程实施专题诊断学习，针对课程实施中存在的问题，课程实施管理小组进行解疑答难。

（2）骨干培训。主要针对课程研发组的核心成员，理论培训加实践考察，加强课程研发组的课程意识与课程开发能力。采用"请进来"与"走出去"相结合的方式，每学期至少安排两次有针对性的培训学习，至少组织一次课程研发组的核心成员外出学习，不断学习国内课程改革先进理念。

2. 校本课程开发机制

（1）教师根据自身专业、能力和《校本课程规划方案》自主申报课程，并在实施过程中进行记录。学校对教师申报的课程进行审议，向全校学生、家长宣传、介绍。根据调研，顺应不同教师的差异，制定了各类"扬长""特需"课程。

（2）课程开发激励。

第一，组建各课程项目组负责课程开发，学校各项经费向课程开发倾斜。

第二，学校提供研究经费用于购买书籍、资料，划拨一定的经费资助项目组课程研发。

第三，逐步完善教师绩效考核评价制度，对在课程开发、实施过程中成绩突出的教师与团队给予表彰与奖励。

3. 选课机制

（1）选课原则。自主自愿、个性修习。在共同基础、多样选择的框架内，学生根据自己的兴趣爱好、学习需求、自身的主客观条件等自主自愿做出科学合理的选择，形成个性的课程修习计划。

（2）选课流程。选课指导：班主任对学生作选课指导，同时在家长会中做好宣传；学校编制：统计学生选课情况，明确开课时间、地点、开课教师和选课学生。

四、制度保障

学校制定了《课程管理制度》《课程开发制度》《学校课程实施制度》《课程评价制度》。这些制度的制定，为学校课程顺利实施和持续发展提供了有力的保障。

五、资源保障

（1）学校设施完善，环境优美，有塑胶田径场、篮球场、标准化实验室、图书阅览室、多媒体教室，每个教室都配备电子白板设备等现代化教学设备，建立开放式的信息网络化平台，保证资源共享透明度，为课程实施提供必要的物质保障。

（2）设立课程实施专项经费。为社团活动竞赛、专家指导引领，课程特色项目评比，课程改革创新实践教学展示，教师培训、对外交流等提供必要的资金，以保障课程建设的顺利实施。

7

滨州实验学校（南校区）
课程规划方案

编者点评

目标与评价的内在一致性是判断一个学校课程规划方案是否规范、合理的重要指标。学校课程目标描述了学生将成为一个什么样的人，课程评价则用来证明学校课程是否帮助学生成为这样的人。课程目标需要符合全面性原则，学校课程旨在培养一个个全面发展的人，因此，课程评价需要设计综合素质评价来证明课程目标的达成情况，以反映学校课程实施的有效性。然而，在课程规划实践中，许多学校一般都忽视了这一点，课程评价部分往往缺少学生的综合素质评价，或有了综合素质评价，也只是泛泛而谈，没有具体可操作的内容。滨州实验学校（南校区）的这份学校课程规划方案，最大的一个亮点就在于综合素质评价的设计。

学校基于"具'七彩幸福'素养，做'七彩幸福'少年"的课程目标，明确了"七彩幸福素养"的八个方面，即社会素养、健康素养、人文素养、数学素养、科学素养、艺术素养、信息素养及综合素养；据此，框架设计了八类素养课程群，并对课程实施提出明确建议；最后基于八个方面的"七彩幸福素养"，建立了多元、互动、全域式的"七彩幸福素养的学生综合素质评价"，详尽地给读者呈现了评价目的、评价方法、评价形式、评价实施、评价结果运用等方面的具体的评价细则，让我们能够清晰地"看见"学校具体的课程评价操作过程，具有参考价值。当然，课程评价除学生综合素质评价以外，这些综合素养的达成还需借助各类课程在每个学期的实施过程中促进学生学习的课堂评价，在这一点上建议学校在课程评价部分补充对各类课程的评价建议。

滨州实验学校（南校区）课程规划方案

设计者：赵学军　王荣峥　梅路芳　蒋大为　张纪美

　　滨州实验学校（南校区）是滨州市人民政府为解决大班额问题建设的重点民生工程，是延续滨州实验学校14年办学文化，于2018年建成并投入使用的一所九年一贯制义务教育学校。学校秉承"创造适合每一位学生发展的教育，为学生一生的出彩幸福奠基"的课程理念，以"双研课改"为特色，开启"研·学堂""研·课程"系统建设，积极打造"新学堂"、建构"新课程"、创办"新学校"、实施"新教育"，围绕"九年，奠基出彩幸福人生"办学愿景，建构"九年一体化七彩幸福课程体系"，打造"七彩研创学堂"，为学生扣好人生第一粒扣子，打亮人生第一抹底色，让师生过一种出彩幸福有温度的新教育生活，做到个个出彩、人人幸福。

一、课程依据

　　学校肩负着"为党育人、为国育才"的神圣使命，落实国家课程政策是学校课程规划编制与实施的第一要务。2022年，新义务教育课程方案及学科课程标准颁布，明确要求学校应依据国家课程方案和省级课程实施办法，立足本校办学理念，分析资源条件，制订满足学生发展需要的学校课程实施规划，注重整体规划，有效实施国家课程，规范开设地方课程，合理开发校本课程，将国家育人理念、原则要求转化为学校具体育人实践活动。

　　为了响应国家课程改革的号召，学校立足"有理想、有本领、有担当"的培养目标，遵循"坚持全面发展，育人为本；面向全体学生，因材施教；

聚焦核心素养，面向未来；加强课程综合，注重关联；变革育人方式，突出实践"的基本原则，按照义务教育课程类别和设置原则，根据"办家门口的优质学校"的社区期待，结合学校"个个出彩，人人幸福"的育人愿景和城市核心区的位置定位和发展实际，进一步增强课程规划治理，丰富校本课程开发，加强对国家、地方和校本课程的整合，利用SWOT战略分析法（如表1），在综合分析国家政策、核心素养、学生实际、家长期望、师资队伍、社会需求等主要因素的基础上，从理念层面的目标诉求转化为实践层面的素养养成，结合自身的实际对核心素养进行校本化的设计与表达，并通过构筑有机完整的课程框架加以落实。

表1　学校发展SWOT分析

	优势（S）	劣势（W）
内部 （组织）	1. 办学经验"14+"。南校区发展是滨州实验学校办学14年基础之上的再发展，14年的办学经验是南校发展之基，发展之本，发展之源。 2. 课程整合"5+"。在课程改革专家的指导下，5年的课程整合实验取得了丰硕的成果，课程观念已经建立，课程意识明显增强，课程能力显著提升。 3. 办学设施高端先进。南校区是滨州市政府年度重点民生工程，规划设计高端，内部设施配套先进，数字化水平一流。 4. 团队敢担当勇创新。教师团队老、中、青结合，年龄结构合理，学历层次高，教学经验丰富，担当意识强，创新能力高。 5. 学校治理架构、组织结构精简高效。 6. 基于多方调研，课程规划设计工作有经验，走在全市前列。 7. 经过三个学部的课程实践，摸索出了一定的经验。	1. 生源质量整体不高。南校区地处城乡接合部，农民工、进城务工人员子女较多，家庭教育薄弱，孩子生活习惯、学习习惯养成较差。 2. 新入职教师课程能力不足。由于新入职教师没有参与学校的五年课程整合课改，课程意识、课程理解、课程能力明显不足。 3. 目前学校师资不足，除完成国家课程教学工作外，人人开设校本课，带课后服务，大量教师超负荷工作，亟待师资补充及课后服务费用支持。

续表

	机遇（O）	威胁（T）
外部（环境）	1. 奋斗新时代，奋进新教育。2018年，是习近平新时代中国特色社会主义思想指导中国新时代伟大教育实践的开局之年，是中国进入新时代的开局之年；2018年，是南校发展的开局之年，是南校奋进新教育的开局之年。 2. 新一轮课程改革进入内涵提升深水区。全国教育大会胜利召开，新一轮课程改革全面启动，突出立德树人，突出全面且个性的发展，突出核心素养培养，突出课堂课程建设，提出五育并举全面提升育人质量。 3. 十九届四中全会以来，党的教育方针调整为我们指明了办学方向，明确了根本任务和课程路径，解答了为谁培养人、培养什么人、怎样培养人的问题。 4. 以核心素养为导向的素质教育要求。 5. 地方教育主管部门对学校办学的鼎力支持。 6. 社会及家长肯定学校发展绩效，纷纷投入人力及资源，以提升扩大成效。 7. 集团化办学，有宝贵的智力资源支撑。	1. 办学经费不到位，南校发展保障能力严重不足。 2. 品质课程资源欠缺，严重影响学生高品质发展。 3. 城乡接合部区位，生源家庭背景多样化。 4. 家长的期望值很高。

本着强优势、补短板、抓机遇、克威胁的基本思路，确定南校课程规划六大策略，即"高新、人人、扣子、一体、研学、开放"，做到高起点、高站位、高标准、高品质；创新驱动引领，打造新课堂、建构新课程、创办新学校、实施新教育；以人为本、有教无类、因材施教，让每一名学生、每一名教师均得到充分发展，个个出彩、人人幸福，做有温度的新教育；帮助学生扣好人生第一粒扣子，养成良好品行，树立正确的人生观、价值观、世界观；进行九年一体化课程设计，注重纵向学段衔接、横向跨学科整合；转变学习方式，调整课程结构，学习项目化（主题化）、项目（主题）课程化、

课程研究化，实现课内课外、校内校外全域研学；开门办学，请进来、走出去，整合家庭、社会各界资源，借力借智助推学校可持续高水平发展，实践以"个个出彩，人人幸福"为办学逻辑起点，"九年，奠基出彩幸福人生"为办学宣言的课程建设指导思想。

二、学校课程方案

南校以"个个出彩，人人幸福"为办学逻辑起点，秉持"以生为本"的课程价值取向，对学校课程进行整体的、创新的哲学思考与逻辑构建，基于中国学生发展核心素养，依托九年一贯制办学体制，立足"为党育人，为国育才"的课程理念，坚持"立德树人"根本任务，面向人人原则，培育学生"政治力、梦想力、创新力、协调力、奋斗力"五种力量，用九年一体化的理念，朝向"九年，奠基出彩幸福人生"的课程愿景，学生发展的校本化"七彩幸福发展素养"，指向五育融合的课程规划路径，分类、分层建构了"七彩幸福课程体系"，用创新课程、协调的理念、奋斗的精神为学生扣好人生第一粒扣子，打亮人生第一抹底色，为出彩幸福人生奠基。每年孔子诞辰日（9月28日）为学校七彩幸福课程节。

（一）课程目标

经过九年的学习，培育南校学子成就：有梦想、勇奋斗、知礼仪、爱阅读、慧研学、做创客、乐思辨、懂足球、善舞蹈、会弹琴、诗书画、勤劳作，做听党话、跟党走，全面而个性发展，具有创新协调能力、奋斗品格、全球视野的新时代出彩幸福好少年（如图1）。

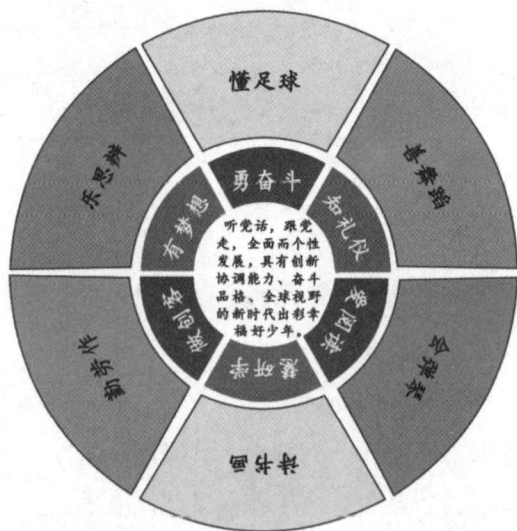

图1　滨州实验学校（南校区）学生画像

课程目标：具"七彩幸福"素养，做"七彩幸福"少年。

"七彩幸福素养"，即社会素养、健康素养、人文素养、数学素养、科学素养、艺术素养、信息素养及综合素养，聚焦每一位学生，发展每一位学生，提升每一位学生。培育学生成为有远大梦想、家国情怀，有创新思维、创造品质、勇于奋斗、敢于拼搏，知书达礼，主动学习的少年。让每一位学生朝着爱思考、喜辩论，会踢球、懂足球，善跳舞、形体美，懂音律、会弹琴，会写诗、懂书法，能绘画、善创作，爱劳动、会劳动的方向发展，成为政治合格、思想过硬，坚定中国特色社会主义道路，在德智体美劳诸方面全面发展基础上有个性特长发展，具有创新协调能力、奋斗品格、全球视野的新时代好少年，争做新时代中国特色社会主义合格的建设者和接班人。

（二）课程结构与设置

1. 整体课程结构及其说明

指向核心素养培育的教育，强调全人教育，打破学科藩篱，结合社会生活，体现学生主体，渗透课程整合的思想。在分解课程标准、叙写学习目标的基础上，围绕学生发展核心素养，我们进行了国家、地方、学校课程的整合，对各类课程资源进行分类、合并、删减、调整、优化组合，逐步形成了"七彩幸福课程体系"，此课程体系划分为八类素养课程群（七类基础素养课程，一类综合素养课程）。

基础素养课程基于国家课程设置要求，将国务院教育行政部门统一组织开发、设置的国家课程做校本化开发与实施，设置幸福课程群1；将省级教育行政部门统筹规划，利用地方特色教育资源，将中华优秀传统文化、红色教育资源等充分融合，校本化发展为出彩课程群2；立足学校办学目标，发挥学校资源优势，个性化开发以服务学生多元学习需求的出彩课程群3。综合素养课程群是依托学校、社会特色资源，围绕学生综合素养提升，开发的突出学校办学特色的校本化综合课程。具体课程列表如表2所示：

表2　滨州实验学校（南校区）课程类别及科目设置

类型	编号	幸福课程群1（国家课程）	出彩课程群2（国家、地方课程）	出彩课程群3（校本课程）
社会素养	S	道德与法治（1）/历史（2）/生涯规划（3）/社会实践（4）/劳动实践（5）	头雁（1）/榜样（2）/志愿服务（3）/生活礼仪（4）	道德讲堂（1）/法治中国（2）/历史天空（3）
健康素养	J	体育与健康（1）/三生健康（2）/安全教育（3）	足球（1）/体育舞蹈（2）/南风心语（3）/三生教育（4）	篮球（1）/网球（2）/乒乓球（3）/武术（4）/游泳（5）/拉丁操（6）/轮滑（7）/击剑（8）
人文素养	R	语文（1）/英语（2）/传统文化（3）	读书12389（1）/英语欢乐堡（2）/民俗大观（3）	读写绘（1）/演说（2）/辩论（3）/诵读（4）/国学经典（5）/课本剧（6）/南风诗社（7）/南风文学社（8）
数学素养	M	数学（1）	玩数学——幼小衔接（1）/悟数学——小初衔接（2）/研数学——初高衔接（3）	趣味数学（1）/生活数学（2）/智力开发（3）/数学建模（4）
科学素养	K	科学（1）/物理（2）/化学（3）/生物（4）/地理（5）/环境教育（6）	南风科学实验室（1）	创新实验（1）
艺术素养	Y	音乐（1）/美术（2）	南风琴语（1）/书法（2）	素描（1）/绘画（2）/摄影（3）/交响乐（4）/打击乐（5）/民族舞（6）/合唱（7）/戏曲（8）/芭蕾舞（9）

续表

类型	编号	幸福课程群1 （国家课程）	出彩课程群2 （国家、地方课程）	出彩课程群3 （校本课程）
信息素养	X	信息科技（1）		播音主持（1）/影视编导（2）/新闻播报（3）/动漫设计（4）/微电影（5）/南风校刊（6）
综合素养	Z	长征（讲长征、数长征、演长征、辩长征、写长征、画长征、唱长征、奏长征、拍长征、走长征）（1）/南风物语（木语、泥语、纸语、布语、茶语、食语）（2）/南风Steam（3D打印、无人机、物联网、机器人、北斗导航、航模）（3）/南风戏剧（4）/河海文化（5）/南风行万里路（6）/南风思辨（7）/南风财商（8）/校园五礼（启梦礼、奋斗礼、成童礼、青春礼、感恩礼）（9）/校园八节（达礼节、读书节、体育节、艺术节、电影节、美食节、创客节、红歌节）（10）		

幸福课程群1属于国家课程的校本化开发，部分采用学科内整合方式实施。按照学生认知特点，九年一体化设计课程目标及内容，通过吸收不同版本教材体系特点，结合学校实际，大胆调整教材编排体系，合理设置各学段课程资源，采取大单元设计，打造学校特色的九年一体化学科课程目标及内容体系。同时注重不同学段间学生学习的过渡，依托我校九年一贯制优势，在一年级第一学期、六年级第二学期、九年级第二学期分别开设了幼小、小初、初高衔接性（引桥）课程，实现学生不同学段学习的无缝衔接。

出彩课程群2属于国家、地方课程系列，采取学科间整合方式组织开发与实施。对不同国家课程或国家、地方课程间的相似、相近内容进行整合。如地方课程中的"传统文化"与语文学科的整合，"三生教育"与道德与法治、心理健康的整合，"环境教育"与地理、生物等学科的整合，小学科学与初中物理、化学、生物等学科的整合，信息科技与学科教学的深度整合等。通过整合，打破了学科界限，破除了学科壁垒，优化了课程资源。

出彩课程群3属于校本课程，立足学校办学特色，发挥学校办学特色，依托学校办学资源，师本化开发、生本化实施，服务于课后服务的跨学科、超学科课程。如以周一全校升旗仪式和班队会课时间开展的"扣子课程"，以思政教育为依托，开展班本化德育序列主题展示活动；课后服务ABC课程，利用每天下午课后服务时间及周末、寒暑假提供面向本校学生、外校学生、家长三类人群的周末、节假日三类课程服务，一类是艺术、体育、创客、VR类校本课程；二类是四馆一城一影院校本课程，涵盖红船、长征、雷锋红色研学馆、河海文化研学馆、航空航天科技馆、南风博物馆、南风书城、周末影院课程；三类是面向家长的家长发展学院"南风大讲堂"家庭教育校本课程。

综合素养课程群（Z）属于超学科课程整合。围绕"现象学习"主题，超越学科范畴进行课程设计，提升学生综合素养，培育综合素质人才。如立足"改革开放四十周年"主题研发了"现在的生活真好——研·改革开放四十周年"现象学习系列课程；围绕学校立校精神之一的"长征精神"主题跨学科研发了"研·长征"系列课程；围绕"行万里路"主题研发了"研·三生"系列研学课程；围绕"博物润智"主题研发了"研·物语"系列课程；立足学校地域特色，与地方课程结合开发基于滨州区位特点的"河海文化"系列化地方融合课程，被市政府立项采纳作为"智者智城、大美滨州"地方课程资源。通过各类项目课程的学习，学生的学习方式在转变，学习效率在提高，兴趣得以培养，特长得以拓展。

每项课程编号方法为：类型编号–素养课程编号–课程顺序号。如："南风诗社"课程的编号为：R–3–7。

2. 课程设置与课时分配、比例及其说明

依照《义务教育课程方案（2022年版）》要求，结合学校实际，朝向七彩素养课程目标，课程设置及课时安排如表3所示：

表3 滨州实验学校（南校区）九年一体化课程设置与课时安排

素养	课程	一	二	三	四	五	六	七	八	九	周总课时数	课时占比
社会素养	道法	2	2	2	2	1	2	2	2	2	17	
	扣子	1	1	1	1	1	1				6	29　10.58%
	历史							2	2	2	6	
健康素养	体训	1	1	1	1	1	1	1	1	1	9	
	足球	2	2	2	2	2	2	1	1	1	15	29　10.58%
	体舞	1	1					1	1	1	5	
人文素养	语文	8	8	6	6	5	5	5	4	5	52	
	书法			1	1	1	1				4	78　28.47%
	英语			2	2	3	3	4	4	4	22	
数学素养	数学	4	4	4	4	5	5	4	4	5	39	39　14.23%
科学素养	科学	1	1	2	2	2	2				10	
	物理								2	3	5	
	化学									4	4	29　10.58%
	生物							3	3		6	
	地理							2	2		4	
艺术素养	音乐	1	1	1	1	1	1	1	1	1	9	
	钢琴	1	1	1	1	1	1				6	
	美术	1	1	1	1	1	1	1	1	1	9	30　10.95%
	美创	1	1	1	1	1	1				6	
信息素养	信创			1	1	1	1	1	1		6	6　2.2%
综合素养	劳动	1	1	1	1	1	1	1	1	1	9	
	地方课程	三生、传统文化、环境一至九年级根据课时统筹安排；每学期一周校园五礼、八节课程，机动使用。									18	34　12.4%
	校本课程	综合实践、素养提升课程和每学期一周研学实践课程，机动使用。									7	
周总课时数		26	26	30	30	30	30	34	34	34	274	
学期总课时数		910	910	1050	1050	1050	1050	1190	1190	1122	9522	

七彩幸福素养课程（幸福课程群1、出彩课程群2、3）遵循以上课程设置按课时授课，综合素养课程群（Z）采取跨学科主题学习方式整合入幸福、出彩课程群做综合课程实施，每学期分三个学段，依托期中学段采取"项目学习周"方式，集中做综合素养课程群的课程成果汇报与展示。

此外，在家庭教育方面，基于学区范围内家长职业背景、家庭组成特点，以及社区构成方式等现实要素，滨州实验学校（南校区）积极搭建开放教育平台，创设以学生为本、家长为主体、学校为主导的家校社共育社区。学校通过主动开发校本资源、积极引进社会资源，依托家校亲子共读工程、亲子成长课程、家长育儿沙龙等课程及活动为载体，纵向上开发分学段家校共育序列化成长课程，横向上开展同学段家校多彩系列化主题活动，以《九年一体化七彩幸福家庭教育课程》为抓手，打造基于学区的家校互动成长社区，实现同心、同向、同行的家校社共育目标。

（三）课程实施

1. 课程实施校本化

围绕七彩幸福课程培养目标，开展立足"七彩幸福"素养课程群，基于单元项目（问题）的研究性学习的积极实践，以研究性学习为突破口，开展学习项目化（问题化）、项目（问题）课程化、课程研究化实施，七彩幸福课程以"最美文化研·学堂"打造为抓手，以课堂向学堂转型为支点，转变学生学习方式，改变教师教学方式，促进学生深度学习，促进课堂深度变革。

"研·学堂"（如图2）是师生基于研学课程，朝向七彩幸福素养，聚焦研学目标，借助研学共同体，围绕问题（研究项目）解决，进行的开放式、创新性教与学活动系统。其基本结构是通过目标叙写，逆向评价，确定"研·问

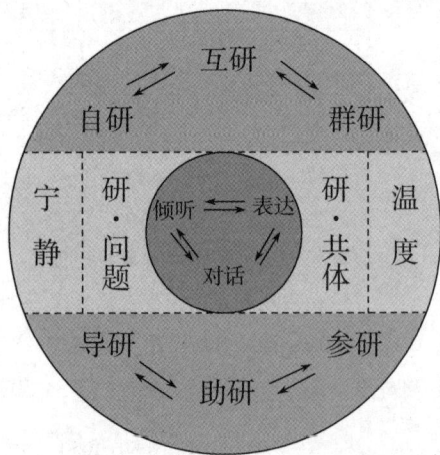

图2 "研·学堂"活动系统结构

题"，设计"研·学单"，学生自研、互研、群研，教师导研、助研、参研，师生倾听、表达、对话，宁静温度，共研共生，教学相长。"研·学堂"体现情境性、研究性、创新性、开放性、文化性特征。

"最美文化研·学堂"具备"内涵、创新、文化"的特点，强调五种文化打造，即理念文化，突出因材导研、共研共进的教风，导向自主乐研、互动深研的学风；行为文化，从学堂的"对话、质疑、思考、评价"方面出发，要求倾听尊重、理解包容，敢于质疑、勇于创新，学思并重、思疑结合，互动多元、激励发展；制度文化为管帮结合、以帮为主的管理导向和动静有序、自律自勉的纪律文化；环境文化塑造条理有序、温馨向上、平等民主、和谐融洽的氛围场域；创新文化鼓励师生敢于创新、勇于开拓、风格独特、特色鲜明，让"研·学堂"呈现多样精彩。

2. 七彩幸福课程教师备课要求

单元备课，以滨州实验学校（南校区）单元备课逻辑流程图为设计依据，按照前、中、后的流程顺序，设计为前端、核心和后端三部分（如图3）。

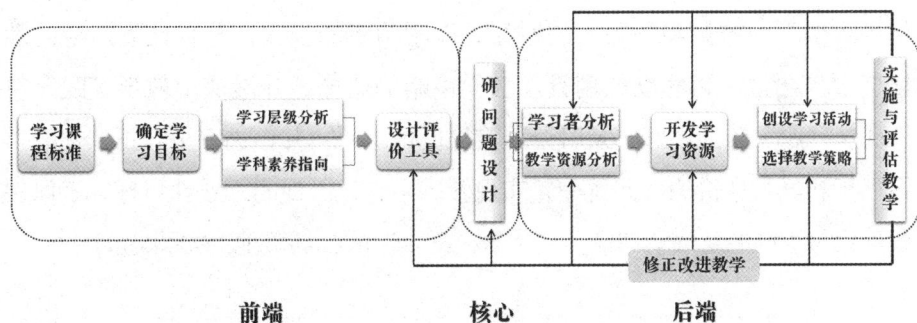

图3 滨州实验学校（南校区）备课逻辑流程图

教师在做单元备课前端时，首先按照备课逻辑的思维流程，依托逆向教学设计原则，依次开展基于教学主题的课程标准梳理、学习目标叙写、学习层级认定以及核心素养对接。围绕目标分解、层级认定、素养指向设计学习评价，以评估学生的研学效果达成，以终为始的整合资源、设计教学。

作为备课前端准备与后端设计的联结，"研·问题设计"是整个备课环节的核心。"研·问题"的设计确保以学情为起点，以目标为终点，以评价为手段，基于真实情境，立足学习层次，指向学科素养，以驱动问题的形式整合学情与目标，进一步依托SOLO理论做问题优化，实现层级目标上的思维引导与建构。如图4所示：

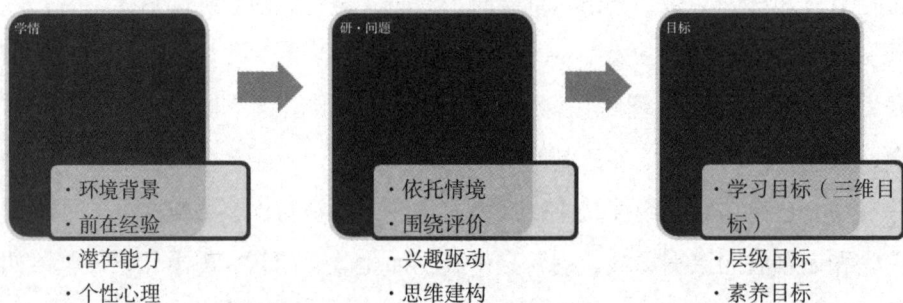

图4 滨州实验学校（南校区）"研·问题"提炼及优化路径

在备课的前端、核心的准备工作完成后，进入教学设计环节。首先，从学情和资源两方面开展学习者的整体性评估和个性化分析，其次，结合教材内容做学习资源与学习者的对接，以学习者的视角，整合开发适合的教学资源。通过学习活动的创设、教学策略的选择，开展课堂教学实践，将"研·问题"疏通串联，及时开展实施反馈教研，并作进一步修正，达成学习目标和学习评价的二元统一，实现教、学、评、促的一致性目标，确保课程建设与实施的主战场"最美文化研·学堂"的扎实落地。如图5所示：

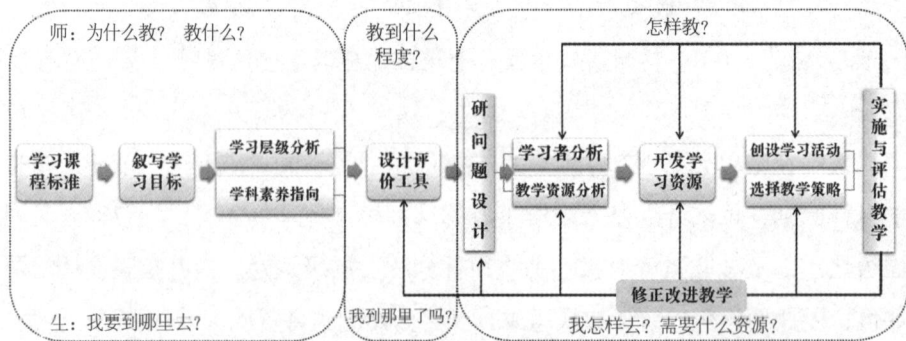

图5 滨州实验学校（南校区）课程实施逻辑图：师生视角

单元备课立足学情，从"课标、叙写、层级、素养、问题、评价"六个维度进行设计；课时备课在明确维度基础上梳理"目标、问题、环节、行为、支架"的逻辑流程，不拘泥于表格，不纠结于形式，得其"意"而忘其形。

3. 七彩幸福课程学生研学设计

立足学生七彩幸福素养的培养，学校开展"目中有人"的学习设计，助推教师转变教学立场，研发课堂"研·学单"，强调教、学、评、促的一致性，更加关注学生的学。从设计上强调了"研·学单"的使用者是学生，教师在制作时更加基于学生视角，立足实用立场，做到目中有"人"。

"研·学单"正面的核心是问题，导向是目标，旨在实现教、学、评、促的一致性。"教"的设计：指向目标的问题探究过程；"学"的路径：抓问题登山、依评价自省；"促"的方式：指向明确、指导精准。

"研·学单"反面是学生的个体笔记，记录思维流程，完善总结提炼，达成反刍关联，实现循环自省，甄于自我教育，至于习题、材料等如何呈现，框架搭建如何体现学科本质，还待大家集智聚力创新开发，适合的就是最好的，效用的才是本真的。

4. 学段实施侧重点

低学部（1～3年级）：利用学生自身的思维特点，学生喜欢趣味性强、形象而直观的事物，注重激发学生的学习兴趣；创设情境，培养学生倾听、交流、学习的习惯；学习的内容形象鲜明，简明扼要，易于理解；学习的形式多样化，注重合作学习。

中学部（4～6年级）：维持学生积极的学习兴趣，促进他们进行积极的、主动的思维活动，养成良好的语言、思维、交流等习惯。可走出课堂，以课内促课外，提高观察、合作、表现、探究等能力。强调合作精神，突出学生的自主性，重视学生主动积极地参与。

高学部（7～9年级）：注意引导学生学习的整体感受，扩充教学内容，加入创作和探究学习，促进跨学科学习。创建师生社区，充分发挥学生的主体性，使学生能够在相互讨论、相互交流、合作学习中理解、探索和创造。

（四）课程评价

基于七彩幸福课程群体系，指向素养目标的达成，聚焦每一位学生，发展每一位学生，提升每一位学生，助力学生在德智体美劳全面发展基础上有个性特长发展，本着"立足过程、激励发展"的评价原则，进行大胆改革，锐意创新，建立了多元、互动、全域式学生课程评价体系，纳入"南校研·七彩最美评价体系"，开发学生系列最美评价标准。

1. 七彩幸福综合素养评价指标体系

基于国家综合素质评价框架，结合我校办学特色和三类课程群设置，最终确定"朝向七彩幸福素养的学生综合素质评价"框架一级指标是"思想品德与公民素养""体育运动与身心健康""学习水平与课程修习""创新能力与兴趣特长""社会实践"。二级指标细化到八个，分别是"社会素养""健康素养""人文素养""数学素养""科学素养""信息素养""艺术素养""综合素养"。如表4所示：

表4　滨州实验学校（南校区）七彩幸福综合素养评价指标体系

国家框架和学校框架								
国家框架	思想品德	身心健康	学业水平				兴趣特长	社会实践
学校框架一级指标	思想品德与公民素养	体育运动与身心健康	学习水平与课程修习				创新能力与兴趣特长	社会实践
学校框架二级指标	社会素养	健康素养	人文素养	数学素养	科学素养	信息素养	艺术素养	综合素养

2. 七彩幸福综合素养课程评价细则

（1）评价目的：不同类型课程的评价目的总结起来有5个，但各自也有不同的侧重点，这由课程的目标来确定。诊断性，通过观察、分析，能够给学生提供适当的帮助与指导；总结性，通过智慧校园系统对学生成绩进行大数据分析，促进学生学科的学习与发展；发展性，通过正向激励性评价，促进学生个性自主和谐地发展；潜能性，通过评价与数据分析，发现并挖掘学生的潜能，发挥学生的特长；修正性，通过评价，为课程开发者提供修正课程的有效信息，检验课程的开设效果。

（2）评价方法：幸福课程群1评价采用灵活开放的定性评价方法，以教师评价、学生互评为主，根据课程素养目标由教师制定评价维度和评价标准，依据学习过程中对学生的跟踪观察、课堂表现和作业情况等进行教师评价、学生互评和学生自评；出彩课程群2是学校自主开发的特色课程，是由学生自主选择的，所以得到学生的喜爱，注重过程性评价，以表现性评价为主。出彩课程群3也是学校自主开发的课程，贯穿学期始终，此课程的评价主体是多元的，学期末会组织评价小组，组员有校长、教师、学生以及家长和社区人士，以课程效果展示的形式进行团体表现性评价，评选优秀课程团队和精品课程，团体表现和学生表现相关。

（3）评价形式：幸福课程采用等级式评价，有口头的，实践的，书面的，个人的和小组的，在各个关键中期或者阶段中进行，由教师管理和评分；书面评价主要采用成长脚印，说明学生在各学科及各能力构成内容上的水平以及该学科的总水平；集体的评价则由学校课程发展中心统一评价；竞争式评价是平时的教育教学常规，我们采取班级争"星"夺"卡"的竞争机制，以"星级"评价学生，以"卡类"评价班级，促使孩子们的行为习惯向上发展。出彩课程侧重积分式评价，学生通过具体的学习和考勤记录取得参与积分。学期结束累计积分，学校以及班级进行评比，给予奖励；活动课程采用奖牌式评价，学习过程中对学生进行过程性表现记录，学期末通过作品展示与分享课程的过程及成果，对学生进行模糊评价，以发展性评价为主，按优秀、良好、合格等级别赋予星级和奖牌，每个星级和奖牌对应不同的学分。

3. 七彩幸福综合素养评价实施

在学校七彩幸福综合素养评价体系下，结合学校智慧校园平台的优势，采用即时记录学生闪光点的形式，在智慧校园平台记录学生表现，并进行班级内和家长端实时动态分享和数据分析。班级根据实际，进行阶段性评价分析和终结性评价分析。

根据学生表现，老师会按照评价标准对参与课程学习的学生进行评价，并及时在电脑端或手机端动态记录学生的表现，同时，家长和学生可以在综合评价系统随时查看自己的动态表现和学分所得，学期末学生综合素质评价报告生成后，需要家长和学生分别完成本学期的"家长心语""个人自述"部分的记录，结合班主任的学期评语评价，生成最终的学期评价报告。学期末，由学生打印自己的综合素质评价报告，签字存入学生档案，学校保存学生的档案归入校史馆。

4.七彩幸福综合素养评价结果运用

（1）学生七彩幸福综合素养评价学分作为学生期末评优评先的依据，按出彩、幸福课程倾向，颁发最美出彩少年、最美头雁先锋、最美奋斗少年等荣誉。其他最美系列，班级按相应子维度得分，遴选各维度出彩少年。

（2）每个学期结束，生成并打印学生七彩幸福综合素养评价报告，家长、班主任老师签字，学校盖章后，形成"一生一案"综合素养评价报告，存入学生个人发展档案，学校归档留存。

（3）七彩幸福综合素养评价结果和评价报告，作为培优助困依据，班主任老师利用综合素养评价分析数据，做家校共育，共同做好学生发展规划。

（4）每位教师对学生提交的结果认定进行定期审核，不符合事实或上传错误的及时修改，对不诚信学生，在诚实守信本项社会素养维度扣除分值。

（5）严禁校园欺凌事件的发生，对实施校园欺凌的同学实行一票否决制，在德育素养中遵纪守法项记零分，取消其评优评先资格，并在综合素养评价报告中记过留痕。

基于学校七彩幸福素养课程目标，对每一位学生进行发展性评估和终结性评价，形成"争星树优创最美"的学分制评价体系，即"星级少年+菁英少年+最美出彩少年"的金字塔式评价体系，以学分制形式计入七彩幸福综合素养评价体系，依托学校智慧校园开展大数据分析，找到学生的优势和不足，进行一对一定制式培养，落实英才培养和困境帮扶行动。

三、课程保障

（一）组织保障

立足《九年一体化七彩幸福课程规划》，学校积极探索党对课程规划和建设的全面领导，深度践行"支委领导下九年一贯校长负责制"现代学校治理体系，除全面调动现有管理资源之外，为了高效率地落实课程改革的各项工作，解决学校在深化课程改革中亟待解决的问题，探索实践课程建设的双轨管理机制，即"支委会—校委会—课程发展中心—学科研究中心"的行政管理机制和"支委会—学术委员会—学科研究中心"的学术管理机制。

1. 课程发展中心主要职责

负责学校课程的安排、实施、研发、管理与评价。

2. 学术委员会主要职责

指导、评价教师课堂教学；参与学校教育科研课题结题鉴定及成果评审；参与校优质课、教学能手、技能比赛等评审；参与市级优质课人选确定及参评课的设计指导；参与学校课程改革方案制定，并提供学术建议；参与教师专业发展年度考核及名师层级认定；参与教师继续教育学分认定；其他学术方面的评审或认定。

3. 学科研究中心职责

研究制定本学科基于核心素养的发展规划及课程改革方案；组织开展本学科课程改革与创新；指导本学科教师制定个人成长发展规划；组织开展本学科专题教学研究活动；推荐本学科各类教学比赛人选；组织开展本学科教师继续教育活动；指导年级备课组开展集体备课、作业创新及听评课活动；其他本学科学术研究方面的事宜。

为提升课程管理的科学性、规划性，在中观层面，撰写《学期课程纲要》，即在学期教学前，对本学期的课程目标、课程内容、课程实施、课程评价进行整体规划设计，用更开阔的视野开展课程教学；在宏观层面，撰写《九年一体化学科发展规划》，围绕学科素养，从学科宣言、教风学风、教学理念、教学策略、教学范式、课程整合、课程研发、团队建设、个人发展等方面，站在更高的视角，挖掘课堂教学内涵，凝练学科特色文化。

（二）机制保障

1. 教师发展机制

（1）明确教师发展规划。教师是课程开发和实施的主体，教师的专业水平影响和制约着学校整个课程群的构建和落地实施。为了保证课程的开发和实施，结合教师五年发展规划和学期发展规划，对五级名师团队进行梯度培养，通过"请进来""送出去"的策略，结合读书工程、青蓝共研、双研课改、名师培养、"最美文化研·学堂"等行动，让教师发展有温度、有宽度、有热度、有深度、有梯度、有高度，促进教师可持续发展。

（2）建设教师发展学院。为了促进教师专业水平不断成长，学校成立教师发展学院，建立教师层级提升评价机制，以教师专业成长积分的形式，动态记录教师业务能力培养和水平提升过程，让名师层级提升有动力、有方向、有活力。经过持续培养，教师在职业道德、教育观念、专业素养、教育技术、教研能力等方面有了大幅度提高，一批学习型、科研型、专家型、创新型的教师成长起来，为课程的开发和实施做好了师资保障。同时发挥教师整体参与的团队优势，整体规划七彩幸福课程体系，促进教职工的广泛参与，以课程建设为路径，全面保障多层协同发展，课程高效保质。

（3）完善教师激励机制。在七彩幸福课程开发的过程中，我们坚持"理念统摄，个案支撑，模式建构"的操作思路，充分发挥教师的主体性，采用了"自下而上"和"适度指导"的研究思路。引导教师围绕七彩幸福课程的理念，主动参与到课程设计、活动内容、活动过程和案例写作中，再进行汇总与建构，最后形成操作性强、实效性高的教材蓝本，并以"精品课程"的评选作为促进机制，推动课程在使用过程中的修订、完善和质量迭代。

2. 学生发展机制

学校最美"智慧研·共体"是基于班级"研·共体"文明、文化、智慧的研学资源，旨在创建良好研学生态，努力提升课程实施水平。最美"智慧研·共体"包含文明、文化、智慧等三方面。

（1）"研·共体"文明："研·共体"文明是为了创建文明整洁的研学环境，为师生提供良好的学习育人环境，充分展现学校师生良好精神风貌，培养学生良好的道德品质和文明行为，师生共同制定建立的生态场。主要包含举止文明、言谈文明、礼仪文明。

（2）"研·共体"文化：通过"研·共体"文化的营造，活动的开展，良好习惯的养成，从而达到师生共同成长的目的。"研·共体"文化主要包含：有富有寓意的班级名称（班名）；有简约美丽的班级标识（班徽）；有富有创意的班级旗帜（班旗）；有一致认同的班级愿景（愿景）；有慷慨激昂的班级宣言（宣言）；有催人奋进的班级歌曲（班歌）；有共同遵守的班级公约（班约）；有积极向上的班级风气（班风）；有励志进取的班级训示（班训）；有青春靓丽的形象代言（代言）；有特色鲜明的班级节日（节日）；有科学前瞻的班级规划（规划）。

（3）"研·共体"智慧：有便捷高效的智学平台；有翰墨飘香的书香氛围；有感人肺腑的班级故事；有展示自我的班级报刊；有个个出彩的梦想规划；有激励奋斗的评价机制。

按照九年一体化七彩幸福课程规划，实现九年一体化班级发展规划和九年一体化学生成长规划，实现班级治理、学生成长与七彩幸福课程同心、同向、同行。

3. 课程制度保障

为保证课程的实施质量，学校制定了各种制度：《教师课程申报制度》《课程审议制度》《学生选课制度》《教学质量监控制度》《学生七彩幸福素养综合评价制度》《教师培训和考核制度》等，从学校顶层设计到中层治理，再到班级管理，全方位制定九年一体化七彩幸福课程规划制度，完善学术委员会章程，从制度上保障七彩幸福课程的开发、实施与治理。

4. 课程资源保障

（1）借力发展。学校的整体发展离不开七彩幸福课程体系的开发与实施，课程开发最重要的一环是把课程理念落实在实践中，因此，在课程开发建设与实施评价过程中，我们积极争取上级教科研部门的支持，获得如华东师范大学、北京师范大学、山东省教育科学研究院等课程研究机构、教育科研部门的大力帮助，使课程开发和实施规范、科学，落实到位。

（2）交流碰撞。在七彩幸福课程体系的开发和实施过程中，我们及时与外界做好交流和沟通，博采众长，在与惠民、无棣、阳信等县区共建校的交流中完善自我、改进自我。采用"请进来，走出去"的思路，引入课程资源、师资力量，及时整理、提炼开发成果，以确保课程的育人、强校功能得到很好地体现。

（3）优先地位。学校保证课程开展必要物质、资源条件，做到课时、师资、场馆、器材等各个方面的优先保障，并将课程建设经费纳入学校预算，专项规划，落实到位。鼓励教师开展相应的课题研究，对课程开发及实施优秀的教师给予绩效的评优考核，提供展示平台，从物质层面到精神层面，助推教师的课程力发展。

8

淄博市特殊教育中心（盲校）课程规划方案

编者点评

　　不管是普通学校还是特殊学校，课程规划都可以遵循课程设计的一般理论与技术。淄博市特殊教育中心（盲校）的这份课程规划方案，一个突出的亮点是课程规划依据。这份课程文本对课程开发的背景分专题做了深入研究，细致分析了国家和地方的课程政策、学校教育哲学、特殊儿童的特殊需求、课程资源条件等方面，为学校课程方案的确定提供了详尽的决策依据，值得借鉴、参考。

　　该课程规划方案依据《盲校义务教育课程设置实验方案》整体规划九年一贯的盲校义务教育课程。课程内容涉及人文与社会、语言与文学、体育与健康、数学、科学、艺术、技术、康复、综合实践活动等九个学习领域，分为基础型课程、拓展型课程和探究型课程。全面落实了国家对盲校义务教育课程实施的要求，也针对本地学生特点开设了特色课程，通过综合康复、定向行走、社会适应、信息技术应用等特殊课程较好地满足了学生发展需求。针对特殊儿童的课程实施和课程评价，会涉及一些具体的课堂实施要求、教学建议、评价方式方法和评价工具，需要在课程文本中更详细地呈现，以便读者"看见"与普通学校不一样的"课程风景"。

淄博市特殊教育中心（盲校）课程规划方案

设计者：翟庆文　王洪杰　李斌　宋建军

　　淄博市特殊教育中心的学生涵盖视障、听障、智障、自闭症、脑瘫及多重障碍残疾儿童，是集康复教育、基础教育、职业教育为一体的综合性特殊教育学校。现有51个教学班，学生381人，在校教职工170人。学校以"满足每个孩子发展的需要、培养全面适应社会的人才"为办学宗旨。学校秉承"自强不息　超越自我"的精神，探索出一条本土特色的视障教育发展之路。为落实国家课程政策，使视障学生达到与普通义务教育学校学生要求同标准，教育高质量发展，并能和谐、自信融入社会生活，推动学校内涵式可持续发展，特制定淄博市特殊教育中心（盲校）课程规划方案。

一、课程背景分析

（一）国家和地方课程政策

1.《盲校义务教育课程设置实验方案》要求使用普通学校（以下简称普校）教材，兼顾特殊教育（以下简称特教）需求

　　1993年，国家教委颁布实施《全日制盲校课程计划》，参照普通教育课程设置，坚持"共性与特性相结合"的原则，盲校义务教育课程开启了"与普同行"的时代，体现了"人权平等"的原则，利于视障学生未来回归主流社会。但教学要求相对"低标化"，"文科方面基本达到、理科方面基本接近普通学校水平"。

　　21世纪以来，我国盲校课程设置注重视障学生的特殊教育需求和未来发

展，教学要求与普通学校义务教育"同标化"。2007年，教育部《盲校义务教育课程设置实验方案》提出："坚持视力残疾儿童教育与普通儿童教育共性的同时，从视力残疾儿童身心实际的特点出发，注重学生的潜能开发和缺陷补偿，调整教育内容、课时数，以达到与普通学校相应的目标，促进视力残疾儿童全面发展。"与1993年颁布的《全日制盲校课程计划》相比，《盲校义务教育课程设置实验方案》要求标准与普校一致，增加课时，适当满足视障学生的特殊需求，旨在通过课程方案促进盲校教学质量的提升。

2. 三期《特殊教育提升计划》要求健全特教课程教材体系，办好特殊教育

2014年、2017年和2021年三期《特殊教育提升计划》都体现了：依据国家普通学校义务教育课程标准，结合残疾学生特点和需求，落实盲校义务教育课程标准，健全课程教材体系的要求。

《第一期特殊教育提升计划（2014—2016年）》加强"医教结合"、个别化教育，强化生活技能和社会适应能力培养；《第二期特殊教育提升计划（2017—2020年）》推进差异教学、个别化教学，随班就读，"办好特殊教育"；《第三期特殊教育提升计划（2021—2025年）》"推进融合教育，实现残障学生适宜发展"，特教学校和普校多元融合办学，使残疾儿童和普通儿童在融合环境中相互理解尊重，共同成长进步，提高了残疾学生培养的灵活性、适应性和针对性。

特教课程教材体系强调多种教育深度融合，教育与康复同步推进，让残疾儿童"拥有更多人生出彩的机会"，全面提高教育质量。

3.《盲校义务教育课程标准》强调着眼于视障学生未来发展，提高其核心素养

"视障残疾儿童教育与普通教育的共性"使盲校与普校在义务教育阶段的课程内容、学习要求等一致。2016年12月，教育部颁布《盲校义务教育课程标准》，着眼于视障学生的未来发展，将盲校课程分为一般课程和特殊课程两类。《盲校义务教育课程标准》体现了与普校标准相关的三大特点：一是标准一致，盲校课程标准与普校课程标准保持一致，都体现了国家对公民素质的基本要求，同时兼顾盲校课程的特殊性；二是目标一致，即聚焦核心

素养，重理想信念、关键能力和生命价值教育，"培根铸魂，启智增慧"；三是方式一致，尊重学生需求，德育为先，五育并举，从"有学上"到"上好学"，同时注重盲校基础性课程和康复性课程相结合，缺陷补偿，潜能开发。所以，盲校义务教育课程规划方案必须与普校紧密相连，并兼顾其特殊性。

（二）学校教育愿景

1. 学校愿景和使命

淄博市特殊教育中心"为特殊孩子谋幸福，为特殊孩子家庭谋未来"，在校内营造爱的氛围，提炼爱的精神，选树爱的典型，创新爱的激励，形成爱的自觉。打造淄博特教"博爱"师德品牌，引导师生懂文明、讲文明、创文明，聚焦文明之光，照亮孩子未来之路。

（1）倾注爱，为残障孩子扣好人生第一粒扣子。学校构建以社会主义核心价值观为引领的德育体系，引导学生养成良好的道德品质和行为习惯。小学阶段主要开展行为习惯养成教育，侧重基本社会公德、家庭美德的培养；初中阶段主要开展价值感知教育，侧重社会公德、社会规则和基本法治观念培养。创建了"新时代文明实践助残志愿服务"党建特色品牌，在社会上营造扶残助残的良好风尚。2019年淄博市新时代文明实践助残培训基地在学校揭牌启用，志愿服务时长累计6000余小时，参加项目服务和人员培训1000余人次。

（2）点燃爱，打造专业化"博爱"教师团队。学校紧紧围绕立德树人根本任务，坚持"以爱育爱，形成特色，打造品牌"的工作思路，出台多项举措力促班主任队伍专业成长。用"五爱"打造专业化"博爱"教师团队，人人争做"四有"好老师，完善校内道德模范宣传评选机制，不断提升师德建设内涵。全体教职工立足岗位，践行淄博特教精神，规范教育教学行为，以爱心哺育残障儿童成长，群众满意度不断提升。

（3）升华爱，提升特教文化辐射力。新校建成十一年来，已形成以生命教育为主线的理念文化体系，并展现出独特风采和魅力。学校每年组织开展文明班级、文明学生等各个层面的文明创建活动；注重文化传承，开展中华经典诵读活动，围绕传统节日开展"红红火火过大年"的主题教育实践活动，让学生了解传统习俗，充分感受优秀传统文化的魅力；每年举办校园文化艺术节、科技节、运动会，为特殊孩子搭建起展示素养的大舞台。

（4）展现爱，提升学校环境感染力。作为一所按照最新《特殊教育学校设计规范》设计施工的标准化、现代化、园林化、网络化特殊教育学校，学校在无障碍设计上，体现了建筑无障碍、道路无障碍、信息无障碍、活动无障碍，是全国无障碍示范学校。学校不断加大校园建设，提升环境内涵，升级安全设施，充分发挥环境育人作用，把学校建成优美的花园、安全的学园、活泼的乐园。

（5）弘扬爱，提升文明创建影响力。管好、用好校园网和微信公众号新媒体阵地，定期开展宣传教育和文化活动。每位教职工都是网络文明传播志愿者，年内参加线上、线下活动30余场次，在各级文明网发稿30余篇；学校建立校外学生实践基地10余处；成立家长学校，定期加强家校联系，学校"三结合"教育网络健全；主动与乡村学校结对共建，走进社区、街道开展文明创建活动，与6个全国、省级文明单位签订文明共建协议。

2. 义务教育阶段课程规划建设的培养目标

2022年4月，教育部颁布《义务教育课程方案与课程标准（2022年版）》，"让核心素养落地"成为义务教育课程建设的重点。学校着眼于视障学生的未来，着力培养学生适应未来发展的正确价值观、必备品格和关键能力，为推动课堂与教学改革和育人方式的变革提出了更清晰的落实路径。

（1）落细课程改革的要求。

一是课程结构"以核心素养为主轴"，改革、调整综合康复课程设置，融入符合视障学生特点的游戏、戏剧活动等内容。

二是赋予课程内容新的内涵，改进视障学生活动少的弱项，让学生亲历实践、探究、体验、反思、合作、交流等深度学习的过程，完成学习知识和解决问题的任务。

三是课程内容结构化，使教师从关注知识技能的"传输"变为关注学生主动学习和思考。

四是突破学科边界，增加跨学科主题学习活动，提高学生解决真问题的真能力。

五是作业设计结构化、单元化，"以此作为学习内容聚合机制和学习动机激发机制，减负、增效、提质"，评价、诊断学生的核心素养，落细"双减"政策。

六是改进特教学校教师从"教中心"走向"学中心"，从"教书"到"育人"的实践路径，在教学中聚焦大单元教学的设计、实践应用和课程领导等主题。

（2）理清课程建设的思路。

一是以人为本，挖掘潜能，补偿缺陷，对视障学生的教学要求由低到高，提高了教学质量。

二是最大限度地保证视障学生参加普通课程学习的权利，加强特殊教育"一般课程"与普校同标准，同时兼顾了特殊课程的个别化实施。

三是在普通教育中增加对特殊教育的相关服务和支持，真正考虑特殊儿童的需要，"普通+特殊"相持相融，办好特殊教育。

四是关注视障学生核心素养，让他们在主题活动中自主学习、思考、行事。

五是鼓励视障学生同障碍者和非障碍者的人际关系；尊重视障学生的权利，特别保证他们享有与普通公民同等的权利和机会。

（3）培养健康和谐发展的学生。

一是构建"馨德""扬志""展能"校本课程体系，将积极心理健康课与其他课程、活动紧密结合，改善视障带给盲童的活动限制和心理重负。端正信仰，提升认知，建立道德自信；锻炼手眼功能、健全人格，使视障学生心灵手巧，提升生活和心理自信；与外界联系，互动合作，释放能量，提高交往自信。

二是创新"四jiao"（焦、胶、教、骄）康教结合策略，即"环境使心焦，勇敢自然消；师生爱相伴，关系密如胶；亲其师信其道，以人为本教；抬头自信走，入世当傲骄"，增强心育康复效果；常用潜在感官功能，积极探索未知环境；主动参与各类活动，乐于文明习惯养成；促进师生有效沟通，提升综合康复效能。

三是探索"三段式"全覆盖积极心育模式，每周分三段时光，周一文化育人"立德有礼"、周二至周五课程育人"乐观有为"、周末实践育人"幸福有成"；促进家校社融通，改进视障学生家庭关爱不够，学校康复任务繁重的局面，具体落实盲校"立德树人"根本任务，为视障学生积极康复打开一扇"心"窗。

（三）学情（学生需求）

1. 少年儿童的共同需求

视障学生与普通少年儿童的成长规律是同样的，他们的成长具有多样性和多变性、连续性和间断性、共同性和变异性融合发展的特点，青少年阶段是生理、安全、爱和归属、自尊和自我实现的统一阶段，总的发展趋势是由低层次到高层次的发展。

同时少年儿童的成长需求也是多元和复杂的，大致表现为：接纳自我身体和容貌的需要；建立适宜的同伴关系需求；追求独立自主，不愿依附父母、长辈的意愿；发展符合社会期望的认知、技能和概念的需要；努力表现出负责任的行为，追求理想和抱负的意愿；具备个人价值体系，为未来生涯和生活做准备的想法等。

课程建设需要成为一个统一集合体，跟上学生的变化特点，符合学生的共性需求。

2. 视障学生的特殊需求

视障学生与普通儿童有着共同的成长规律，但也有其独特的需求。钱志亮《视障儿童与普通儿童的入学成熟水平的比较》一文指出：视障儿童与普通儿童在视知觉能力、运动协调能力、知觉转换能力三方面存在显著差异。视力障碍影响了视障学生的活动范围、认知途径、家庭与社会的态度和受教育方式等，往往会导致其心理行为的改变。

首先，个体因素：视觉缺陷影响了视障学生自身的活动范围和活动项目。与健全儿童相比，视障学生普遍发育迟缓、认知度低；缺少同龄玩伴与交流对象，易产生自卑、焦虑等心理问题。

其次，家庭因素：2019年，学校对视障部小学段23名家长的调查数据显示，87%的学生来自农村，30.4%的家长是视力残疾人，半数以上家长仅为初中文化水平，少数家长甚至是文盲。73.9%的学生为住校生，38%的学生2周至4周回家一次，23.8%的学生只在国家规定的节假日才回家。由此看出，家长与孩子相处时间较少，家长受教育程度相对较低，大多数学生家庭教育不足。

再次，目前我国特殊教育体系"以特教学校为骨干、以随班就读为主体、以送教上门为补充"，特教学校康复群体庞大；特教学校集约化，在校视障学生心理康复、生活康复、社会康复任务严峻。

增加主题活动内容，增多社会生活实践机会，增强与普通儿童交往机会，与普校多元融合发展，是视障学生群体身心健康发展的需求。

3. 不同学生的多层需求

淄博市特殊教育中心视障学生有122人，其中义务教育阶段学生有52人，包括全盲学生15人、低视力学生37人，多重残障生占8.4%。学生残疾种类多，年龄跨度大。义务教育阶段视障学生生源以市内为主。大多数视障学生智力正常，少数有多重障碍。学校按"因需定教，因材施教"原则，根据每一类每一名学生的不同特点，实施不同的教育方法，强化学生核心素养的形成。

优秀学生自觉性和上进心强，学习效率高，习惯养成好。学校提出"勤、引、全"的发展目标，"勤"指勤奋高效，"引"指引领高质，"全"指全面高能发展。以此促进优秀学生总结反思、查缺补漏，在思想、学习和生活上全面发展。

智力平常、表现一般的多数学生，可塑性强，易受环境影响，是教育关注的重点，主要采取"树、定、明"的培养目标，指树榜样、定目标、明方向，为这部分学生树信念、提信心、促进他们健康发展。

对多重残障学生，学校重在"稳、温、扶"的目标上，指稳定情绪、温暖心灵、个别帮扶，使学生在教师的个别化指导中放大亮点，发挥潜能，康复身心，和谐发展，成就最好的自己。

　　根据视障学生的身心特点，在教育教学中关注他们的特殊需求，运用助视设备、语音设备等协助获取信息，突破身体活动或运动方式受限制的状态，扩大学生的活动范围、认知途径，改进受教育方式及家庭或社会对他们的态度等，丰富活动项目，增加同龄玩伴与交流对象，以增强视障学生发育，健体美心，提高认知，自信乐观，在社会群体中达到自我发展。

（四）社区的发展需要

　　我国社区已发展成为成熟的社会基本"细胞"。《国家中长期教育改革和发展规划纲要（2010—2020年）》提出要"广泛开展城乡社区教育，加快各类学习型组织建设，基本形成全民学习、终身学习的学习型社会"。旧课程结构已不再适应视障学生发展的需要，新时代需要和社区共同发展的高质量的新课程体系。

（五）课程资源条件

　　1. 环境优劣分析

　　（1）淄博市特殊教育中心地处景区，自然环境优美，有传统的文化环境、生态环境，教育资源丰富，利于学生了解名胜古迹，了解自然，具有保护自然、贴近自然的意识，利于乡土教学实施。

　　（2）临张店区交通要道——联通路东头，西接主城区，东接外环路，南依四宝山，北通高速路，交通便捷，但校门口上下班时常有交通拥堵现象，安全环境堪忧；学校在校门口设置了学生按摩基地、红宝石烘焙基地、洗车等劳动场所，以满足社会人员集中的生活服务需要，并利于提高学生的劳动技能、家政服务能力和吃苦耐劳的能力。

　　（3）紧邻高新区世博医院、四宝山卫生院，医疗环境方便。满足了寄宿制学校对医疗健康的需要。

　　（4）附近有黑铁山烈士纪念馆、自然地质博物馆、课本博物馆、动物园，人文环境资源丰富，利于培养学生的理想信念和核心素养。

　　（5）紧挨尚庄村幼儿园、敬老院、高新区四小、新经典学校，北通高新区外国语学校、高新区实验中学和淄博中学，教育环境优良，有利于发展学校普特融合教育和生命教育。

（6）学校附近有大超市、小市场，生活便利，有利于学生接触社会生活、学习购物等，可以提高学生生活能力和发展适应社会的需求。

2. 师资特点分析

学校实行九年一贯制义务教育，近年来，义务段生源呈下降趋势，大多数学生寄宿学校。目前学校视障部义务教育阶段有8个班级，初中3个，小学5个。每个班级3~7人不等，校内学生人际交往机会少；学生年龄跨度大，残障类型多，学生的特殊需求日趋增多。

当前，学校教师年龄布局呈纺锤形，5年内全校将退休教师有50人，10年内新进青年教师70余人；七五后至八五前的中间段教师人数极少，断层现象严重。学校视障部专任教师39人，平均年龄45岁。随着学校办学功能由单一的视障教育向多重残疾、随班就读、送教上门和资源指导等职能的转变，视障教育教师专业发展差异需求大，特别需要全纳、融合、沟通及辅助技术运用方面的教师。

学校教师普遍存在以下情况：老教师经验丰富，但观念陈旧，进修意愿不足，总以"情怀"教学；新教师学历高，学科专业能力较强，但经验不足，缺乏既懂学科专业又懂特殊教育的综合实力和学科整合能力。目前，需要提高视障部教师的综合康复、教学设计和户外教学能力，积极发展教师课程整合能力。

如何优化视障教育教师专业发展机制，提升视障教育教师专业发展水平，实现教师专业的可持续和高层次发展，以适应普通教育、特殊教育、学校、学生成长及教师未来融合发展的需要，成为目前学校十分重要和迫切的任务。

淄博市特殊教育中心高度重视学校课程建设，已逐步形成了丰厚的社会资源、家长资源、教师资源、学校环境资源等，现对上述资源进行SWOTA分析，如表1所示：

表1　淄博市特殊教育中心课程资源条件SWOTA分析

因素	优势（S）	劣势（W）	机会（O）	威胁（T）	行动策略（A）
地理环境	1. 自然生态资源丰富。 2. 校园规划完整齐备，落实了小班教学，利于个别化教学。	1. 城乡接合部，学生来自农村较多，缺少文化刺激机会，认知贫乏。 2. 交通拥堵。	1. 人文内涵、自然生态，具有研究价值，利于学校本位课程发展。 2. 到校参观的人多。	1. 校园环境封闭，学生平时活动单调。 2. 社区融合非常态，接触社会机会少。	1. 制定学校长远规划，满足未来发展需要。 2. 建幸福校园，提供有效学习、快乐交往机会。
教育政策	1. 九年一贯制课程实施。 2. 班班有电脑、黑白板，网络覆盖。 3. 小班额，素质教育。 4. 教康结合整体方案。 5. 心育全覆盖。	1. 班级多，教师人员少，临时工比例占7%，行政工作负担重。 2. 学校活动空间大，活动项目少，限制大。	1. 落实素质教育政策，寄宿制易统一思想，落实政策。 2. 教师团队营造学习型氛围。	1. 三类障碍儿童混在一起，互相限制多。 2. 有长远规划，但落实差。 3. 因师施训。	1. 小班，一对一个别化教育。 2. 提高教师课程整合能力。 3. 乡土教学。 4. 组建学科教师团队。
学校规模	1. 一个班3~7人。 2. 规模健全，教室设置精良。	1. 教师编制不够。 2. 学生生理障碍造成活动限制。 3. 教师年龄偏大，活力激情不够。	1. 落实双减政策。 2. 学习型教师团队。	1. 课程资源丰富，学科隔离。 2. 课程建设缺乏保障。 3. 适合低视力学生的读本不够。	1. 合理规划学校和社区课程资源。 2. 生命教育。 3. 与社区共同发展。

续表

因素	优势（S）	劣势（W）	机会（O）	威胁（T）	行动策略（A）
家长参与	1. 家校共育，家长群。2. 网络互动频繁。	1. 家长说教多。2. 缺乏专业育儿知识。3. 家长文化程度低，家教不合格。4. 隔代教育。5. 家庭问题多，如单亲、残疾家长。	1. 一周一回家。2. 媒体交流，及时、有效，社会反响大。	1. 家长认知不够，父母教育不到位。2. 家校共育浮于表面，影响指导效果。	1. 周末亲子互动活动。2. 家长群建立，伙伴互动活动多。3. 家长参与学校管理，家长培训。
学校特色	1. 积极心育全覆盖。2. 推行主题活动。	1. 经费有限，学生活动方式有限，需要教师帮助。2. 教师身兼多职，无法专心指导学生。	独特的人文环境、自然生态，利于发展学校特色。	1. 少数教师能力待提高，个别化教育不到位。2. 学生被动，影响教学成效。	1. 增加人际交往机会，拓宽视野。2. 开展爱国教育、信念理想教育。

二、学校课程方案

（一）课程目标

1. 总体目标

全面贯彻党的教育方针，以体现个体差异、全面育人、育美的人为宗旨，为视障学生提供品德形成与人格发展、潜能开发与认知发展、视觉补偿与身心发展、艺术审美、体育健康、综合实践等方面的学习经历，促进学生主动、和谐、全面发展。

小学阶段学生热爱人民，热爱祖国，热爱社会主义，具备高度的爱国主义、集体主义精神；树立正确的是非观和基本的法制观念；提高思维品质，培养审美情趣，发展个性特长，从小树立远大理想；养成孝敬父母、团结同学、尊重师长、讲究卫生、勤俭节约、遵守纪律、文明礼貌、生活自理等良好行为习惯，逐步培养良好的意志品格和乐观向上的积极心理品质，克服身体残疾所带来的自卑等消极情绪，逐渐融入社会生活中去。

初中阶段学生自主学习、主动探索，健全人格，通过灵活多样的教育方法和途径在潜移默化中受到感染和启迪，个性得到健康和谐的发展；拓展知识领域，具有创新精神、实践能力、科学和人文素养以及保护环境意识；具有团队合作意识，提高思想品德修养和审美能力，陶冶情操、增进身心健康，热爱生活，具有独立生活能力，能够和谐适应社会。

2. 特色目标

开发潜能，补偿视觉缺陷，减轻或消除视力残疾给学生造成的影响；形成热爱生活、乐观向上的正确人生观，有德行自制力；诚信友善，主动、愉快地参与各项活动，有个人生命力；提高生活自理能力，增强社会适应力，自尊、自信、自强、自立。

（二）课程结构与设置

1. 整体课程结构及其说明

整体设置九年一贯的盲校义务教育课程。课程内容涉及人文与社会、语言与文学、体育与健康、数学、科学、艺术、技术、康复、综合实践活动等九个学习领域，分为基础型课程、拓展型课程和探究型课程三个部分。

（1）基础型课程：是指国家和地方的核心基础课程，也是学校课程体系中的主干课程。

（2）拓展型课程：是基于学生的实际需要与学校的办学实践，对基础类课程内容进行选择性加工，形成适合不同类别学生需要的课程，如心理健康、艺体活动、低视美术、视觉训练、生活指导等。

（3）探究型课程：是根据课程目标，由学校自主开发的课程，旨在培养学生的综合素质，如诵读、珠心算等。

2. 课程设置与课时分配、比例及其说明

（1）科目设置。义务教育阶段九年一贯学科有语文、数学、道德与法制、体育与健康、音乐、美工、信息科技、综合康复、艺体活动和科技活动，此外1~9年级设心理健康、3~9年级设外语、3~6年级设科学、7~8年级设生物、8~9年级设物理、9年级设化学、7~9年级设历史、7~8年级设地理、1~3年级设生活指导、4~6年级设家政、1~6年级设快乐阅读、1~6年级设视觉训练、1~6年级设低视美术、1~6年级设定向行走、1~6年级设心理健康、4~9年级设社会适应等课程。

普通学校开设的所有课程，盲校也全部开设且标准一致，并增设了综合康复、定向行走、社会适应、信息技术应用等特殊课程。课时分配方面，在特殊课程占去7.4%后，其他普通学科的比例根据盲校教学的特点作了相应调整，历史与社会、科学、外语、艺术所占课时比例与普校基本一致，思想品德教育、语文、体育与健康略低（语文教学中视障学生没有识字任务，体育活动时间可以根据盲校住宿的特点灵活安排，另若将定向行走的课时算作体育则也接近普校的10%），而数学略高（照顾视障学生学习数学的艰难性）。

（2）教学计划与时间安排。每学年教学时间40周；学校机动时间2周，由学校视具体情况自行安排，如艺术节、运动会、社会实践等；复习考试时间2周。星期一上午第二节课后组织升国旗仪式，进行爱国主义教育和中华传统教育。义务教育阶段1~2年级学生在校学习时间每周32课时，3~7年级在校学习时间每周33课时，8~9年级在校学习时间每周34课时。义务教育阶段每天安排6~8节课，每节课时原则上为40分钟，1~2年级中间休息5分钟。每天安排课间操30分钟；对低视力学生应安排眼保健操，上、下午各一次。统筹安排体育课和体育活动，保证学生每天有1小时体育锻炼时间。任课教师必须提前2~3分钟候堂。每月学生休息时间不少于8天。如表2、表3所示：

表2 小学阶段课程设置

课程类型	科目\班级	一年级 上	一年级 下	二年级 上	二年级 下	三年级 上	三年级 下	四年级 上	四年级 下	五年级 上	五年级 下	六年级 上	六年级 下
基础型课程	语文	8	8	8	8	6	6	6	6	6	6	6	6
	数学	6	6	6	6	6	6	6	6	6	6	6	6
	英语	0	0	0	0	2	2	2	2	2	2	2	2
	道德与法制	1	1	1	1	1	1	1	1	1	1	1	1
	音乐	1	1	1	1	1	1	1	1	1	1	1	1
	美工	2	2	2	2	2达标	2	2	2	2	2	2成果	2
	体育	2	2	2	2	2	2达标	2	2达标	2	2达标	2	2达标
	信息科技	2	2	2	2	2	2	2	2	2	2	2达标	2
	自然	0	0	0	0	1	1	1	1	1	1	1	1
拓展型课程	声乐	3	3	3	3	3	3	3	3	3	3	3会演	3
	器乐	3	3	3	3	3	3	3	3	3	3	3会演	3
	生活指导	2	2	2	2	2	2达标	0	0	0	0	0	0
	综合康复心理健康	1	1	1	1	1	1	1	2	2	2	2成果	2
	定/视	1	1	1	1	1成果	1	1	1	1	1	1成果	1
	定/美	1	1	1	1	1成果	1	1	1	1	1	1成果	1
	矫/字	0	0	0	0达标	0	0达标	0	0	0	0	0	0
探究型课程	诵读	1	1	1	1	1达标	1	1竞赛	1	1竞赛	1	1竞赛	1
	珠心算	1	1	1	1	1达标	1	1竞赛	1	1竞赛	1	1竞赛	1
	班校会	1	1	1	1	1	1	1	1	1	1	1	1
	合计	36	36	36	36	36	36	36	36	36	36	36	36

表3　初中阶段课程设置

课程类型	科目 班级	七年级		八年级		九年级	
		上学期	下学期	上学期	下学期	上学期	下学期
基础型课程	道德与法制	1	1	1	1	1会考	1
	历史	2	2	2	2	2会考	2
	地理	2	2	0	0	0	0
	物理	0	0	3	3	2会考	2
	化学	0	0	0	0	2	2会考
	生物	1	1	1会考	1	0	0
	语文	5	5	5	5	5会考	5
	数学	5	5	5	5	5会考	5
	英语	3	3	3	3	3会考	3
	体育	2	2达标	2	2达标	2	2达标
	音乐	1	1	1	1	1	1
	信息科技	2	2竞赛	2	2竞赛	2	2
拓展型课程	声乐	2	2	2	2	2会演	2
	器乐	2	2	2	2	2会演	2
	英语听说	1	1	1	1	1会考	1
	诵读	1	1竞赛	1	1竞赛	1	1竞赛
探究型课程	数学识图	1	1	1	1	1	1
	物理实验	0	0	1	1	1	1
	化学实验	0	0	0	0	1	1
	生物实验	1	1	1	1	0	0
	心理健康	1	1	1	1	1	1
	班校会	1	1	1	1	1	1
	合计	34	34	36	36	36	36

班级配置：每班班额不超过14人。创建低视力无障碍环境，为低视生配置助视器械、大字课本、适宜灯具等有关设备，学习和使用明眼印刷文字，注意并鼓励低视生利用其剩余视力，并传授有效使用和保护剩余视力的技巧，提高其运用视觉的能力。

（三）课程实施

1.教学工作精细化管理，引导教师做智慧型教师

备课要体现教学设计的智慧，教师深挖学科课程标准，研读全册教材，把握三维教学目标，结合学生实际情况，不断地对课程进行开发与整合。关注学情，知晓学生心理特点，掌握学生的知识基础和学习能力，培养学生良好的学习习惯，传授学生科学的学习方法，从学生的需求出发，统筹安排好学期教学进度。教师教案应体现教学目标、重点难点、教学步骤、教学方法、环节设计意图、教具准备、板书及课后小结等，对不同的班级体现层次性。学期初，在教务处组织下教师要科学制定各学科学案，积极引导学生做好课前自主预习。学期末，教务处组织教师对学案使用情况进行评估并重新修订，以便提高预习效果。

2.上课要体现教学实施的智慧

教师要认真落实预设的教学目标，合理调整当堂课生成的教学目标，教学内容科学恰当，密度合理，教学组织严密。师生关系平等、和谐、民主，教学气氛活跃、生动、愉快，能适时开展有效的小组合作学习。学生有主动学习的情境，有充分思考、探究、研讨的时空。恰当使用教学媒体技术和教具，选择多样灵活的教学方法，培养学生的创造思维和实践能力，教学语言准确、清晰、有亲和力。在课堂上关注每一个学生，认真倾听每一个学生的发言，并能适度组织指导评价。

3.作业要体现单元主题和反馈的智慧

精心设计预习作业，培养预习能力，为课堂教学打好基础。课后作业设计要站在整体单元的基础上，体现目的性强，作业量适当；有层次，有弹性，形式多样，趣味性强；书面口头相结合，课内课外相结合，动脑与操作相结合，引导学生多样化的富有个性的学习。作业要求规范，培养学生良好

作业习惯。精心批改作业，统批、面批相结合，提倡面批，及时反馈矫正，做到有发必收，有收必批，有批必评，有错必改。教师认真填写《作业布置与批改登记表》，两周一次交教务处。

4. 辅导要体现层次化的智慧

各科教师要充分利用课内外时间有计划地、有针对性地对学生进行课前预习引导、课上高效指导、课后巩固辅导。

5. 评价要体现激励智慧

学生学业测评工作纳入学校统一管理，由教务处组织教师统一出题，测评结果要纳入教师考核与绩效工资发放；要认真做好测评分析，并发挥评价的激励作用，着眼于学生对不足的弥补和提高，以及教师有针对性地改进自身的教学。

6. 反思要体现自我诊断的智慧

教师要善于反思和总结，使课堂教学既遵循教育教学的基本规律，又形成独特的个人风格。教案里每单元后都要附有一篇教后反思，每学期每人交一份有质量的教学反思，并定期通过学校App（手机软件）和校报刊登、召开论坛等交流，分享总结经验和感受，再应用于教育教学中，发扬优点，弥补不足。

（四）课程评价

1. 课程评价内容及评价方式

（1）始终把人文素养、自主发展、合作参与的核心素养作为评价目标。将主动康复习惯、积极探索精神、合作创新思维的自觉养成、自动生成和自然形成作为评价学生的重要指标。小学一、二年级主要考查好奇心、大胆尝试的习惯养成；小学三、四年级主要考查学生探索精神、主动做事的习惯养成；小学五、六年级主要考查创新意识、问题意识和积极合作的形成；初中七、八、九年级主要考查创新精神、解决问题的思路和方法。一体化的评价体系，多层次的评价机制，为以主动探索、大胆创新素养为目标指向的课程实施及评价提供依据。近年来，为促进一般课程评价体制的深入实施，学校研制了一般课程《各学科评价标准》等，通过自主评价与多元评价的多维评价相结合，取得了明显效果。

（2）注重"以德为先　教康结合"。以发展的眼光看，影响少年儿童未来幸福的德育品质是评价的主要内容。评价指标包括道德自信、心理自信、交往自信和文化自信，以准确评价学生的日常行为表现。通过行为习惯、道德品质、信心信念等指标进行评价，主要表现在好奇心和创造力，勇气和真诚，仁爱和友善，领导力和合作力，宽容与自制力，感恩与审美，信念与希望等方面上。采用学生档案成长袋和课堂观察方式评价，每周一测评、每月一分析、每学期一总结的评价方式，保证评价的连续性。采用学生典型行为分析，每天教师之间交流发生的教育故事，然后按照指标内容指导学生按要求去完成，采取学生自评和互评、教师评、家长评等方式形成最终评价，保障评价的科学性。

2. 综合评定重过程表现

（1）重课堂"四度"表现。学生综合素质评价包含学业评价和非学科能力评价，特殊课程更关注非学科能力评价，主要考查学生在课堂上表现的审美、生活、身心健康等元素。每堂课都围绕学生的自我参与度、与人合作度、自我开放度、自我探索度四个方面进行评价。学生自评、互评、教师评价比例各占30%、30%、40%，主要侧重于视障学生在活动过程中的行为表现评价。评价系统采用"四结合"评价体系的综合运用，还增加了学生的前后对比个体增值性评价，着重于鼓励学生的进步幅度，为学生在"优秀少先队员""学习进步奖""劳动小能手""小小雷锋"等荣誉评比中提供可靠依据。

（2）重活动比赛过程和态度评价。一是由教师根据每个学生参加学习的出勤情况、材料准备、课堂表现、作业情况等进行分项评价，提倡鼓励性评价。学生成果可通过实践操作、作品鉴定、竞赛、评比、汇报演出等形式展示，获奖者可在《学生成长记录册》上做记载。二是由学生自评、互评等形式评议学生学习态度是否端正、学习习惯是否良好、学习能力是否提高，评价结果可以由口头或者书面形式呈现。

（3）综合评价以班为单位，以学段为评价小组，最后将评价结果上交教务处。在每个学期期末，每位教师给予每一名学生评价和综合评语，班主任汇总后记录到成长手册；召开学段教师交流会，汇报个别化教育及评价情况；召开家委会，与家长充分交流每个学生的真实情况；年终学校以教育故事或个别化教育案例的形式采集典型学生的精彩故事，通过可观性较强的PPT、音视频等方式，用讨论会形式来表达每位教师对学生的精准评价，实现教育互惠互利的最大化价值。

三、课程保障

（一）保障措施

1. 课程的学校管理

（1）依据《盲校义务教育课程方案》《盲校义务教育课程标准》《淄博市特殊教育中心（盲）课程规划方案》，开齐、开全国家规定的所有课程，组织教师进行相应的学习培训。

（2）学校成立课程管理工作小组。课程管理中心承担设计和开发学校课程的工作，并监管课程实施中的各项具体工作。课程开发注重学生兴趣，充分发挥教师特长，加强学校整体规划，突显医教结合、艺体教育、积极心理教育等办学特色；综合考虑学生兴趣、学校特色、教师能力三方面要素，制定好学校基础类课程、拓展类课程和探究类课程的三年发展规划，通过规划来彰显学校特色，坚持学校规划、教师特长、学生需求三者相结合。

（3）每学年初始，课程管理小组召开会议，解读新学年课程计划，听取意见，审定每学期的申报课程。逐步实现探究类课程和校本课程的模块化、项目化，注意课程涉及领域的广泛性和全面性，体现学校课程的时代性和趣味性。

（4）按照"建立组织机构、搞清学生需求、确立课程目标、编制课程内容、落实学习方式、组织实施与评价、不断完善与修订"的课程开发与实施步骤，以"培养学生的社会适应能力、创新实践能力和社会责任感"为重点，扎实进行各类课程的开发与实施，提高课程内容的实效性，同时加强校本课程师资队伍的建设，对校本课程的教案规范化、系统化，逐步形成校本教材，形成彰显学校特色的实用课程。

2. 课程实施中教师的管理

（1）教师配备：学校视障部专任教师39名，全部为本科以上学历，硕士7人，教师学历合格率为100%。其中正高级教师2人，高级教师11人，一级教师25人；省特级教师2人，省级以上的优秀教师2人，省级学科带头人、骨干教师3人，市级学科带头人2人，骨干教师10人。

（2）教务处对教师课程教学分工进行审议并及时公布。教师在开学第2周向教务处上交课程教学进度表，并按教学进度组织教学。教师应认真听取学生意见，并可根据实际情况修改教学计划，教务处同意后执行。

（3）教师根据学校要求，做好所开设课程的学生考核工作，在学期结束前（或课程结束后）将该课程实施的总结交教务处归档。

（4）教师开设的科目和所开课时要记入教师工作量。所有备课、上课、个别辅导和研课记录将记录在教师业务档案中，作为学校评级内容之一。

3. 课程实施中学生管理

（1）课程教学项目确定后，学校汇编并公示《专业教师课程教学任务分工表》，及时向学生公布，引导学生了解各科教师任职情况，并根据自己的兴趣选择特殊课程的学习。

（2）一般学生必须完成一般课程的学习任务。特殊学生可用辅助工具学习，进行个别化指导。

（3）学生根据自身发展需要自愿选择校本课程，接到学校正式上课通知后，按要求认真参加学习，不得随意缺课。

（4）接到教务处下发正式开课通知的教师按要求到指定教室上课，做好学生出勤记录（如有缺席应及时报教务处）。学生在达到出勤率要求，参加该课程的考核后，成绩按优秀、良好、合格、待合格记录归档。

（二）机制保障

1. 国家课程的运作机制（教研制度）

（1）搭建三个"台"。

第一，搭建学生周分析和教师专题教研"平台"。以生为本，教研活动紧紧围绕项目主题开展学生需求分析、问题分析会，进行主题备课、专题研课；学理论，请专家，指点迷津，明确思路和行动方案。

第二，搭建教师月分享"讲台"。每月组织一次教师"花山论剑"大讲坛，将个人理论学习心得、研究成果与其他教师分享，扬长补短，讨论得失，共享共赢。

第三，搭建教师日交流"舞台"。良好的学术环境对一个教师的影响是巨大的。倡导遵循"日交流"原则，学术交流探讨、学情分析对策，创设教师专心工作、爱心工作、舒心工作的良好氛围。

（2）抓好三个"口"。

第一，抓好学习"入口"，既要总结提升特殊教育教学经验，还要借鉴学习普通教育教学经验；学习要博学和专攻相结合，普教和特教相结合，理论和实践相结合。

第二，抓好学生"接口"，每周按时召开学生分析会，充分对接，前后衔接，激励学生成长；普教和特教结合，既遵循一般儿童成长规律，又注重视障学生的特别需求和个性特点。

第三，抓好学问"出口"，每个教师在多年成长中都身怀绝技，常在不同平台上进行长期交流，台上台下充分沟通，增强专业自信。

2. 校本课程方面

学校制订《校本课程开发方案》，由教师在规定时间向校本课程领导小组提交《校本课程开发申报表》和《课程纲要》。然后由学校校本课程领导小组根据以下条件审核并确定是否准予开设。

（1）课程的适应性、可行性方面：学校校本课程审议组就教师申报的课程是否与学校的办学思想相符，是否与学生的年龄和认知水平相适应，是否与新课程理念相一致进行审核。

（2）开发能力方面：主要对教师自身条件与申报课程需要的知识、技能条件的对比审核。

（3）教学条件方面：主要看学校现有的条件满足所申报课程需要的可能性。学校固然应为校本课程的开发创设支持条件，但一门课程的开设不能以全面增添设施、条件为前提，只能量力而行。

3. 制度保障

（1）建立并完善相应的管理制度。教师填写《教学工作手册》，撰写学科教学计划，校本课程要撰写《课程纲要》，必须经学校教务处和课程开发领导小组审议后方可执行；每两周一次教学研讨会、学情分析会，每月一次校本课程开发研讨交流会；校本课程与必修课程一样，计入教师工作量。

（2）师资培训保障。教师实行统一管理，发挥教师的特长优势，激励教师设计个性化的教学方案；加强教师进修培训；设立专项经费，满足课程研发经费的需求，对在课程开发过程中成绩突出者给予表彰、奖励。

9

德州市禹城市房寺镇中心学校（初中）课程规划方案

编者点评

在学校课程规划实践中，作为学校课程顶层设计的学校课程方案，课程评价部分的表述往往比较宽泛，一些评价理论和原则性的要求，难以具体化。禹城市房寺镇中心学校（初中）的这份学校课程规划方案，课程评价能采用两个评价手段开展对学生学习国家课程与校本课程的评价。一是根据学生的学业成绩、心理特征、性格特点、兴趣爱好、学习能力、家庭情况等方面，采取"团队评价·逐级培优"的评价方式，比较新颖；二是对每位同学从思想品德、学习习惯、体育素养、艺术养成、劳动卫生五个维度19个方面，进行"五维三星"考核赋星，比较全面。两种评价方式都有明确具体的操作方法，值得其他学校借鉴、参考。当然，课程评价还要就各类课程对任课教师的课堂评价提出学校课程实施和评价的基本要求。

课程目标部分对"眼里有光、心中有爱、脚下有力"的毕业生形象做了一定的解释，还要进一步明确"眼里有光、心中有爱、脚下有力"在学业成就上的具体表现，以便课程设置、课程实施与评价有明确的针对性和指向性。

德州市禹城市房寺镇中心学校（初中）课程规划方案

设计者：张国　焦吉忠　司明宾　刘孟　时鹏英

　　禹城市房寺镇中心学校是一所乡村九年一贯制学校，由房寺镇中学和镇中心小学合并而成，始建于1958年，历经了六十多年的风云变幻。学校初中部现有在校生1200余名，24个教学班。学校以"我们一起生长"为办学理念，既重视学生明天发展的可持续性，又注重学生今天成长设计的塑造力，让学生的未来建立在今天的基础上，通过实现学生素质的培养，夯实学生发展的根基，真正为学生一生的幸福奠基。为此学校基于《义务教育课程方案（2022年版）》，充分利用现有的教学特色以及丰富的资源优势，逐步形成了一套具有我校特色的学校课程规划方案。

一、课程背景分析

（一）国家和地方课程政策

　　2022年3月25日，教育部出台了《义务教育课程方案和课程标准（2022年版）》，明确要求各地要统筹谋划、系统推进《义务教育课程方案和课程标准（2022年版）》落地实施，于2022年秋季学期开始执行。新的课程体系聚焦学生发展的核心素养，反映时代特征，重视培养学生未来发展的正确价值观、必备品格和关键能力，成长为有理想、有本领、有担当的德智体美劳全面发展的社会主义建设者和接班人。为落实培养目标，国家课程方案要求要加强课程综合，注重关联，统筹设计综合课程和跨学科主题学习，并且变革育人方式，强调知行合一、学思结合，倡导"做中学""用中学""创中学"，优化综合实践活动实施方式与路径。

《山东省"十四五"教育事业发展规划》提出"推进全国乡村教育振兴先行区建设，实施义务教育强镇筑基行动计划，大力提高乡镇驻地教育水平……"禹城市房寺镇就是山东省强镇筑基第一批试点乡镇之一，因此学校如何依据上级课程方案，立足学校办学理念，分析资源条件，制定符合房寺镇实际情况的课程规划方案迫在眉睫。

（二）学校教育哲学

1. 办学理念——我们一起生长

杜威说："教育即生长，除它自身之外，并没有别的目的……"韩愈说："弟子不必不如师，师不必贤于弟子。"李镇西说："教育，不应该是教师的居高临下与学生的俯首帖耳，而应该是教师与学生的共同成长。"我们认为师生在一起学习的过程中，教学相长，相互涵养生命气象，共沐阳光，走过四季，相互扶植，站在一起，成为森林，是教育教学的最佳状态。正如那句经典所言：一棵树摇动另一棵树，一朵云推动另一朵云，一个灵魂唤醒另一个灵魂。

因此，学校把"我们一起生长"确立为办学理念。

2. 学校的一训三风

（1）校训——润德泽智　博学雅行。

"润德泽智"，取"润物无声""泽惠流播"之意，教育就是教学相长、相互浸润泽被的过程。教师要理解学生，教在心灵；学生要理解老师，学在当下；师生要相互理解，塑造更美的人生。正如一朵鲜花装扮不了整个春天，春天需要每个植物萌发绿意，需要各种花朵映照扶摇。这也对应了学校"我们一起生长"的办学理念。

"博学雅行"，"博学"是"传道授业解惑"的必要前提。《礼记·中庸》记载："博学之，审问之，慎思之，明辨之，笃行之。"阐明了博学的含义就是广泛学习，胸有文墨虚若骨，腹有诗书气自华；"雅行"，是内在精神修养不断提升而外显的文雅风范，是在长期的实践活动中培养出的一种较稳定的行为习惯，呈现为文雅的言谈、优雅的举止、高雅的情趣和儒雅的气质。

"润德泽智"是方法论，"博学雅行"是实践论，"博于学，雅于行"两者是知与行的统一，学校门前写着：润德泽智筑梦以长行，博学雅行笃志而登高。

（2）校风、教风、学风。校风：求真务实，共生同行；教风：勤研善教，温暖偕行；学风：乐学勤思，砥节励行。

学校的三风表述中前一个词语都是教学思想的实践；后一个词语都体现出师生一起生长的办学理念，我们行动着，我们生长着，成为各美其美、闪烁光芒的生命个体。

3. 学校愿景——师生幸福生长的家园

教师与学生是学校的两大主体，只有教师与学生和谐共生，幸福生长，生命才能得到充分的舒展，心灵才能得到整体的孕育，学校也就成了师生幸福生长的精神家园。在这个家园里教师和学生一起学习，共享课堂内外的温暖，成为自己幸福人生的创造者。让学校成为人的一生之所系，使人可以在人生的旅途上不时地回过头来，从中获得精神的援助，我们希望房寺镇中心学校就是这样的学校。

（三）学生需要分析

禹城市作为人才流动、劳务输出的大市，儿童留守现象很普遍。我校招生范围为房寺镇居民儿童，按户籍适龄儿童在低学段已经有近三分之一的学生进入城市就读，现学校初中部学生基本上属于家庭情况一般的孩子，其中有42.7%属于父母单方留守监护，有13.4%属于父母以外其他亲属监护。通过调查分析，现在的农村学生易受家庭影响，目光短浅，甘于落后的居多，很难形成积极的人生观与正确的价值观。尤其是那些"留守儿童"，或是由于缺少亲情陪护，失衡心理严重；或是隔代抚养，片面满足，精神引领缺失；或是节假日自我监护，行为习惯极差。表现为自卑封闭、喜爱攀比、逆反严重，在学校不遵守纪律，学习成绩差，不听教导，老师、同学很难与其沟通，是非观、美丑观扭曲。这些都给学校如何进行多元课程架构满足学生的成长需要、如何进行课堂教学改革满足学生较低学习力的需要提出了挑战。

（四）社区对课程的期待

房寺镇工业基础雄厚，绿色能源制造与装备产业成群；农业区位优势明显，沿黄大豆和北纬37°麦谷两熟两个国家级示范基地特色鲜明；城镇建设借助山东省中德小镇和山东省绿色能源发展标杆乡镇创建，融入绿色、低碳、生态城镇建设理念。镇域经济的迅猛发展，一方面要求高素质劳动力规模适恰，不仅对国家基础课程成绩要求有所提高，更重要的是劳动者家国情怀、审美情趣、劳动素养、身体素质等全方位的培养；另一方面随着家庭收入的增加，进城现象加剧，又对镇域经济与社区建设、服务配套、教育需求、课程开发提出了更高要求。因此学校在保证学生学业质量的同时，善于开发多种新型课程资源，培养有知识、有能力、有品德的劳动者成为一项重要任务。

（五）课程资源条件

从禹城市基础教育的发展形势和学校的发展需求来看，我们学校面临着一系列有待解决的重大挑战。一是2016年全市实现了教育均衡化，我校作为2012年投入使用的老学校，在一些硬性条件上已经不具备优势；二是优质教育资源不断整合，市郊又新建了三所九年一贯制学校，优质学校不断增多，竞争压力增大；三是学校课堂改革与课程建设发展自我探索多，专家引领少，造成高耗低效，不能适应新形势。因此我们要有忧患意识，必须进一步提高办学质量、办学特色，才能更好地服务学生、服务社会，满足学生、家长、社会对义务教育阶段优质教育发展的渴求。

二、学校课程方案

（一）课程目标

国家课程方案提出"使学生有理想、有本领、有担当，培养德智体美劳全面发展的社会主义建设者和接班人"的培养目标。

我们面对着乡村儿童这样一个多面而又特殊的群体，既要让学生通过课程学习获得更丰富的知识和更高的思维能力，还要让学生在学习中获得全面发展所需要的特色品质。期望房寺镇的每个孩子未来都能成长为眼里有光、心中有爱、脚下有力的新时代有为青年。

（1）眼里有光，指我们的学生品行端正有理想。培养学生成为具有和谐身心、健全人格和公民意识、领袖气质的全人。

（2）心中有爱，指我们的学生身心健康有担当。着力培养学生博爱情怀、担当精神，热爱家乡，具有健康的生活方式和可持续发展的能力，为学生的终生可持续发展奠基。

（3）脚下有力，指我们的学生学识扎实有特长。学生拥有扎实的基本知识和技能，具有较强的适应社会实践能力和技能，具有较强的创造创新能力，成为对社会有用的合格公民，从而达成自尊、自信、自强的人格，爱家、爱国、爱人的情怀，成就自己或平凡或卓越的精彩人生。

（二）课程结构与设置

1. 整体课程结构与说明

基于国家课程、地方课程政策，结合校情，统筹设计，我们在保证国家基础课程开全、开足的基础上，设置了校本拓展课程、校本综合课程。

（1）国家基础课程——全员必修，适度整合。认真实施2022年新课程标准，严格按照国家规定，落实课程计划，开足、开齐、开好每一门课。

（2）校本拓展课程——开发潜能，巩固学科。课程内容涉及科学素养、人文素养、艺术素养、身心健康等，主要是教师结合学生的经验、教学的资源和自身的优势对教材进行整合与开发，建立学科课程群。校本拓展课程采取必修与选修相结合的方式，是一种体现不同基础要求的、具有一定开放性的课程。培育学生的发展意识、完善学生的认知结构、提高学生自我规划和自主选择能力，促进学生个性的发展和学校办学特色的形成，

（3）校本综合课程——个性选择，发展特长。包括特色社团、安全教育、社会实践、研学课程、传统文化、两操班会、环境教育等主题。

《山东省义务教育地方课程和学校课程设置指导意见》明确提出"根据国家规定和山东实际，我省将义务教育阶段课程设置中的地方课程、学校课程的课时和国家规定的综合实践活动（包括信息技术、社区服务、社会实践和劳动技术教育）课时统筹安排、综合使用"。我们对综合实践课程、地方课

程、校本课程三大课程的课时进行整合，采取集中与分散两种方式开展校本拓展课程与校本综合课程的授课，由于我们是寄宿制学校，这也给课程顺利开展提供了时间保证。

2. 课程设置与课时分配比例（如表1）

表1　房寺镇中心学校（初中部）三类课程课时计划表

课程 科目 \ 周课时 \ 年级		七	八	九	说明
国家基础课程	语文	5	4	5	国家基础课程保证开全课程，开足课时
	数学	4	4	5	
	外语	4	4	4	
	道德与法治	2	2	2	
	物理		2	3	
	化学			3	
	生物	3	3		
	地理	2	2		
	历史	2	2	2	
	音乐	1	1	1	
	美术	1	1	1	
	体育与健康	3	3	3	
	劳动	1	1	1	
	信息科技	1	1	1	
	周课时数	29	30	31	
校本拓展课程	学科类	1	1	1	统筹地方课程、学校课程的课时和国家规定的综合实践活动课时，综合使用。七年级5课时，八年级4课时，九年级3课时

课程 科目 周课时 年级		七	八	九	说明
校本综合课程	专题教育	2	1	1	七年级周二与周四各设置一节"超市课堂"；八年级周三与周五各设置一节"超市课堂"；九年级每周三设置一节"超市课堂"
	特色社团活动	2	2	1	
	广播操、眼保健操、阳光课间	每天共60分钟			房寺镇中心学校（初中部）是寄宿制学校，学生自主学习时间充足，给我们的课程实施提供了时间保证
周课时总量		34	34	34	34

3. 校本拓展课程开设内容与说明

（1）房寺镇中心学校（初中部）校本拓展课程群结构如表2所示：

表2　房寺镇中心学校（初中部）校本拓展课程群结构表

学科	拓展课程	学习方式	学习对象
语文课程群	文学社、影视社、课本剧、古文社等	选修与必修结合	全员
数学课程群	数独社、奥赛社、数学生活社等	选修与必修结合	全员
英语课程群	配音社、课本剧社、等级英语社等	选修与必修结合	全员
物理课程群	生活实验社、机器人社、航模社、大风车等	选修	八、九年级
化学课程群	生活实验社、环境保护社等	选修	九年级
道德与法治课程群	生命教育、人生规划、社会实践等	选修	全员
历史课程群	家乡革命历程、大禹文化、齐鲁文化名人等	选修	全员
地理课程群	黄河文化、环境保护、引黄河畔等	选修	七、八年级
生物课程群	农业知识、劳动实践、环境保护等	选修	七、八年级
信息科技课程群	网页制作、编程、机器人等	选修	七、八年级

续表

学科	拓展课程	学习方式	学习对象
音美艺术课程群	各种器乐团、合唱团、不同类型舞蹈团	选修	全员
	国画、油画、书法、剪纸等相关社团	选修	全员
体育课程群	篮球、足球、乒乓球、羽毛球、跳绳、踢毽子、舞龙等相关社团	选修	全员
兴趣拓展	根据学生特长自主发展	选修	

说明：

●校本拓展课程是结合本校学科教学和学生实际而定的，必修课时采取班级授课，学生必修，以进一步夯实学生的基础。选修课时学生根据自己兴趣爱好选择学习。

●在学期初，由教导处安排各教研组根据课程要求制定课程计划，落实执教老师，并向学生公布课程简介（学习内容、课程特点、学习方式、选修条件、教师状况等），接受学生自主报名选修，以开阔学生的视野，丰富学生的知识，提高学生的实践能力。

●学科课程群细化为社团，采取课堂教学与社团选修相结合，一方面解决了专业师资不足问题，另一方面也丰富了社团类型，给学生更多的可选性。

（2）房寺镇中心学校（初中部）校本综合课程结构如表3所示：

表3 房寺镇中心学校（初中部）校本综合课程结构表

	课程主题（专题）	课程名称
全校参加专题教育	安全与环保主题	安全 民防 消防安全 法制 环境保护
	生命教育	生命的智慧 心理健康 预防艾滋病毒品 人生规划
	研学课程	沿着大禹的足迹 引黄河畔有块田
	社会实践	开心教室 劳动 社会考察实践活动 社区活动
	传统文化	走进齐鲁文化 齐鲁历史名胜
	课间操四季舞蹈	根据季节开展校园活力操

说明：

●《山东省义务教育地方课程和学校课程实施纲要（试行）》明确提出："根据国家

规定和山东实际，我省将义务教育阶段课程设置中的地方课程、学校课程的课时和国家规定的综合实践活动（包括信息技术、社区服务、社会实践和劳动技术教育）课时统筹安排、综合使用。"为此我们规划为学校统一活动主题课程与年级学段课程。

●我们以教育部《中小学综合实践活动课程指导纲要》和《山东省义务教育地方课程学习指导书目录》为指导，从民族文化、生命教育、社会探究、自然探究四个领域结合学校学情设定校本探究型课程。

●为了使各类校本课程有效实施，学校每周三下午将课外活动与"超市课堂"相连，成为75分钟大课，以便于学生根据自己兴趣选班、走班上课。

（三）课程实施

1.加强对课程的领导与管理

学校建立了课程管理组织机构，组建了课程建设、课程实施、课程评价、培训保障组织机构（详见五、课程保障），学校管理的重心由教学管理向课程管理转型，课程管理部门成为学校的核心管理机构，强化对课程落地关键环节的管理。

（1）校本培训领导小组开展具有针对性的培训学习活动。作为"强镇筑基"试点学校，教师培训是必备项目。学校校本培训领导小组开展一系列课程提升工程，通过各类培训与学习研讨等途径，使教师深入理解新课程标准的目标、要求与评价，对于"学什么、怎么学、学会了吗"的全过程，从以教为主体改为以学为主体，"学、评、教"一体化实现课堂教学方式的变革，为校本化实施《课程方案》提供理论基础。引领和指导教师在三类课程的实施中逐步做到相互渗透、有机整合，充分发挥三类课程的整体价值，使教师准确理解和把握各类课程标准的内容和要求，组织教师按照各类课程标准的要求实施教学。

（2）课程实施领导小组做好课程常规管理。为加强课程管理，修订学校教学管理制度，建立与新课程方案相适应的教学管理制度，学校整合教学管理中心、教务处、教科室，成立课程实施领导小组，实行教研科研一体化，把教学管理、课题管理、课程开发、社团管理融为一体；细化课堂教学规范、考试管理规范、作业管理规范、教师备课规范，课堂教学评价标准等一系列管理体系；强化国家基础课程校本化研究，严格管理校本拓展课程和校本综合课程开展程序。提升学校教学管理团队中每个成员的责任意识、服务意识、策划意识。做到管理职责清楚、管理程序清晰，提高工作效率。

（3）教学管理中心加强课程持续性程控。

一是打造常态精品课堂。根据"房寺镇中心学校学、评、教一致性教学设计评价表"开展随堂课观察与分析，以常态的心理进行开放的教学，用精心的设计打造高效的课堂，促进教师每一节课都对教学精心设计，高效实施，改进教学，提高课堂有效性。

二是听评结合，有效议课。根据"禹城市教育教学评价方案"施行学校校级领导每学期听课不少于20节，教研组长、备课组长不少于30节，其他教师不少于20节，新入职教师听课不少于30节的要求，并利用《房寺镇中心学校生本课堂九个维度听评课表》，随堂进行评价的方式，解决听而不评，评而虚假的痼疾。

三是开展教学，跟踪调研。组织由精英教师、学科组长、年级主任共同参与的"听课问诊活动"，开展不同等级教师结对工程，再学《高效课堂一本通》活动，针对部分教学效果不够理想的班级、学科、教师，学校开展教学跟踪调研，帮助教师查找和分析课堂教学出现差异的原因，改进教学策略，提高课堂效率。

2. 优化课堂教学

一是组织教师在国家基础课程教学过程中，对教材进行二度开发，精心设计教案。采取集体备课形式，明确目标，逆向设计，项目化学习，嵌入评价，成为扎在教师心里的理念，主备人说教学设计，从备人集体研讨，形成最佳的教学设计。

二是聚焦课堂教学，转变教学方式，改变育人方式，明确学生的主体地位，倡导"学中做、做中学"的实践式教学。在持续践行"小组教学·三案（预学案、展学案、追学案）导学"模式的基础上，尝试"教、学、评"一体化的新型学案研究与实践，根据不同学段学生差异和需求，根据不同学科特点，根据不同课型和不同教师的教学风格，探索多元教学模式。积极创设真实的学习情境，激发学生积极的思维方式。注重主动参与，以"自学·互学·组学"创建学习课堂，"自评·互评·组评·班评·师评"建设评价式课堂，以"展示·帮学·师总"组织课堂流程。促进学生主动参与，体验过程，积累经验，建构知识，让真正的学习在课堂上发生。

三是教师要切实减轻学生负担，控制作业量，作业有分层，做到精选作业、精批作业，并及时反馈、面批。要求语文学科中的两篇作文面批一次，数学作业采取循环面批。

四是推进"135"生本课堂教学模式课堂实践，即"一张学习单、三个环节、五个步骤"模式。

"一张学习单"就是"教、学、评"一体化课时学案设计，强调以终为始，目标先行，逆向设计、评价优先的整体设计思路，以让学生会学为目标，旨在提高学生学习能力，从而提高教学效率。

"三个环节"就是预学、展学、追学三个自主诊断式学习课堂。预学——让学生在目标引领下，自主建构知识和发现不懂的问题，带着准备和疑问走进课堂。展学——以预学问题串的形式呈现学习内容，以优胜小组展示学习效果为主要的教、学、评学习方式，师生、生生合作解决问题。学生在互评、质疑、释疑的循环中获得持续提高。追学——学生带着更深层次的问题在课后继续思考，鼓励学生应用知识解决生活化情境问题，实现核心素养的自我建构。

"五个步骤"是指教学设计的五个基本步骤，即先行组织——建构新知——迁移运用——成果集成——作业设计；在这个过程中渗透着目标引学、自主先学、合作展学、梳理教学、评价补学的思想。在"135"课程改革研究中，引导教师处理好"五个步骤"课堂教学中的"五个度"，即：自主学习要适度，小组交流有深度，分享展示有效度，点拨梳理有高度，当堂检测有梯度。

三、课程评价

检验课程实施效果的唯一标准是学生的成长与发展，为此我们用两个评价手段开展对学生学习国家课程与校本课程的评价。

（一）学业成绩评价：关注每一名学生的学习

学期初，各班级根据学生的学业成绩、心理特征、性格特点、兴趣爱好、学习能力、家庭情况等方面，按照组间同质、组内异质、同质结对、异质帮扶的原则建立高效学习小组。学校对学生期中与期末的学业成绩采取"团队评价·逐级培优"的评价方法，这种评价方式一是打破班级壁垒限制，在年级层面对各学习小组进行统一评价，评价原则是整体评价、团队鼓励。学校每学期期中、期末召开两次表彰大会，打破班级限制，对全年级前15名（共约64个）优秀小组进行表彰，颁发团队金、银、铜奖牌，对优秀小组成员颁发相应的奖章。如表4所示：

表4 房寺镇中心学校优秀小组积分表

小组名称	学业成绩分		周优秀团队积分		特长组员积分		总得分
	等级得分简述	得分	周次表彰简述	得分	特长表现简述	得分	
例如 七·四·4雏鹰组	A等2人 B等3人 D等1人	90	第4周与第12周荣获优胜小组	60	李浩同学小号演奏优秀，成为校鼓号队成员	10	160

计分办法：

●学业成绩积分：在期中期末考试中，A等同学每人次加20分，B等加15分，C等加10分，D等加5分。

●周优秀团队积分：根据各班上报的周总结班会，每周"优秀团队"每次加30分。（由团支部记录）。

●特长组员积分：学校开展的各级各类活动，凡是参与活动的同学给所在小组加10分，并根据其在活动中的表现情况予以增值加分（由各活动组委会记录）。

二是从年级层面对各小组同一学号层次的学生学业成绩进行纵向比较，分层评优，升号管理，评价原则是同级对比，培优促长。这样我们分析到学生个体，让学生对自己的学习水平既能看得见，又不至于失去追赶的信心。树立榜样目标后，我们采取"提、推、拉、托"等措施，做到"防差推优"，即困难学生拉一把，好学生再向前推一把，不放弃每一个学生，例如我们开展了"手牵手上一中""我来帮你奔前程""学业三人行"等活动。

（二）学生成长评价：关注每一名学生的个性

学校德育处建立了《学生"五维三星"考核赋星办法》，对每位同学从思想品德、学习习惯、体育素养、艺术养成、劳动卫生五个方面进行过程考核，每周根据学生日常表现进行一次评价赋星，红星代表优秀、绿星代表合格、黄星代表还有问题需解决或有需要改进的地方。每周一评价，每月一统计，评出班级月度好少年，把每学期的统计结果作为"五好学生""四好学生""三好学生""特长少年"的表彰依据。为此学校统一制作了"五维三星评价表"和配套使用的"微芒·家校共育本"。

这种评价方式改变了过去一次考试决定优劣的弊端，实现过程性评价与终结性评价相结合；让不同个性的学生既能发现自己的优点，也能看见自己的短板，让每个学生都能成长；实现了三类课程评价的有机融合，不再独立地对学生予以定义；通过学生积分银行兑换和学期积分评优，不断激励学生通过积攒积分成长自我；我们把"微芒·家校共育本"里面的评价主题自我评价、同学（组长）评价、教师评价和家长评价四位合为一体，让学生感受到所有人对自己的关爱，用环绕的微光照亮自己，成为闪亮的星。

四、课程保障

（一）建立学校课程管理组织机构

学校的课程管理是指以学校课程为对象所施加的决策、规划、设计、开发、组织、协调、实施等管理活动和管理行为的总称。我校为整合各职能部门设置了课程建设领导小组、课程实施领导小组、学生选课与评价指导小组等，同时配套了课程实施方案、课程资源开发与选择机制，教师课程素养培训管理机制等。

学校成立了以校长、业务副校长亲自挂帅的课程建设领导小组；教学管理中心组建了课程实施领导小组；各年级组配合成立了学生选课与评价指导小组；在支委会领导下，教师培训中心成立了学校校本研修领导小组，形成了四级管理网络。

1. 课程建设领导小组

校本课程开发的主要决策人和负责人，负责校本课程的总体策划、宏观调控、及时全面地研究和实施。根据校情规划学校三类课程总体的建设方案，从理念上引领、指导三类课程的教学与管理工作，及时指出改进方向，确定每学期课程工作重点，并指导课程实施部门开展工作。

2. 课程实施领导小组

对学校制定的各类课程方案提出建议，具体安排、部署学校三类课程的教学工作，落实三类课程的管理制度和教学常规工作，加强年级教研组长，备课组长队伍建设。

学科教研组长随时了解本学科小组的现状，并组织组员参与国家课程校本化研究、三类课程开发工作，并能定期确定研究主题，组织好校本研修活动，尤其是"教、学、评"一体化专家引领研究和工作坊工作，更好地为教学服务，做好校本课程实施的经验或成果的推广和应用。

3. 学生选课与评价指导小组

年级主任随时关注本年级三类课程的实施和落实情况，并及时向教学管理中心反馈教学质量情况，做好年级质量分析工作，尤其是学习小组团体评价与分层逐级培优工作，并组织开好质量分析会。各教师关注自己学生对校本拓展与综合课程的选择指导，既要满足学生的多元需求，也要注意一部分学生的随意选择。

4. 校本研修领导小组

由教师培训中心、校长室和总务处负责，一是探索行之有效的培训方式，切实提高广大教师的课程领导力。学校要开展有针对性的校本培训，一方面是"教、学、评"一体化和"大单元"培训，另一方面是教师课程开发能力培训。二是设置专项经费支持各级各类培训、课程研发、交流展示、表彰活动，做好专项资金的预算和投入。

（二）构建学校课程管理保障机制，确保三类课程落地实施

1. 完善国家基础课程管理制度

抓好"小组合作·三案导学"教学范式与"教、学、评"一体化教学理念的融合，让先进理念入脑、入心、入行动，学校将教研工作纳入"房寺镇中心学校教师成长等级评价方案"中，让教师成长有章可循，有案可稽，切实有效地保证国家基础课程的教学质量。

2. 完善学校拓展课程的管理制度

按照学校"社团工作实施方案"，鼓励教师对本学科课程教材进行开发组织，形成拓展课程，并结合"长时社团"和"小微社团"，让学科社团遍地开花，学校建立"学科拓展课程考核方案"，一方面对学程设计进行存档，另一方对社团过程进行效果评价，在每年春季学校"社团成果展"予以定量评价，并定期调查，反馈实施情况，从而保障拓展型课程的教学质量。

3. 完善校本综合课程的管理制度

对于此类课程，鼓励学生主导，教师辅助，家委会予以资助，在招生、宣传、实施、评价等方面教师予以指导，决定与实施由学生完成，教师做好过程管理，并对探究型课程及社团活动中的成功案例加以总结和推广，优先打造具有房寺镇特色的农业生产课程与"沿着大禹的足迹"课程文化，进而推动其他探究型课程与社团的开展。

（三）确立课程资源保证机制，确保课程良性运行

（1）充分利用好山东省强镇筑基专项经费，外邀专家，内标名校，形成种子教师团队，建立城乡名校联盟。目前学校与禹城市齐鲁中学建立联盟关系，从教师专业培训、集体备课、课堂评优、社团活动、课程建设互补互学等多方面进行互动，取得了良好的效果。

（2）学校对参加学校课程研究的教师在外出学习、学校教材编写等方面提供物质支持；设立学校课程实施的专项奖励经费；鼓励教师撰写心得体会，总结成功经验和吸取失败教训，并创办校刊，积极推动教师在各级刊物上发表文章。对教师开发的学校课程，学校组织评选，把优秀的学校课程活动或案例印刷成册给老师以奖励表彰，而且在教师考评上尽量肯定教师学校课程实施的成果。

（3）学校层面做好课程实施，尤其是校本课程实施的资源保障。乘着房寺镇是德州市重点建设的中心镇之春风，搞好优质教育均衡工作，管理上实行城镇一体化，硬件上保证各功能室高标准配置。学校还借助外力进行特色建设，如开发校园农业生产劳动基地，新华书屋阅览室，引黄河畔有块田，大禹文化中心研学项目，这样外部与内部形成合力，保证了三类课程的有效开展。

10

山东省淄博第四中学课程规划方案

编者点评

　　课程结构与设置是学校课程规划方案的"身体"部分，上承学校课程目标，下引学校课程实施、评价、管理和保障。一份好的学校课程规划方案需要在课程结构和设置方面，既符合国家的基本要求，又能结合学情校情，满足学生和学校的多样化发展。山东省淄博第四中学提供的这份学校课程规划方案，基于学校"自主学习和实践能力、批判性思维和创新思维、团队合作和社会交往能力、社会责任感、自我规划发展能力"五个方面的课程目标，按照"必修、选择性必修、选修"三类课程开齐、开足规定的国家课程和校本课程。其中，校本课程在学科拓展课程之外，还开设了彰显地方特色的中华优秀传统文化类课程，以及包括"走进四中""德育教育""育美素养""乡土文化""学科类特色"等五大系列的学校特色课程。课程设置规范、科目具体明确、课时分配合理，充分体现了学校的办学理念和教育追求。

该方案对学生综合素质评价明确了思想品德、学业水平、身心健康、艺术素养、社会实践5个方面的具体评价内容，并且强调"学生的综合素质评价，更多的是写实记录，是由学生本人、同学、教师、家长进行的一种多元性评价，旨在记录学生的近期发展状况，激发学生的发展潜能"。评价要与目标一致，综合素质评价的内容要在学校课程目标中明确表述出来；如能在课程方案中进一步分享学生综合素质评价的"写实记录""多元性评价"具体是怎么操作的，更有借鉴意义。

山东省淄博第四中学课程规划方案

设计者：王秀娟　李玉新

山东省淄博第四中学坐落在"世界短篇小说之王"蒲松龄的故乡——淄川，是一所具有深厚文化传统和文化底蕴的名牌老校，1952年山东省人民政府在原淄川县立初级中学（始建于1929年）旧址建立了山东省立淄川中学，1955年更名为山东省淄博第四中学，学校现为淄博市市属中学，山东省省级规范化学校、山东省高中教学示范校。学校现有84个高中教学班，教师377人，在校学生4258人，包括350名新疆学生。

学校在淄博市党委和政府的领导下，坚持贯彻党和国家教育方针，严格执行国家课程方案要求。为进一步深化课程改革，提高学校教育教学质量，促进师生全面而有个性的成长，促进学校规范而有特色的发展，结合学校和地区实际，特制定本课程规划方案。

一、课程依据

（一）国家和地方课程政策

2017年，党的十九大从新时代坚持和发展中国特色社会主义的战略高度，作出了优先发展教育事业、加快教育现代化、建设教育强国的重大部署。2018年，习近平总书记在全国教育大会上强调，要在党的坚强领导下，全面贯彻党的教育方针，坚持马克思主义指导地位，坚持中国特色社会主义教育发展道路，坚持社会主义办学方向，立足基本国情，遵循教育规律，坚持改革创新，以凝聚人心、完善人格、开发人力、培育人才、造福人民为工作目标，培养德智体美劳全面发展的社会主义建设者和接班人，加快推进教育现代化、建设教育强国、办好人民满意的教育。把坚持党对教育事业的全面领导放到首位，再次强调将"立德树人"作为教育的根本任务。

2017年，新一轮课程改革和招生考试改革启动。《普通高中课程方案（2017年版2020年修订）》进一步明确了普通高中教育的定位：我国普通高中教育是在义务教育基础上进一步提高国民素质、面向大众的基础教育，任务是促进学生全面而有个性的发展，为学生适应社会生活、高等教育和职业发展做准备，为学生的终身发展奠定基础。普通高中的培养目标是进一步提升学生综合素质，着力发展核心素养，使学生具有理想信念和社会责任感，具有科学文化素养和终身学习能力，具有自主发展能力和沟通合作能力。

发展学生核心素养，培育德智体美劳全面发展的社会主义建设者和接班人，是时代发展的需求，也是国家对学校教育的根本要求。

（二）学校教育哲学

山东省淄博第四中学坚定不移贯彻党和国家教育方针，实施素质教育，将历史文化积淀与现代教育理念相结合，形成了学校的教育哲学。

学校的办学宗旨为"以人为本，文化立校，培育个体发展，延续民族生命"。宗旨将师生的发展放在首位，以为国家民族的发展培育人才为根本目标，把弘扬民族文化，传承人类文明，构建师生发展的精神家园作为学校教育的核心任务。

在此基础上，学校提出了"培养有爱国情怀、有国际视野、有社会责任感、有创新意识、有君子风范的现代公民"的培养目标。即培养学生具有中国灵魂、中国精神、中国气魄；培养学生具有适应全球经济一体化的文化素养，具有从世界维度放眼天下的开放视域；培养学生具有以天下为己任，坚持真理，胸怀正气，敢于牺牲和奉献的品质和素质；培养学生具有良好的思维习惯和思维品质，积极主动的创新精神和勃发持续的创造能力，促进社会的发展；培养学生具有重视个人修养、追求道德完善的民族文化人格，成为有品格担当，有学习力、创新力、行为力的卓越人才或社会有用之才。将学生的发展与国家繁荣、社会的发展紧密结合在一起，落实"立德树人"的根本教育任务。

为将办学理念和办学目标落到实处，学校提出具体规范的文化建设三维目标。构建道德型管理文化，以"唤醒"和"服务"为主题，基于道德权威，构建以学习型、研究型为特征的学校管理文化；创设"研究型教师文化"，以"爱"与"理解"为主题，基于专业成长和学术发展，形成"创新、合作、学习、智慧"为核心的教师文化；打造"自主型学生文化"，以"自主"与"参与"为主题，基于生命成长和个性发展，构建"自信自强、自立自治、自我规划、自我发展"的学生文化。

牢记历史，放眼未来是学校教育的立足点；为师生发展奠基、为国家繁荣育才是学校教育的目标；爱与唤醒、自主创新是学校教育的特色。

（三）学生情况

我校为普通高级中学，学制三年。我校生源整体状况优良，学生的智力水平、文化素养较高，学习热情高，高考一段线上线率在95%以上，特殊招生控制线上线率接近50%。我校学生视野开阔，活动能力强，勇于探索创新。

（四）学校课程资源

1. 优秀的教师资源

山东省淄博第四中学现有教职工377人，其中正高级教师3人，高级教师132人，一级教师224人，研究生以上学历教师89人，省市特级教师、名师及名师人选、学科带头人、教学能手、骨干教师120余人，是一支积极向上，勇于探索创新的队伍。不断深化课堂教学改革研究，改变学习方式，促进课堂转型，先后开展"问题诊断导学""四维一体整体课堂""支架式教学"等课堂教学改革，开展生活化、情境化、项目化的学习设计，将创新素养培育融入课堂教学全过程，逐步构建以"自学、展示、反馈"为特征的创新课堂模式，涌现出一批优秀的课程实施教师，近年来，有4位老师的课堂教学作品获得部级"优课"，有42位老师的课堂教学作品获得省级"优课"。

2. 丰富的校本化课程资源

在开齐开足国家课程的基础上，将国家课程的校本化实施、校本课程的开发与学校特色发展相结合，形成启智、润德、育美、笃行四类课程，初步构建起德智体美劳五育融合、以"创新性和人文性"为核心特征的课程体系。开发了系列特色课程群："探究 体验 应用"的技术特色课程群、"三维融合"的诗性语文特色课程群、"点典"英语特色课程群。同时，坚持以"激情教育"为核心的德育建设，完善基于学生自主发展为目标的特色德育课程体系，促进学生全面而有个性的发展。

3. 完善的硬件设施

学校现有两个校区，占地面积174亩。建有一体化智慧教室90间，建有VR虚拟实验室、机器人实验室、创客实验室等艺术技术心理特色教室61间，社团活动室22间；建有两块田径体育场，两个标准足球场、11块篮球场、3块排球场、30个乒乓球台；校园实现了数字化全覆盖，校园电视台、科技楼、图书馆、实验室、学术报告厅等软硬设施设备配套齐全，完全能够满足各类课程开设及学生活动的需求，并为各类校本课程的开发开设提供了良好的资源。

4. 丰富的区域资源

（1）浓厚的文化资源。学校坐落在陶瓷之都——淄博，这里是"世界短篇小说之王"蒲松龄的故乡，是齐文化发源地，也是俚曲重要流布地区，具有浓厚的文化底蕴。俚曲进校园等活动大大丰富了学生的学习生活。

（2）丰富的校外实践活动资源。为进一步丰富育人途径，学校先后在山东理工大学计算机学院、淄博师范专科学校青少年人工智能创新教育研究院、山东七河生物科技股份有限公司、淄博市科技馆等建立学生校外实践基地，为学生的学以致用、学用结合提供活动场所。

5. 优秀的高校资源

与高校和教研机构建立联合育人机制，先后与中国矿业大学、香港科技大学、山东大学、山东农业大学、吉林大学、山东理工大学、淄博师范专科学校等高校建立联合育人计划，开展教师教研交流和学生研学活动，拓宽师生视野，为培养创新人才提供更加有效的支持。

二、学校课程方案

（一）课程目标

（1）自主学习和实践能力：培养学生的自主学习能力，掌握适宜的学习技能，建立良好的知识和价值观；培养学生的实践能力，将所学知识应用于实际问题中，提高解决问题的能力。

（2）批判性思维和创新思维：培养学生独立思考、分析和解决实际问题的能力，激发学生的创造力和创新意识，鼓励学生提出新的观点和解决问题的方法，培养学生的创新能力。

（3）团队合作和社会交往能力：培养学生团队合作意识和实践能力，合理分工合作，互相支持，共同创新；培养学生正确的人际交往技巧，了解社会风俗，遵循基本职业道德，积极投身社会实践。

（4）社会责任感：鼓励学生了解社会问题和挑战，培养对社会问题的关注和解决问题的能力，增强学生的社会责任感和社会意识。

（5）自我规划发展能力：鼓励学生发展自己的个性和潜能，发挥特长和兴趣，以其优点为发展方向，成为全面发展的人才。

（二）课程结构与设置

1.整体课程结构及其说明

学校课程由必修、选择性必修、选修三类课程构成。

必修课程，由国家根据学生全面发展需要设置，所有学生必须全部修习，是学生高中毕业的基本条件。

选择性必修课程，由国家根据学生个性发展和升学考试需要设置。参加普通高等学校招生全国统一考试的学生，必须在本类课程规定范围内选择相关科目修习；其他学生结合兴趣爱好，也必须选择部分科目内容修习，以满足毕业学分的要求。

选修课程，由学校根据实际情况统筹规划开设，学生自主选择修习。其中，一部分是国家在必修和选择性必修基础上设计的拓展、提高及整合性课程，属于国家课程；一部分是学校根据学生的多样化需求，当地社会、经济、文化发展的需要，以及学校办学特色等设计的校本课程，属于地方课程和校本课程。

2. 课程设置与课时分配、比例及其说明

（1）课程设置。学校开设的课程包括语文、数学、外语、思想政治、历史、地理、物理、化学、生物学、信息技术、通用技术、音乐、美术、体育与健康科目和综合实践活动、劳动等国家课程，以及校本（地方）课程。具体安排如表1、表2、表3所示：

表1　山东省淄博第四中学各学段各学科课时安排

科目		高一学年	高二学年		高三学年	
			上学期	下学期	上学期	下学期
语文		4	4		5	
数学		4	4		5	
外语	英语	4	4		5	
	小语种					
思想政治		2	4/2	4	4	
历史		2	4		4	
地理		2	4		4	
物理		3	5/2	5		
化学		2	4		4	
生物学		2	4		4	
信息技术		1	1	1	1	
通用技术		1	1	1		
音乐		0.5	1	1	1	
美术		0.5	1	1		
体育与健康		2	2		2	
研究性学习		1+2	1+2			

续表

科目	高一学年	高二学年		高三学年	
		上学期	下学期	上学期	下学期
劳动课程	1+n	1+n		1	
校本课程	1	1		1	

说明：

●研究性学习在高一、高二开设，每周课内1学时，课外2学时。

●劳动课程，高中三年开设，每周课内1学时，用于相关理论技能学习和校内实践活动，另高一高二根据实际情况，利用课外时间安排志愿服务以及劳动体验课程。

●校本课程，每周至少1学时，各级部可根据需要，增加一定的校本课程教学时数。

表2　山东省淄博第四中学学分结构表

科目	学分		一年级		二年级		三年级		选修
	必修	选择性必修	上学期	下学期	上学期	下学期	上学期	下学期	
语文	8	0~6	4	4	0~6		0~6		0~6
数学	8	0~6	4	4	0~6		0~6		0~6
外语 英语/小语种	6	0~8	6		0~8				0~6
思想政治	6	0~6	1 1	2	2	0~4	0~2		0~4
历史	4	0~6	2	2	0~2	0~2	0~4		0~4
地理	4	0~6	2	2	0~2	0~2	0~4		0~4
物理	6	0~6	2	2	2		0~4		0~4
化学	4	0~6	2	2	0~2	0~2	0~2		0~4
生物学	4	0~6	2	2	0~2	0~2	0~2		0~4

续表

科目		学分		一年级		二年级		三年级		选修
		必修	选择性必修	上学期	下学期	上学期	下学期	上学期	下学期	
信息技术		3	0~18		1	1	1	0~18		0~4
通用技术		3			1	1	1			0~4
音乐		3	0~9	1		1	1	0~9		0~2
美术		3	0~9	1		1	1	0~9		0~2
体育与健康		12	0~18	2	2	2	2	2	2	0~4
				0~18						
综合实践活动	研究性学习	6			3		3			
	军训	1		1						
	党团活动与社会考察	1						1		
劳动课程	志愿活动	2					2			
	劳动综合课程	4			1	2			1	
校本课程	中华传统文化			1	1	1	1			4
	学校特色发展课程			≥1	≥1	≥1		≥1		≥4
	学科拓展类课程					≥4				≥4
毕业学分要求		88	≥42							≥14

表3　山东省淄博第四中学课程安排表

时间 内容 科目	第一学年				第二学年				第三学年	
	上学期		下学期		上学期		下学期		上学期	下学期
	学段1	学段2	学段3	学段4	学段1	学段2	学段3	学段4	学段1~2	学段3~4
语文	必修上		必修下		选择性必修上		选择性必修中		选择性必修下	
数学	必修第一册		必修第二册		选择性必修第一册		选择性必修第二册		选择性必修第三册	
外语 英语	必修第一、二、三册				选择性必修第一、二、三册				选择性必修第四册	
外语 小语种	各年级组织学生选课，高一上学期试学，高一下学期起正式学习，课程另行安排									
思想政治	必修1	必修2	必修3		必修4		选择性必修1	选择性必修2	选择性必修3	拓展课程
思想政治	中国特色社会主义	经济与社会	政治与法治		哲学与文化		当代国际政治与经济	法律与生活	逻辑与思维	
历史	必修《中外历史纲要》（上）		必修《中外历史纲要》（下）		选择性必修·模块1国家制度与社会治理		选择性必修·模块2经济与社会生活		选择性必修·模块3文化交流与传播	
地理	地理1		地理2		选择性必修1自然地理基础		选择性必修2区域发展		选择性必修3资源环境与国家安全	

215

续表

时间 内容 科目	第一学年				第二学年				第三学年	
	上学期		下学期		上学期		下学期		上学期	下学期
	学段1	学段2	学段3	学段4	学段1	学段2	学段3	学段4	学段1~2	学段3~4
物理	必修1		必修2		必修3		选择性必修1、2		选择性必修3	
化学	必修1		必修2		选择性必修·模块1化学反应原理		选择性必修·模块2物质结构与性质		选择性必修·模块3有机化学基础	
生物学	必修1 分子与细胞		必修2 遗传与进化		选择性必修1 稳态与调节		选择性必修2 生物与环境		选择性必修3 生物技术与工程	
信息技术	必修模块1：数据与计算				必修模块2：信息系统与社会				选择性必修6个模块任选0~6个	
通用技术	必修模块1：技术与设计1				必修模块2：技术与设计2				选择性必修4个系列中任选0~9个模块	
音乐	必修（6个）任选								选择性必修（6个）任选	
美术	必修+选择性必修（6个）任选2个								选择性必修（6个）任选	
体育与健康	必修1（体能）+ 选择性必修中选3个模块				选择性必修中选4个模块				选择性必修选3个模块	
	必修2（健康教育），高中三年统筹安排，利用内堂课时间完成，高三学年认定学分									
综合实践活动	研究性学习	课题研究3分				项目设计3分				

续表

时间 内容 科目	第一学年				第二学年				第三学年	
	上学期		下学期		上学期		下学期		上学期	下学期
	学段1	学段2	学段3	学段4	学段1	学段2	学段3	学段4	学段1~2	学段3~4
	军训	高一进行并认定学分，一周，56学时。一般在高一第一学期入学第一周								
	社会考察	党团活动包括党团教育和党团建设等内容，由团委负责，高中三年统筹安排，高三上学期认定学分。研学旅行，政教处统一组织，研学旅行时间不少于4天，在寒暑假进行，高三下学期认定学分								
劳动	志愿服务	团委统一组织，高一至高二学年统筹安排，高二下学期认定学分								
	劳动综合课程	学业选修指导1				职业体验2/通用技术劳动课程1				专业选择指导1/通用技术劳动课程2	
校本课程	中华传统文化	模块1		模块2		模块3		模块4			
	学校特色课程	走进第四中学系列课程、德育教育系列课程、学科系列特色课程（智造未来技术特色课程群、诗性语文特色课程群、点典英语特色课程群）、育美系列课程、乡土文化系列课程									
	学科拓展课程	由各级部根据本级学生实际情况统筹规划开设，学生自主选择修习，不少于2学分									

（2）课程开设说明。我校为普通高级中学，学制为三年。每学年52周，除去寒暑假，教学时间40周，社会实践1周。每学年分两学期，各20周，每周35课时，每课时45分钟；18课时为1学分。

我校外语学科选择英语为第一外语语种，同时开设日语、俄语、西班牙语三种语种的选修课，由学生自主选择，走班上课。

综合实践活动共8学分。包括研究性学习、党团活动、军训、社会考察等。研究性学习包括1个课题研究1个项目设计共6学分。社会考察为研学旅行，利用假期，高中三年不少于4天。

劳动课程共6学分，其中志愿服务2学分，在课外时间进行，在高一高二两年开设，不少于40学时；其余4学分内容通过相关校本课程实现，包括心理职业体验课程、通用技术中的实践课程、相关校本课程等。

校本课程三年修习不少于14学分，包括三部分："中华优秀传统文化"（4学分），"中华优秀传统文化"融入语文学科学业水平合格性考试；学校特色课程，与学校特色相关的校本课程，高中三年修习不少于4学分；学科拓展课程，是在国家课程基础上设计的学科拓展、提高类课程，三年不少于4学分。

学生完成相应课程规定课时的学习并考试合格，即可获得相应学分。学生高中毕业学分最低要求为144学分。其中，必修课程88学分，选择性必修课程42学分，选修课程14学分。

3. 校本课程开设的具体内容与说明

"中华优秀传统文化"是学校开设的必选校本课程，是具有山东特色的文化课程。主要反映中华文化的基础性内容，范围为中华文化奠基时期出现的元典著作，以及春秋战国时期庄子百家的经典著作，以儒家的四书五经为主，兼取《荀子》《老子》《墨子》《管子》《韩非子》《孙子兵法》等，基本上涵盖了中华民族精神突破时期出现的伟大思想与经典。本课程在高一高二年级开设，每周1课时，由语文老师负责开设，与语文课程教学相结合。每学期认定1学分，共4学分。

学校特色课程包括走进四中、德育教育、育美素养、乡土文化、学科特色五大系列课程，主要通过活动拓展、主题班会、校本选修等方式进行高中学生适应性教育和学校特色教育。如表4所示：

表4 学校特色课程系列校本课程

名称		课程内容	课程类型	开设时间
走进第四中学系列课程		入学第一课;我是四中人;光荣大四中;高初中衔接与过渡;高中学法介绍	入学教育	高一入学第一个月
德育教育系列课程	"1113·诗性德育"活动课程群	入学仪式	仪式活动课程	9月
		秋季体育节	节会课程	9月
		常规管理整顿提高月	文明礼仪课程	10月
		文化节("国学小名士"经典诵读、诗词大会、国学知识竞赛、书法大赛、成语大赛等)	节会课程	11月
		艺术节(主持人大赛、辩论赛、演讲比赛、合唱比赛等)	节会课程	12月
		科技节(生物建模大赛等)		
		春节社会实践活动	研学旅行课程	1月
		春季体育节	节会课程	2月
		文明行为规范月	文明礼仪课程	3月
		诗歌节(每日一诗、集体诵读、班级朗诵大赛、诗歌朗诵会)	节会课程	4月
		科技节(创意大赛等)	节会课程	6月
		毕业典礼	仪式活动课程	6月
		暑期社会实践活动	劳动与技术活动课程	7月
	团队课程	学生党校、主题团日	团队活动课程	5月
		升旗仪式	仪式活动课程	每周
		社团活动	综合实践课程	2周1次
	传统文化教育课程	春节、清明节、端午节、中秋节、重阳节等传统节日文化教育	传统节日活动课程	传统节日

续表

名称		课程内容	课程类型	开设时间
德育教育系列课程	生涯课程	课程包括自我认知、认识环境和方法探索三个部分。内容涉及生涯探索、气质、兴趣、性格、能力、价值观，熟悉了解大学类型、大学专业；选课指导，时间管理、人际关系、学习方法、目标规划、合作竞争等方法技巧	生涯规划与发展指导课程	日常教学
育美系列课程		活力青春；足球；陈氏心意混元太极拳；象棋联赛与围棋入门；足球文化；瑜伽初级兴趣班；太极拳兴趣班	体育与健康	校本选修
		团体心理拓展游戏；"5.25"心理健康活动月课程；"珍爱生命"户外拓展系列活动；信任之旅；无敌风火轮；心有千千结；超级链链接	心理健康	校本选修
		民族歌剧欣赏；走进音乐剧；播音主持；舞蹈知识入门；影视音乐；影视艺术概论；影视音乐；影视艺术概论	音乐	校本选修
		硬笔书法；彩色装饰画；动漫画；少数民族服装赏析；国画；扎染；剪纸	美术	校本选修
		女子礼仪；社交礼仪	社会生活	校本选修
乡土文化系列课程		俚曲、淄博陶瓷、蒲文化、齐国风韵、淄博人物	乡土课程	校本选修
学科类特色系列课程	"智造未来"技术特色课程群	普惠性课程：3D打印；Arduino创客之路；奇幻创客	技术特色课程	校本选修日常教学
		竞赛活动课程：信息学奥赛；人形机器人微电影创作	技术特色课程	

续表

名称		课程内容	课程类型	开设时间
学科类特色系列课程	"诗性语文"特色课程群	诗性阅读:诗歌鉴赏;朗诵技巧;美丽的汉字;书法人生;走进戏剧;诗意生活	语文特色课程	校本选修日常教学
		诗性写作:诗性语文烛照下的思辨写作;"守正出新"教学策略实践与研究	语文特色课程	
		诗性课堂:诗性语文——教学设计	语文特色课程	
	"点典英语"特色课程群	基础性课程:日语入门;西班牙语初涉;新概念英语;我的祖国;中国文化之传统音乐;高中英语听力进阶	英语特色课程	校本选修日常教学
		拓展性课程:英文歌曲赏析(上);英文歌曲赏析(下);商务礼仪;英文小故事;英文电影欣赏;英语谚语俚语;商标英语;英语时文阅读;励志演讲学英语;英语口语情景剧;语文课本里的英语名篇选段	英语特色课程	
		探究性课程:赏电影片段,品文化差异;美式英语辩论赛;多伦多社会文化及其他;英文名著整本书阅读——以《夏洛的网》和《简·爱》为例;讲好中国故事——基于《聊斋志异》英译本的学习	英语特色课程	

其中学科类特色系列课程,依托学科基地,开发了体现学科发展特点和学校教育基本理念的"智造未来"技术特色课程群、"诗性语文"特色课程群、"点典英语"特色课程群三大课程群。"智造未来"技术特色课程群坚持以"育人为本"的课程价值观,围绕"以个性创新促进生命成长,以智能创造助力生涯发展"建设理念,通过设置多元的课程结构,借助机器人教育平台,推动数字化时代学习创新,促进学生全面而有个性的发展,并形成了独具特色的技术学科课程体系和丰富的课程资源。"诗性语文"课程群

以"诗性"作为"审美鉴赏与创造"的突破口，带动语言、思维、文化三个层面发展，致力于提升学生的语文核心素养，不断拓展"春天送你一首诗"诗歌活动的内涵和外延，从活动走向课程，构建"以人的健康、幸福、发展为一体，以师、生共同成长为两翼，国家、地方、校本三维融合"的诗性语文"一二三"教育教学生态系统。"点典英语"课程群以"回归原点·贴近经典"的理念，从英语学科核心素养出发，建立以"问题链"为核心的"点典"阅读教学模式，学生按照"四步阅读法"建立自己的阅读体系，在语言学习活动过程中提升英语学科核心素养和人文品质。

学科拓展课程是指语文、数学、外语、思想政治、历史、地理、物理、化学、生物九大学科根据学科学习和学生发展需求，对国家必修课程和选修课程进行的校本化拓展。如表5所示：

表5 学科拓展类校本课程

学科	拓展类校本课程
语文	"诗性语文"系列：诗歌鉴赏；朗诵技巧；美丽的汉字；书法人生；走进戏剧；诗意生活；诗性写作；细说民国大文人。"春天送你一首诗"诗性语文活动课，"校园读书节"活动课程
	"齐文化"系列：齐文化精神解读；走进齐国历史名人；齐风雅韵：齐地古今文学作品选读
	"蒲文化"系列：蒲松龄与聊斋志异；话说聊斋奇女子；聊斋俚曲欣赏；聊斋人物剪影；聊斋志异的思想性与艺术性
	乡土系列：雪沫乳花浮无盏——鲁青瓷文化；历史上的淄博名人；淄博陶瓷的历史；淄博风光；淄博民俗；鲁菜名品
数学	数学奥赛；数学建模；高等数学前置课；中国古代数学史；世界近代数学史；数学与生活；数学文化；数学演绎的人生；初高中数学衔接
外语	英文名著整本书阅读；英文歌曲赏析；日语入门；英语影视欣赏；英语阅读与欣赏
思想政治	走近人民政协；法律与生活；经济观察与思考；法律知识与案例
历史	负伤的知识人——民国人物评说；文史常识；二十世纪的战争；香港电影三十年；千古一帝唐太宗；史学入门；史料研读

学科	拓展类校本课程
地理	天文；绿色校园；带你去旅游
物理	物理学奥赛；家用电器原理及维修；身边的小发明
化学	化学奥赛；基础有机化学；化学与生活；化学趣味实验；创新在你身边——拥有专利你也行
生物	分子实验；模型建构；校园植物之美；生物大学先修课；生物学奥赛；DIS实验室——传感器为主；数码互动显微实验；生物工程技术的魅力

（三）课程实施

各级部严格执行学校方案要求，开齐、开全课程，特别是音乐、体育、美术、技术、劳动以及综合实践活动课程。不得无故不开设或少开设课程。

1.加强课程的校本化实施研究

健全以校为本的教学研究制度，建立平等互助的教学研究共同体，倡导自我反思与同伴合作，营造民主、开放、共享的教学研究文化，鼓励和支持教师进行教学方式改革的探索，形成学科组教学风格和特色。

教学内容在实施时要根据学科自身特点和学生学习需要进行校本化设计。必修内容原则上按学期或学年设计，选择性必修和选修内容原则上按模块设计。模块之间既相对独立，又体现学科内在逻辑。模块教学时间根据实际需要设定。

加强学校特色课程建设。课程实施中要注意各学科的特点，体现学科特色，逐步开发学科特色课程。人文学科要特别关注学生阅读表达素养的培训。物理、化学、生物学要重视实验技能的培养和学生实验教学的开设。技术包括信息技术和通用技术，要突出其实践性、创新性的特点。艺术课程包括音乐、美术两大学科，是美育教育的主课堂，各学科课堂教学中要渗透美育；体育与健康的必修内容，必须在高中三学年持续开设。

综合实践活动课程的开设要注意实效。综合实践活动旨在促进学生的实践能力，由学校各部门统筹规划与实施。要充分发挥综合实践活动在促进学生发展中的独特作用，积极开展校园体育、艺术、阅读、写作、演讲、科技创新等社团活动。

2. 切实加强学生发展指导

学校建立学生发展指导制度，由心理学教师担任专职教师，班主任与部分任课教师担任兼职教师，分别通过学生发展指导课程、主题班会、学生导师等方式对学生进行自我认知指导、学业选修指导、职业行业体验和专业选择指导，帮助学生树立坚定的社会主义理想信念，正确地认识自我，更好地适应高中阶段的学习与生活，处理好兴趣特长、潜能倾向与社会需要的关系，提高选修课程、选考科目、报考专业和未来发展方向的自主选择能力。

学校建立选课指导制度。以级部为主体，提供课程说明和选课指南，通过学科教学渗透、开设指导课程、举办专题讲座、开展职业体验等对学生进行指导。注重利用高校、科研机构、企业等各种社会资源，构建学校、家庭、社会协同指导机制。全面推进全员育人导师制，指导师生建立导育关系，创新导育形式，完善导育制度，对学生进行思想引导、学业辅导、心理疏导、生活指导、成长向导。

稳步推进选课走班。学校探索建立行政班和教学班并存等多种教学组织形式，开发课程安排信息管理系统，加大对班级编排、学生管理、教师调配、教学设施配置等方面的统筹力度，提高教学管理水平和资源使用效率，构建规范有序、科学高效的选课走班运行机制。加强走班教学班级管理和集体主义教育，强化任课教师责任，充分发挥学生组织自主管理作用。

3. 大力推进教学改革

深入理解普通高中课程改革要求，准确把握课程标准和教材，围绕核心素养开展教学与评价。按照教学计划循序渐进开展教学，提高课堂教学效率，培养学生学习能力，促进学生系统掌握各学科基础知识、基本技能、基本方法，培养适应终身发展和社会发展需要的正确价值观念、必备品格和关键能力。关注学生学习过程，创设与生活关联的、任务导向的真实情境，积极探索基于情境、问题导向的互动式、启发式、探究式、体验式等课堂教学，注重加强课题研究、项目设计、研究性学习等跨学科综合性教学，认真开展验证性实验和探究性实验教学，促进学生自主、合作、探究地学习，注重对学生学习过程的评价。提高作业设计质量，精心设计基础性作业，适当增加探究性、实践性、综合性作业。推进信息技术在教学中的合理应用，加强教学研究和指导，提高课程实施水平。

4. 完善教学管理与评价

（1）规范教学管理。创新教学组织形式和运行机制，科学安排每学年授课科目，特别是高一年级，要控制必修课程的开科数量，合理安排教学进度，严格控制周课时总量，严格执行教学计划，严禁超课标教学、抢赶教学进度和提前结束课程，严禁在职教师参与有偿补课，切实减轻学生过重课业负担。减少高中统考统测和日常考试，加强考试数据分析，认真做好反馈，引导改进教学。

（2）严格学分管理。学校建立学分认定和管理制度，严格学分认定管理。建立综合素质评价制度，建立学生综合素质档案，指导学生客观记录成长过程，记录集中反映综合素质主要内容的具体活动。强化对思想品德、学业水平、身心健康、艺术素养、社会实践等方面的评价。综合实践活动、选修课程的修习情况应作为综合素质档案的重要内容。教师要充分利用写实记录材料，对学生成长过程进行科学分析，加强对学生成长的指导。要客观真实、简捷有效记录学生突出表现，对在学生综合素质评价中造假的，要依规依纪严肃追究相关人员责任。

5. 充分开发与利用课程资源

统筹各方力量，创设课程实施条件和环境，开发课程实施所需的资源，为学生提供丰富、便利的实践体验机会。课程资源可以由学校独立开发，也可与其他学校、科研院所、企事业单位等联合开发，鼓励共建共享。学校要系统规划校内外课程资源的使用，提高课程资源的有效性和利用率。

（四）课程评价

1. 国家课程评价

（1）学生完成相应课程规定课时的学习并考试合格，即可获得相应的学分，每学期进行两次学分认定考试，并结合学生课程学习中的表现对学生进行学分认定。学生因学分认定考试成绩不合格而不能获得学分的，可以申请补考或申请参加其他教学班相同学习模块的考试。同科课程（模块）重修不得超过两次。学生因修习时间不足不能获得学分的，可在补足修习时间后认定。

（2）学分认定要严格按照国家要求和《淄博四中学分认定管理制度》执行，学分认定情况要分别记入学校学分认定档案（包括纸质档案和电子档案）、普通高中学生发展评价报告。学生学分认定档案内容包括学生在该课程（模块）修习过程中所用时间（课时）、考试、考查、考核成绩、学分认定时间（年、月）等。

（3）建立学分认定一票否决制度。学生有下列情形之一者，一票否决，不予认定学分：课程模块考核不合格；实际修习时间未达到规定要求；考勤不符合学校规定，且无正当理由的；学生在学分认定申请等环节上弄虚作假、涂改成绩、要挟和贿赂有关学分认定人员等行为，视其情节轻重予以警告、留校察看、劝退、开除学籍等处分，并取消当年学分认定资格。

（4）对未按课程方案修满相应学分的学生，不得颁发高中毕业证书。

2. 校本课程评价

（1）学生完成相应课程规定课时的学习并考试合格，即可获得相应的学分，地方、校本课程不采用书面的考试或考查方式，但要做过程性评价和课时考勤评价记录。学生因修习时间不足不能获得学分的，可在补足修习时间后认定。

（2）严格学分认定及管理，要求与国家课程相同，不得随意调整。

（3）教师根据每个学生参加学习的态度进行评价，可分为优秀、良好、一般、较差记录，作为优秀学生的评选条件。

（4）学生成果可通过实践操作、作品鉴定、竞赛、小组评比、汇报演出等形式展出，成绩优秀者可将其成果载入学生成长档案。

3. 学生综合素质评价

综合素质评价包括思想品德、学业水平、身心健康、艺术素养、社会实践5个方面的内容。

（1）思想品德。主要考查学生在爱党爱国、理想信念、诚实守信、仁爱友善、责任义务、遵纪守法等方面的表现。重点是学生日常操行、参与党团活动、社团活动、公益劳动、志愿服务等，包括内容、地点、持续时间或次数、过程、成效等。采取写实记录的评价方式进行。

（2）学业水平。主要考查学生各门课程基础知识、基本技能掌握情况以及运用知识解决问题的能力等。重点是国家课程（必修和选修）的修习情况、学业水平考试成绩、校本课程内容和学习成绩、研究性学习与创新成果等，特别是具有优势的学科学习情况。实行学分评价，评价中既要重视学生的学习结果，又要关注学生的学习过程，做到终结性评价与过程性评价相结合。

（3）身心健康。主要考察学生的健康生活方式、体育锻炼习惯、身体机能、运动技能和心理素质等。重点是体育与健康课程的完成情况、《国家学生体质健康标准》测试主要结果、体育运动特长项目、参加体育运动的效果、应对困难和挫折的表现等。通过修习过程和成果进行评价，既有阶段性定量评价，也有过程性评价。

（4）艺术素养。主要考查学生对艺术的审美感受、理解、鉴赏和表现的能力。重点是基于学生对艺术课程的修习，在音乐、美术、舞蹈、戏剧、戏曲、影视、书法等方面表现出来的艺术素养和兴趣特长，参加艺术活动的成果等。

（5）社会实践。主要考查学生在社会生活中动手操作、体验经历等情况。重点是基于学生对综合实践活动课程的修习，学生参加实践活动的次数、持续时间，形成的作品、调查报告等。

学生的综合素质评价，更多的是写实记录，是由学生本人、同学、教师、家长进行的一种多元性评价，旨在记录学生的近期发展状况，激发学生的发展潜能，为学生的终身发展奠定基础。

三、课程保障

（一）组织保障

1.学校课程领导管理小组

组长：朱文玉

副组长：闫秀梅

组员：滕超　常华　王俊僮　马涛　王秀娟

主要职责：负责制定学校课程的整体规划，制定学校课程申报制度和评议制度，监督课程资源的开发、组织实施和评价。

2. 学校课程开发实施小组

组长：闫秀梅

副组长：王秀娟

组员：孙雪斐　张启庆　李玉新　学科教研组长及备课组长

主要职责：负责组织课程具体实施工作，制定实施方案，组织实施指导、经验交流、成果推广，制定教师培训计划，负责课程资源的收集、整理、总结，负责教师的绩效考核评价。

（二）机制保障

1. 国家课程的运作机制

制定《淄博四中课程建设及实施方案》《淄博四中学分认定管理制度》，严格落实国家课程要求，保证开足开齐国家课程，规范学生课程学分认定工作。

2. 校本课程方面

制定《淄博四中校本课程管理方案》《淄博四中校本课程开发方案》等方案文件，保证校本课程的质量。健全选课机制，保证学生的课时和学习效果。

3. 制度保障

制定《全面落实五育并举推动教育高质量发展的实施意见》《淄博四中课程建设及实施方案》《淄博四中学生选课走班工作方案》《淄博四中加强美育工作方案》等指导文件，制定《淄博四中教师教学工作评价方案》《淄博四中终结性奖励办法》《淄博四中教科研经费使用管理办法（试行）》《淄博四中科研课题奖励规定》等相关评价和管理制度，规范课程实施和管理，促进创新教育的健康发展。

4. 资源保障

建有学科资源库，并在现有课程资源的基础上，继续发动学校特色学科和教师进行国家课程的校本化研究，提升课程资源质量，同时利用校外实践基地和各高校科研机构，丰富课程内容。

11

临沂市沂水县第二中学课程规划方案

编者点评

　　课程规划方案需要从目标、内容、实施、评价等方面呈现学校的课程决策，让学校课程清晰可见。沂水县第二中学的学校课程方案要素齐全、结构合理，符合学校课程规划方案的基本规范。

　　课程目标牢牢抓住"立德树人"和"五育融合"的育人要求，以"仁毅教育"为核心理念，旨在培养"具有家国情怀、精英气质、国际视野的未来学子"。

　　课程结构和课程设置符合政策要求，开齐、开足国家课程，开设中国优秀传统文化、安全教育、环境教育、人生规划和社团活动等校本课程，课时分配合理，科目分布均衡。

　　课程实施强调课程变革，从选课走班、课堂规范、实施过程等方面明确教学要求，引导教师和学生在课堂教学实施过程中贯彻新课程理念。为了体现学校特色，让读者看到具体的课程实施样态，需要依据不同的课程类型，明确一些具体的课堂教学规范。

课程评价详细说明了各类课程基本的评价要求和学分认定的实施办法。采用测试成绩、分层评价、展示评价等方式对必修课程、选择性必修课程、选修课程的评价提出了明确的建议和要求，从学习过程表现、模块结业成绩等方面进行文化课程的学分认定，以课题完成情况、活动参与时间、社会实践材料等方式进行研究性学习、社区服务、社会实践和社团活动等综合实践活动的学分认定，制订了严密的学生学分认定的程序，给读者呈现了一个完整、具体、清晰的学校课程评价方案。建议补充学生综合素质评价的相关内容，以判断学校课程目标的达成情况。

临沂市沂水县第二中学课程规划方案

设计者：孙卫东　李江　王庆华　袁中峰　王强

地处沂蒙山腹地的沂水县第二中学（以下简称二中）创建于1958年，坐落于沂水县城中心街南段。学校占地109亩，总建筑面积7万余平方米。学校现有86个高中班，在校学生4000余人。现有在编教职工356人，基本形成了一支以青年教师为主体的、具有爱岗敬业精神和创新意识、积极进取、教育教学能力比较扎实的教师队伍，学校教育教学成绩在全市一直名列前茅。建校60多年来，培养出一批被北京大学、清华大学、中国人民大学、复旦大学等名牌高校录取的高素质优秀人才。

学校为进一步落实"立德树人"根本任务，充分利用学校现有教学特色及丰富的资源优势，深化课程改革，落实课程规划，提升教师课程建设能力，大力推进学校持续发展，培养"具有家国情怀、精英气质、国际视野的未来学子"，特制定本课程规划方案。

一、课程依据

（一）国家和地方课程政策

习近平总书记在党的十九大报告中明确指出：要全面贯彻党的教育方针，落实立德树人根本任务，发展素质教育，推进教育公平，培养德智体美全面发展的社会主义建设者和接班人。为此，国家部门制定了很多纲领性的文件来确保教育目标的实现，学校将以下文件作为落实国家和地方课程实施的有力依据。

（1）中共中央、国务院2019年印发的《中国教育现代化2035》中提出：更加注重全面发展，大力发展素质教育，促进德育、智育、体育、美育和劳动教育的有机融合。

（2）教育部颁布新修订的《普通高中课程方案和语文等学科课程标准（2020年版）》中要求：在注重技术课程和综合实践活动课程的同时，将劳动教育单独列为必修课程，全面加强劳动实践育人。

（3）国务院办公厅印发的《关于新时代推进普通高中育人方式改革的指导意见》中指出，到2022年，德智体美劳全面培养体系进一步完善，立德树人落实机制进一步健全。普通高中新课程、新教材全面实施，适应学生全面而有个性发展的教育教学改革深入推进，选课走班教学管理机制基本完善，科学的教育评价和考试招生制度基本建立，师资和办学条件得到有效保障，普通高中多样化、有特色发展的格局基本形成。依照普通高中课程方案，合理安排高中三年各学科课程，开齐、开足体育与健康、艺术、综合实践活动和理化生实验等课程。加强学校特色课程建设，积极开展校园体育、艺术、阅读、写作、演讲、科技创新等社团活动。严格学分认定管理，对未按课程方案修满相应学分的学生，不得颁发高中毕业证书。加强课程实施监管，落实校长主体责任，强化责任追究。

（4）《山东省普通高中2021级学生课程实施指导意见》中提出的2021级学生高中三年的课程安排意见。

（二）学校教育哲学

学校充分发挥文化育人和价值引领的重要作用，建立以"仁毅"为核心的育人文化体系。学校"仁毅"教育哲学的提取，完全符合学校地域、历史文化、沂蒙精神和学校发展历史的内涵特色，也完全契合国家培养人和选拔人的核心要求——立德树人。

学校1958年建校，60余年来，虽屡遭波折，但二中师生依靠着"仁"的踏实、"毅"的坚守，发扬"锲而不舍，搏竞一流"的二中精神，将学校打造成了教育教学成绩在全市名列前茅、深受家长与学生信赖的现代化沂蒙名校。

学校在沉淀学校历史文化中融入"仁山智水"深刻思考的同时，博采齐鲁文化的优长和对沂蒙精神的基因传承，创建并完善了以"仁毅"为核心的育人文化，明德修身，弘毅成事，以此立德树人，砥砺师生品性，从而形成二中独有的育人文化。

"仁"是生命的核心和本质，是修身之根，立校之本，是"师爱为魂，身正为范"的要求，是"德育第一，育人为本"理念的体现，彰显沂水二中立德树人、兼善天下的宏愿。

"毅"，是知难而进、事至不惧的胆识，是沂蒙人民不畏困难、坚韧不屈的精神体现。毅，是意志坚强，刚毅果断，寓意二中教师坚守远志，踏实勤勉，潜心育人，持恒力行，成就一流育人品质。

学校肩承沂蒙精神，不断丰厚发展内涵，以高品位文化带动高质量教育；以学生发展为本，紧紧围绕立德树人的育人目标，落实"五育融合"多元课程体系的开发和实施，发扬"锲而不舍，搏竞一流"的二中精神，培养"具有家国情怀、精英气质、国际视野的未来学子"。

（三）学情

学校面向全县招生，农村学生占到一半以上，学生的思想观念、学习基础、学习能力、特长兴趣等方面存在巨大差异。

（1）学生人生定位不够明确，没有明确的人生规划和未来专业学习规划，缺乏自我意识和责任担当意识。

（2）学生核心素养的培养存在明显不足。许多县域中学为了追求升学率，学生大多数是为了考试而学习，学生的语言表达、交际、科技创新等方面的能力明显欠缺。学校课堂教学还普遍存在教师讲得多，学生练得少，甚至"满堂灌"现象，学生自主学习的意识与能力较差，课堂效率低下。

（3）学生兴趣特长发展明显不足。一是学校农村学生多，培养条件不具备；二是升学压力和评价体系的困扰，导致教师对学生的兴趣爱好关注不够，课程开发和开设不够。

（4）学生全面发展和个性发展落实不力，是县域中学普遍存在的情况。

根据调研的结果，分析我校学生在课程需求方面如下：

一是学校课程开发应重视学生人生规划指导，需要学校"仁毅"文化精神铸魂的引领。

二是应以学生为主体，以提高学生学习自主性、主动性为目的，给学生自主学习的时空，并给予相应的方法、目标和路径的指引。

三是课程内容应贴近学生现实生活，注重所学知识的运用，探究技术与社会环境的联系，并为学生创造性思维和批判性思维提供发展空间，开发学生思维能力，为学生不间断地自主学习提供必要的学习资源、学习时空。

四是课程开发要着力于教师的特长、专业化。学生认为课堂气氛不够活跃，教师单方面传授知识的情况仍然存在，简单的一问一答式授课让学生感到没有兴趣。教师的授课主要应以启发式、活动式、交流式为主，注重培养学生的创新思维与合作探究交流学习的能力。在不同课程中进行项目化学习的设计，应该着眼于学校的培养目标和学生的个性发展。

五是学校课程开发要借助必要的现代科技信息技术。线上学习突破时空限制，可以促进学生个性化学习，但是需要大量的学习资源，如师生在线互动平台钉钉课堂等，学生需要学校教师提供必要的学习资源。譬如教师可以借助现代影像技术，增强现实感，可使学生在真实情境中学习，有助于激发学习的热情，强化记忆。

（四）课程资源条件

学校现有教职工319人，其中具有中学正高级职称的教师2人，具有中学副高级职称的教师60余人，省、市、县级骨干教师共70余人。有80余人次荣获全国、市、县优秀教育工作者、优秀教师等荣誉称号。教师学历全部达标，中、高级职称的教师占教师总量的50%左右，基本形成了一支以青年教师为主体的富有活力的教师队伍。

学校地处沂蒙山腹地，山水自然资源丰富。沂水县2014年被中华人民共和国文化和旅游部评为"全国旅游标准化示范县"，是山东省首个旅游标准化示范县。目前有5A级景区1个，4A级景区5个，3A级景区11个。沂水县又是著名的革命老区，是革命老根据地县之一，有"红嫂"故乡、中共山东分局旧址、王庄《大众日报》创刊地，等等。

沂水县特有的自然资源、人文资源为学校课程的开发利用提供了便捷经济的课程资源。学校先后建立了五处实践基地：王庄沂蒙山革命根据地、"红嫂"纪念馆、跋山烈士陵园、天上王城和尹家峪田园综合体。

近年来，学校青年教师增多，学历高，接受能力强，研究能力强，富有干事创业的热情，给依托教材进行课程资源的开发和利用提供了有力支撑和保障。

同时，学校加强实验室、功能室、信息中心、图书馆、体育场馆等场所的课程资源管理和有效使用。此外，还有丰富的其他课程资源，如校内人文资源、校外场馆资源、家长资源、校外专家资源等，让学生从生活中走进学习，从学习中走向社会。

二、学校课程方案

（一）课程目标

为了每一个学生的终身发展，学校牢牢抓住"立德树人"和"五育融合"的育人要求，以"仁毅教育"为核心理念，确立了培养"具有家国情怀、精英气质、国际视野的未来学子"的育人目标，不断创新人才培养模式，为党育人，为国育才。

家国情怀：要常怀感恩之心，自觉地把个人的前途命运与国家、民族、社会紧密融合在一起。学校充分发挥"立德树人"主渠道和主阵地作用，引导学生心怀家国，增强民族自信，提高公民意识与责任担当，不断提高自身素质与能力，以便将来回馈社会，报效祖国。

精英气质：是中华民族两千多年来一贯秉承的、一种劲气内敛、卓越超拔的精神气质。学校立足中国学生发展核心素养，立意通过各种拓展实践活动，从儒雅、胆识、大度、沉稳、严谨、担当、坦诚等诸多要素出发，培养学生的精英气质，为他们的终身卓越发展与幸福人生奠基。

国际视野：学校发展与时代接轨，以开放的眼光看世界，以开阔的胸襟纳中外，在促进学校教育国际化的同时，努力培养具有国际视野的学子。学生能够放眼全球，了解世界文化的多样性，批判性地吸收当今世界先进文化，努力提升综合素质，培养胸怀天下的气度和适应宏大情境的适应能力，为成长为全面发展、个性优异的国际化高素质人才奠定扎实基础。

未来学子：是顺应社会发展趋势、适合未来社会发展需求的学子。学校教育本着为学生未来发展负责、为民族未来负责的宗旨，致力于促进学生的健康、和谐、全面成长。未来学子有思辨意识和创新精神，能不断接受新知识、掌握新技能、适应新环境，迎接新挑战，并怀有远大的理想和信念，有家国情怀，有世界眼光，真正做到高瞻远瞩，与未来同行。

学校培养具有家国情怀、精英气质、国际视野的未来学子，既是素质教育的高标准，也是莘莘学子的殷殷期盼，深度体现了学校对社会、对家庭、对学生高度负责的态度，符合社会主义核心价值观的要求，必将为民族复兴做出积极贡献。

（二）课程结构与设置

1. 整体课程结构

依据教育部《普通高中课程方案（2017年版2020年修订）》要求，以学生发展为本，紧紧围绕"立德树人"的育人目标，着眼于未来学生需求，学校课程包括两大系列：

（1）国家课程。国家课程包括必修课程和选择性必修课程。必修课程由国家根据学生全面发展需要设置，所有学生必须全部修习。选择性必修课程，由国家根据学生个性发展和升学考试需要设置。参加普通高等学校招生全国统一考试的学生，必须在本类课程规定范围内选择相关科目修习；其他学生结合兴趣爱好，也必须选择部分科目内容修习，以满足毕业学分的要求。

（2）校本课程。校本课程是由学校根据学生多样化需求，根据学校师资和学校文化，结合本地社会、经济、文化发展的需要而设置的课程，学生根据自己的兴趣爱好和理想目标以及自身条件，自主选择修习，但是每学年必须选够一定学分。

2. 课程设置与课时分配、比例

按照教育部和省教育厅要求全面开设《普通高中课程方案》规定的语言与文学、数学、人文与社会、科学、技术、艺术、体育与健康和综合实践

活动八个学习领域的课程。每学年设置各领域课程，保证使学生每一学年在所有学习领域都能获得一定学分。学习领域科目包括语文、数学、外语（英语、日语、俄语等）、思想政治、历史、地理、物理、化学、生物、技术（信息技术、通用技术）、艺术（或音乐、美术）、体育与健康等。开齐所有科目，开足课时，并开设英语、日语、俄语等多种外语课程。

普通高中的课程设置安排如表1所示：

表1　普通高中课程结构表

科目	必修学分	一年级		二年级		三年级	
		学分	周学时	学分	周学时	学分	周学时
语文	8	8	4	8	4	4	5
数学	8	8	4	8	4	4	5
外语	6	6	3	8	4	4	5
思想政治	6	4	2	4	2		
历史	4	4	2	4	2	12	12
地理	4	4	2	3	2		
物理	6	4	2	4	2	10	
化学	4	4	2	3	2		
生物	4	4	2	4	2		
信息技术	3	2	1	1	1	2	1
通用技术	3	2	1	1	1		
音乐	3	1	1	1	1	1	1
美术	3	1		1		1	
体育与健康	12	4	2	4	2	4	2
综合实践活动	8	8					
劳动	6	6					
选修课程	14	6	4	6	4	2	2

学校课程层次划分，重视学生基础能力发展的同时，尊重学生差异性，以促进所有学生的全面发展和个性发展。课程结构中，国家课程包括必修和选择性必修，高一年级每周40学时，每节课40分钟，占比91%；高二年级每周40学时，占比90.7%；高三年级每周40学时，占比96%。选择性必修共8学时，高一、高二年级各需选择6门课程必修，每周3学时，占比6%；高三年级选择4门课程必修，平均每周2学时，占比4%。校本课程高一、高二年级可选修1~2门课程，每周1课时，占比3%。

3. 校本课程开设的具体内容

学校结合课程资源和学生实际，尊重学生的个体差异，根据学生身心发展和学科知识的内在规律，开发了多样并且适合学生身心发展的校本课程，包括中国优秀传统文化、安全教育、环境教育、人生规划和社团活动。如表2所示：

表2 沂水二中校本课程安排表

序号	课程类型	校本课程名称
1	学科课程	国学传承；生活中物理；趣味数学；走进中国；每日红歌；班级精神解读；信息学培训；话剧表演；快乐足球
2	实践活动与人文素养	沂蒙精神传承；学校文化理念与生命成长；社会实践；生命安全教育；生涯规划；心理健康教育；电影欣赏；自我管理
3	艺术体验	领航逐梦新闻社；声情并茂；我是演说家；英语演说家；吉他弹唱；瑜伽课堂
4	社团活动	甲骨文初探；爱乐空间；舞蹈与合唱；VER机器人；创客空间；妙笔生花；辩论课堂；竞技体育

（三）课程实施

为适应时代发展的需要，立足我校实际，借鉴课程改革的有益经验，大力推进教育创新，努力构建充满活力的普通高中课程体系，为造就拔尖人才奠定基础。

根据课程计划对课程实施的要求，普通高中的课程结构包括必修和选修

两种类型。必修课程的主导价值在于培养和发展学生的共性，而选修课程的主导价值在于满足学生的兴趣爱好，培养和发展学生的个性。高一主要是必修课程，高二主要是选择性必修和选修课程，学生选择的空间相当丰富。学校根据国家课改方案，选择走班教学，走班制教学是新课程选修教学背景下产生的一种教学管理形式。选课制的实施使同一行政班的学生在不同的教学班上课，教师和教室固定，而学生根据自身选择进行流动听课，这样的班级管理形式和制度就是走班制。

根据学生选课，走班教学主要包括两种类型：模块走班是同一学科同时开设多个模块，安排固定教室和教师，由学生根据开设的内容挑选本人选修的模块进行流动上课的方式；组合走班就是根据学生的组合情况，一个班如果出现了两个以上的组合，对组合少的学生实行走班教学。这个组合主要考虑的是正常的课程实施。

1. 开展走班教学

开展走班教学的目的是最大限度地挖掘学生的潜能，让学生根据本人的基础知识水平、研究能力、兴趣特长制定今后的发展目标。学校在实施模块走班教学时应遵循如下原则：

（1）稳扎稳打、分步推进的原则。

第一阶段：在非高考科目进行走班教学的初步实验。由于体育课程不受校舍的制约，高考的压力相对较小，从体育课程率先推进模块走班，风险相对较小，也更符合课程标准对体育教学的根本要求，所以先在高一、高二进行体育课程的走班教学实验，以积累模块走班的管理经历。

第二阶段：从高考科目单一学科进行走班教学的实验探索。在高二进行语文选修课程走班制教学的研究工作。组织高二语文组全体教师进行专题研究，通过语文模块走班教学的全面实施，发现模块走班中存在的问题以及解决问题的方法途径，探索模块走班的基本规律，为选课与走班的全面铺开做好理论上和实践上的准备。

第三阶段：多领域多模块走班教学的深入研究和全面实施。根据2008年8月5日山东省教育厅下发的《山东省变通高中课程设置及教学指导意见（试行）》要求，从2008年入学的新生开始，在高二年级末以前不得组织学生文理分科。在新高二开学前进行多学科选修课程多模块同时走班的教学研究，切实保证新高二多学科多模块同时走班的顺利实施。

（2）统筹兼顾、突出核心的原则。不同学科必修课程结束的时间存在一定差异。选修课程在同一时间段开设的模块数量不尽相同。选修模块之间的关系具有各自学科特点。有的学科选修模块之间是平等关系，不存在先后顺序；而有些学科的选修模块存在递进关系，一个模块是研究另外模块的必要基础。组织学生自主选课，必须对选修课程进行全面分析，力求统筹兼顾。同时重点突出每个领域中对培养学生学科能力具有关键作用的模块。

（3）培养兴趣、发展个性的原则。选修课程的精髓就是培养学生的兴趣，发展学生的个性。同一学科同时开设多个模块，应指导学生根据自己的兴趣爱好，参考学校学分认定管理办法，选择自己喜欢的模块和教师，根据学校安排的课程表和走班教室表为自己制定富于个性的课程表。

（4）注重引导、恰当平衡的原则。选修课以学生的选择为主，但在实施中应注意适当平衡。它包括两个方面：一是注意学科之间的平衡，避免某一学科选课过多或过少现象的发生。二是考虑进入高三后进行高考备考的需要，在保证高考考试科目的前提下根据自己的情况尽量多选几个模块，开阔自己的视野。

（5）整体规划、适时调整的原则。学生选课要有计划性、系统性和整体性，在挑选时应该对所有的选修课程进行整体规划，要求同时选出所有的选修模块以及研究课题，要避免随意性和随机性。当然，在实践过程当中，允许学生进行恰当调整。

（6）文理交融、适当倾斜的原则。选课应着眼于学生的全面发展，实现文理交融。当然，允许学生根据自己的人生规划和实际有所侧重，如将来学文可以适当多选文科模块。

（7）扬长补短、有机补充的原则。所谓扬长，就是指导学生根据自己的兴趣爱好以及特长选择模块。补短就是指导学生有意识地弥补自己在研究方面的不足。

（8）关注差别、科学评判的原则。突出学生个体，尊重个体差异，是课程标准提出的基本理念，也是人本主义的重要体现。对选修模块研究情况的评价必须摈弃传统的单纯以考试成绩为标尺的做法，注重过程，突出个性发展，综合考察学生的情感态度、研究品质和效果等诸方面因素，以评价为杠杆，激发学生的潜能，促进良好行为的养成，为学生的终生发展奠基。

2.积极推进课程改革

为了保证课程的效果，学校积极推进课程改革。尤其沂水二中，虽然老教师有经验，可是面对新形势，容易吃经验的亏。而年轻教师经验不足，上课效率低下。在这种环境下，学校积极进行课程改革，推行"目标引领，学为中心，'教、学、评'一体化"的教学模式。在课程改革的推动下，各项工作都取得了很大的突破，高考成绩更是屡创新高。

（1）课程改革的具体内容。

第一，"目标引领、学为中心"的"教、学、评"一体化。

第二，六无六不四变课堂，规定底线要求，让学生高度参与到课堂中来，积极思考，全身心投入，成为课堂的参与者、建设者。

第三，通过三扣一得，六化量表讲评底线要求，培养学生得分能力，完成由学生到考生的转变。

六化：审题标号化，标注化；析题角度化（理科步骤化），对号（前面的标号）化；答题清晰化，术语（学科术语专业）化。

（2）课程改革的实施过程。

第一，先导课的实施与落实。每天一节的先导课，听评课，统一思想，提高认识，课后进行点评和培训。

第二，"目标引领，学为中心"的"教、学、评"一体化导学案。

第三，课堂教学底线要求："六无六不"（对教师而言）。

第四，讲评底线要求，从审题、析题、答题，六化要求，三扣一得、分数化评价（对学生而言），培养学生得分能力。

第五，狠抓临界生，猛促重点升学率。

第六，规范高效的集体备课。

（3）新课程改革的制度保障建设。

第一，"1+1"课堂安排制度。

第二，以学为中心的教学一体化设计制度。

第三，课堂实施一课双备制度（集体备课加先导课）。

第四，临界生全员帮扶制度。

（四）课程评价

1. 课程评价的基本要求

为保障课程的实施，学校对课程的评价既要过程，也看成果。教科室和教导处主要负责国家课程评价，政教处、团委、学生会主要负责校本课程的评价，评价结果纳入教师的教学业务与绩效考核中，学校为此专门制定《沂水二中学生评价成长方案》，对学生进行相关评价。

第一，必修课程和选择性必修课程的评价。主要以书面试卷、课堂上的书面作答的形式进行考查，考查学生的学习成果，包括学生对陈述性知识的理解、记忆、应用能力以及学生的推理及问题解决能力等核心素养能力的考查。

第二，选修课程的评价。选修课程的评价贯穿于日常的社团活动中（学校为此专门制定《沂水二中学生社团管理办法》），社会实践（学校为此专门制定《沂水二中实践活动课程实施方案》）活动等举行的各种活动、比赛中，注重对学生综合素质的考查，强调评价指标的多样性、多元化，坚持不仅要注重学生的学习、学业成绩，还要培养、发现和提高学生多方面的素质和潜能，了解学生个性发展中的需求，帮助学生认识自我，提高自我，塑造自我，建立自信。评价主要采用个人或团体作品测评和日常表现测评：作品测评的关注点是把作品的主要方面作为评价的标尺（作文写作、手抄报、书法、绘画、模型作品等）；表现测评侧重对学生连续的表现进行观察和评判（二中修身笃行榜样评比、演唱表演评比、演讲朗诵评比、社会实践活动），以此判断学生的综合素质。

第三，突出利用学分对学生"学"的评价。以尊重学生为基本前提，以促进学生多元健康成长为根本目的。根据普通高中学生的成长规律和发展需要，正确地确定评价标准和使用恰当的评价方式，积极地发挥评价结果的作

用，通过评价帮助学生正确地认识自己在态度、能力、知识等方面的成就和问题，增加自尊和自信，改进学习方法，提高学习质量。

第一方面：测试成绩。教师要指导每个学生认真分析考试结果，帮助学生改进学习方式，进一步提高学习成绩；通过对每一位学生考试结果的分析和说明，改进和提高教学质量。每学期按年级组评选"志远学习之星"和"弘毅进步之星"，对基础学科考试中成绩优秀和取得较大进步的学生进行奖励。

第二方面：采用学分制评价。对于课程评价，我校利用学分制进行管理，制订相应的学分制实施办法，学生必须按照规定取得相应学分。

第三方面：分层评价。学校根据多元发展的评价原则，对学生实行分层次的、阶梯式的评价，确立激励、教育和反馈的评价功能机制，取消甄别和选拔的功能，形成学生自评，学生互评，学校、教师、家庭、社会实践基地等他评的氛围。

第四方面：展示评价。每学期定时间，定主题，定内容，通过学科特色知识（或某种技能）大赛、探究作品展示活动、志愿者服务队总结汇报会、学生才艺展示、社会实践体验交流活动等丰富多样的形式，对学生在各项课程和活动中的成果进行全方位的展示，并评选出"才艺之星""二中修身笃行榜样"等，对学生本人而言也是一个全面认识自我、肯定自我、建立自信的过程。

2. 学分认定

（1）文化课程学分认定。按照各学科的综合考核情况对学生的学分进行认定。综合考核实行百分制。学分认定构成项目及权重包括以下几方面：

其一，学习过程表现（20%）。学习过程表现包括四个项目，即学生修习时间、课堂表现、作业质量和平时测验成绩，各项目均以满分5分计入总分。

学习课时。该项目主要体现学生学习的参与程度。通过考勤记录检查，修习学时达到模块规定修习学时4/5的记满分，不足满分的按实际修习学时与规定修习学时的比例折合。因病假、事假未能达到规定学时的，在课余时间通过补课达到要求的给予认定。修习时间未能达到要求的不予认定学分。该项目以满分5分记入综合评价，有旷课行为的学生不得记满分。若参加学习课时不满规定学时的1/5者，该项考核记零分。若在模块学习前提出免于参加学时学习的申请，经学校批准后，可以免于参加授课学习，该项记满分。

完成书面作业或练习。在模块学习的过程中，完成老师布置的书面作业的次数和解答的质量要求。有正规作业的学科以正规作业为准，无正规作业的学科以课后练习为准。由教师根据实际情况予以确认。

课堂表现、实验操作（实践活动）。科学领域（物理、化学、生物）的实验操作包括制作、使用、维护工具仪器，科学设计实验和准确操作实验的技能与方法。该项考核可以由教师组织专门的实验操作考查，也可以由教师根据课时教学过程中学生的实际表现水平进行考查。语言与文学领域（语文、外语）、人文与社会领域（思想政治、历史、地理）的实践活动，由教师根据本学科特点设计内容丰富、形式灵活的考查方式，可以是听说读写能力的考查，也可以是贴近实际社会生活的小论文或调查报告，但不宜以专门的考查一锤定音，最好根据几次考查的成绩水平综合考核。

平时测试。指模块学习中，根据需要举行的阶段性知识与理解的测试。分数的确定，可以是该模块学习过程中所有阶段测试的平均，也可以是按计划，名次占不同比例，最后相加而得。

其二，模块结业成绩（80%）。由学校依据课程标准统一命题，试题难度适中，既能让达到该模块基本要求的学生考试合格，又能让该模块学习优秀的学生考出水平。该部分析算满分为80分记入综合评价。模块结业考试成绩不及格或因病不能参加考试的学生可以申请补考，补考两周内进行，补考及格，计为60分（满分100分情况下，否则折算为及格分数），可以进行综合评价；补考仍然不及格，不能进行学分认定。综合评价成绩在60分以上（包括60分）的学生给予学分认定，未达到60分的，不予认定。

其三，学业水平考试成绩（50%）。指全省统一命题、统一组织的学科学习水平考试成绩。学生每一模块学习五项总分达60~74分为合格，75~89分为良好，90分（含）以上为优秀。总分合格者，获得该模块的既定学分。

（2）综合实践活动学分认定。

第一，研究性学习学分认定。研究性学习以课题评价形式认定。研究性学习占15学分，学生必须完成5个课题，每个课题3学分。评价认定研究性学习学分主要依据5方面的材料：① 开题报告和学习方案；② 每次课题研究学习活动的记录；③ 课题研究中所搜集的材料（包括原始材料），处理过的资料、参考文献；④ 具体反映每一成员参与研究的感受、体会的小结；⑤课题研究学习成果（论文、研究报告、解决问题的方案、活动设计、实物设计等）。

第二，社区服务的学分认定。学生三年内应参加不少于10个工作日的社区服务，共获得2个学分。参加的社区服务少于10个工作日由学校酌情认定学分或不给学分。学生可以从学校提供的社区服务清单中选择服务内容，也可以自己申报，经学校审批备案。社区服务以小组或行政班的形式进行。学校依据社区提供的相关资料（服务对象及联系方式、服务时间、服务项目、评鉴意见）和社区服务过程的记录认定有效工作日和学分。

第三，社会实践、社团活动的学分认定。学生每学年至少参加一周时间（40课时）的社会实践或者社团活动，并且有实践材料如心得体会、调查报告等和实践所在单位、场所的书面证明，或者社团活动老师认可的学分学时，经学校审核属实后可获得2个学分。校外社会实践的时间不少于总时间的2/3。军训时间不少于一周，可认定为2学分。

（3）学生学分认定的程序。

第一，学生按规定完成课程（模块）修习并经考试、考核后可填写学分认定申请表向学校提出学分认定申请。

第二，对学生提出的学分认定申请，教学班任课教师要综合学生出勤情况、考试考核情况等进行审核，并提出是否予以认定的初步意见。社会实践和社区服务学分的认定，须有实践场所、服务对象单位的书面评鉴意见和学生在社会实践和社区服务过程的翔实记录。

第三，学分认定委员会下设的学分认定小组对任课教师提出的初步意见和学生相关资料进行复审，向学分认定委员会提出是否认定学分的意见。

第四，学分认定委员会召开全体会议，确定是否认定学分，学分认定委员会主任签署认定意见。

第五，公告获得学分的学生名单。对不能获得学分的学生，学分认定委员会要书面向学生说明原因。

三、课程保障

（一）组织保障

为深化教育课程改革，学校成立了学校课程规划领导小组，设立四个职能工作小组，整合各部门力量，及时研究、引领、指导、调控和改进学校课程建设和实施工作。并在此基础上，学校设立了五个实体中心：课程中心、学生发展中心、教师发展中心、信息中心和大数据中心，支撑和推进学校课程规划的实施。

（1）学校课程规划领导小组，负责对学校课程改革实施工作作出决策和部署，确立选修课程体系，整体规划学校课程，建立课程开发保障机制；负责校情分析、人事安排、资源开发、经费投入、政策支持、总体协调等方面；负责综合分析学校培养目标、学生课程需求、教师个性专长以及学校拥有的优势资源，整体规划课程体系；审定学校课程设置，并及时进行管理和调控实施过程，全面掌握新课改的整体实施状况。

（2）课程开发小组，制订《学校校本课程申报开发办法》及《课程审定奖励管理办法》，组建课程开发团队，落实选修课程的设计与开发。

（3）选课指导小组，负责制定学生选课的各种具体政策，编制《学生选课指导手册》，提供学校详细的课程安排，并对学生的选课提供建议和咨询；指导学科组负责本学科选课指导与咨询。

（4）课程实施管理小组，全面负责学校新课程实施的教学管理工作，根据上级课程指导意见和计划，结合学校实际和学生选课情况，制定学校课程、设置课程课表、确定上课教室、统计学生名单，及时了解教学进度及学生参与情况，实施全程全面管理。

（5）课程评价认定小组，负责学校课程实施教学质量的评价与反馈，主要负责制定评价方式和手段标准，形成《学生学分认定管理办法》，严格按学

分认定的程序操作，建立学生学分档案，及时激励和评价学生的学习情况。

学校推进课程组织建设，充分发挥学校"仁毅"教育哲学的引领作用，坚持问题导向，不断激发课程建设组织活力。

（二）机制保障

1. 国家课程运作机制

学校出台《沂水二中教研制度》，健全课程管理的科学运作机制，推进国家课程创造性实施，强化集体备课，发挥先导课的研课作用，不断优化教学方式，注重启发式、互动式、探究式教学；融合运用传统与现代技术手段，重视情境教学；探索基于学科的课程综合化教学，开展研究型、项目化、合作式学习，切实提高课堂教学质量，有力推进国家课程的操作性实施。

2. 校本课程开发机制

学校在强调国家课程的校本化实施过程中，挖掘和开发地方课程资源，建设有学校特色的课程资源库，积极打造聚焦问题解决的跨学科、项目式、探究性学习，制定《沂水二中校本课程开发方案》，确定课程资源的开发制度和相应的运作机制，包括校本课程的申报制定、审议制度和激励机制，确保校本课程的开发与实施。

3. 选课机制

成立以业务副校长为组长的学校选课指导小组，建立选课制度，编排选课指南，召开选课宣讲会，指导学生根据学习兴趣特长、学科学业基础、专业发展趋向、大学招生要求自主选科目、选层次、选教学班级，同时确立学生退改选的落实，保障学生选课权利，确保开足、开齐、开好必修、选择性必修和选修课程。

在教学推进过程中，通过走班管理系统、大数据等分析质量系统，对选课走班相匹配的教学管理不断研究和改进，进一步完善选课走班制下的教师、学生、班级、年级等多元化评价体系。

（三）制度保障

学校课程建设的实践推进中，课程管理成为最重要的环节。学校努力实践由教学中心管理向课程中心管理转型，健全课程管理制度，构建专业高效的课程管理机制。学校围绕课程教学，建立系列制度，包括《沂水二中课程实施方案》《沂水二中学生选课制度》《沂水二中课程质量评价制度》《沂水二中课程资源管理制度》《沂水二中课堂教学管理制度》《沂水二中教学质量绩效奖励实施方案》，等等。

（四）资源保障

学校成立以总务副校长为组长的课程建设服务保障小组，为实施课程改革提供必要的物质后勤保障；加大经费投入、改善办学条件；确保经费投入，优先用于教师培训、课程开发、课题研究等，每学期为教师选购教育教学书籍供教师学习和阅读，为教师的发展铺设平台。加大设施建设，建设教师之家，完成智慧校园建设和大型心理咨询室建设。安排好功能教室、学生活动室，提升、完善相关硬件建设。

12

山东省枣庄市第八中学"自主·卓越"课程规划方案

编者点评

　　课程结构和设置的科目是落实课程目标、实现教育理想的载体。枣庄市第八中学的这份课程规划方案，从国家课程和校本课程方面构筑"自主·卓越"的课程体系，简洁、规范，旨在"培养自主学习、乐于合作，敢于担当、勤于实践，积极创新、不断超越的优秀学子"。课程方案围绕立德树人的根本任务，依据国家课程方案，从语言文学、数学、自然科学、社会科学、技术、艺术、体育与健康和综合实践活动八个学习领域组织学校课程，较好地落实了高中课程方案中的内容和要求。基于对当地课程特色资源的校本化利用，进行挖掘、整合和拓展，考虑学生多样化、个性化、持续性发展的需要，从德育课程、生涯规划、科学课程、人文课程、审美课程、健康课程、实践课程、竞赛课程等八大领域开设了100余门校本课程。并分年级详细地呈现出了国家课程和校本课程每个学习领域具体的科目安排、课时分配，必修、选择性必修和选修三类课程互相支持、互相融合，有助于促进学生核心素养的全面发展，课程规划方案具有较强的可操作性。

　　课程目标需要进一步丰富"培养有理想、有本领、有担当的新时代高中生"的内涵。与之对应的综合素质评价，除了"班主任通过日常操行用等级形式对学生在出勤管理、学习态度、团结协作、遵规守纪等方面进行评价"之外，需要进一步完善评价内容和评价指标，明确具体的实施方式和评价标准。

山东省枣庄市第八中学"自主·卓越"课程规划方案

设计者：戚峰　李雪玉　高尚法　赵辉　许爱华

山东省枣庄市第八中学始建于1952年，现有一校三区，占地630余亩，在校生7300余人。学校曾荣获全国文明校园、全国青少年足球特色学校、山东省首批特色高中等荣誉。

近年来，学校坚持"自主·卓越"的核心理念，以"为学生发展服务、对学生一生负责"为育人宗旨，以培养"自尊、自信、自律、自强的新时代高中生"为目标，坚持改革创新，构建具有鲜明特色的"自主·卓越"课程体系，教育学生学会做人、学会生活、学会学习、学有特长，不断促进学校特色化发展，特制定了本课程规划方案。

一、课程依据

（一）国家政策依据

（1）《普通高中课程方案》。针对高中学生多样化的学习需求及高考要求，保证基础课程的前提下，适当增加课程的选择性，为不同发展方向的学生提供有选择的课程。从选课走班等新要求出发，进一步明确课程实施环节的责任主体和要求，增设了"条件保障""管理与监督"内容，强化各级教育行政部门和学校课程实施的责任。

（2）《基础教育课程教学改革深化行动方案》。立足课程、教学、评价、教研一体化设计，突出育人方式变革，制定一套针对性突出、可行性强的行动方案，是对基础教育深化课程教学改革的具体化细化表述，从时间节点、责任单位、实施方式、工作要求等方面给出具有操作性指导性的实施方案。

（3）《关于加强中小学地方课程和校本课程建设与管理的意见》。遵循"整体设计，协同育人；因地制宜，体现特色；以管促建，提升质量"的基本原则，学校合理开发校本课程，强化审议审核、备案、课程教学管理等制度建设，引导学校以国家课程为主，把专题教育落实到日常教育教学活动中。

（二）学校教育哲学

学校70多年的发展历程，积淀形成了"精诚同心，励志有成"的第八中学精神，以"养浩然正气，做博学之人"为校训，以"育人报国"为使命，秉承"为学生发展服务，对学生一生负责"的育人宗旨。课程规划追求的愿景是通过建设"自主·卓越"的课程体系，培养自主学习、乐于合作，敢于担当、勤于实践，积极创新、不断超越的优秀学子。学校推行全员育人导师制，培养学生的"十大习惯"，"三三四"自主教育体系初步架构。面向全体，分层分类，加强奥赛辅导，创新人才培养体系初步形成。加强社团建设和艺体教学，艺体特长学生培养机制不断优化；实施彩虹计划，初高中教育良好衔接日益完善。

（三）学生发展需求

进入高中之后，学生自主意识不断增强，认知体系基本形成，情绪体验更加丰富，但还不够成熟、不够稳定，要想有更好的发展，需要自我认知、自主发展、社会适应、情绪智力、健康生活、问题解决等方面全面提升，而这些综合素质的提升，需要课程体系的支撑。

在这种背景下，学校着手进行课程开发，开设了问卷调查。从反馈结果分析可知，在18项学校课程目标的表述中，就"学生最认可的目标"这一调查项目，按选择的学生人数百分比进行排序，前十项均超过50%，排在前五项的是：学会自主学习，占学生总数的70%；养成良好的学习和行为习惯，占学生总数的67%；学会认识自我，逐渐了解自己的兴趣爱好，占学生总数的60%；具有责任担当，占学生总数的55%；突出学科素养，占学生总数的52%。学校"自主·卓越"课程体系保护和培养每一位学生的兴趣爱好，开发和培育每一位学生的学习潜能和特长，让每一位学生都能"自主·卓越"地成长。

（四）课程建设优势

（1）硬件优势。学校建有文史馆、美术馆、图书馆、社团活动中心及科技活动中心、生物标本室、计算机房、塑胶运动场等。有多媒体教室180多间，计算机教室12间，电子阅读室3间，理、化、生实验室70余间，科技活动室6间，劳技教室8间，劳动实践基地3亩，图书馆藏书8万余册，校园网与互联网连接，广播电视系统覆盖所有教室，具有较好的硬件资源，能支持选修模块课程的开设。

（2）师资优势。学校拥有一支学养深厚、素质优良的教师队伍，现有教职工750余人，其中正高级教师7人、高级教师187人、省名师8人、市名师70人。

（3）管理优势。学校坚持"统一领导、分层负责、扁平分布、条块结合"的管理机制，完善处室垂直式管理和年级扁平式管理相结合的网状管理模式。强化教学领导力，积极推进教学管理机制改革，学校设有课程实施指导中心、教师发展指导中心、学生发展指导中心等专业教学指导协调机构，加强教学管理的同时履行服务职责。

二、课程目标

坚持国家课程校本化、地方课程融合化、校本课程特色化的整体思路，构建学校"自主·卓越"的课程体系，提升学生综合素质，发展学生核心素养，培养有理想、有本领、有担当的新时代高中生。

（1）转变学习方式，进行自主、合作、探究学习，培养获取必备知识、分析问题、解决问题的关键能力。

（2）正确认识自我，选择个性潜能发展的独特领域和生长点，拓展知识领域，主动学习，培养创新精神和实践能力，不断追求卓越。

（3）促进学习能力、科学精神、阅读表达、社会担当、艺术审美、人文情怀、身心健康、自我管理等优秀品质的培养。

三、课程结构与设置

（一）整体课程结构及其说明

学校课程体系是以"自主卓越，全人发展"为中心，紧紧围绕核心素养的文化基础、自主发展和社会参与三大领域，贯彻落实国家课程，实施校本课程。

课程涉及八大领域：语言文学、数学、自然科学、社会科学、技术、艺术、体育与健康和综合实践活动。如图1所示：

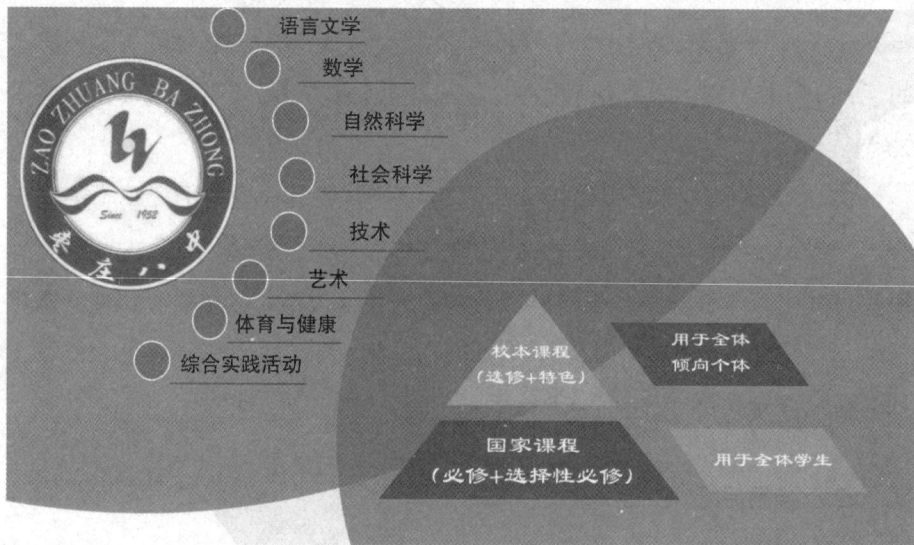

图1　山东省枣庄市第八中学课程结构

学校"自主·卓越"课程是一个完整的体系，体现国家和校本两大类课程，体现高中三个学段课程目标的整体布局分步实施，体现必修、选择性必修、选修等修习模式的灵活运用。目标整体、结构多元、尊重选择、差异发展是课程整体框架设计的内在精神。如图2所示：

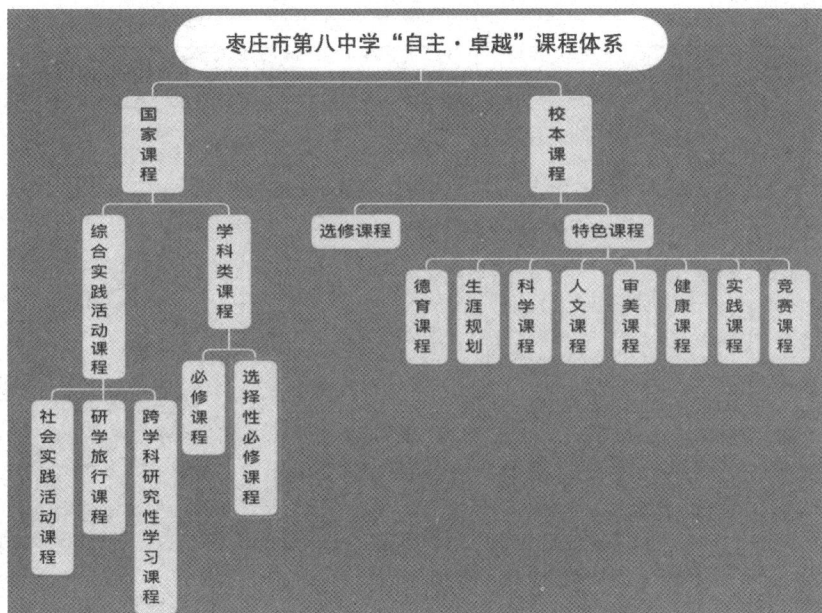

图2 山东省枣庄市第八中学课程体系

（二）课程设置与课时分配、比例及其说明（如表1、表2）

表1 山东省枣庄市第八中学课程设置与学分结构表

科目	学分		一年级		二年级		三年级		选修
	必修	选择性必修	上学期	下学期	上学期	下学期	上学期	下学期	
语文	8	6	4	4	6				0~6
数学	8	6	4	4	6				0~6
外语	6	8	6		8				0~6
思想政治	6	0~6	2	2	2	0~2	0~4		0~4
历史	4	0~6	2	2	0~2	0~2	0~2		0~4
地理	4	0~6	2	2	0~2	0~2	0~2		0~4
物理	6	0~6	2	2	2	0~2	0~4		0~4
化学	4	0~6	2	2	0~2	0~2	0~2		0~4

续表

科目	学分 必修	学分 选择性必修	一年级 上学期	一年级 下学期	二年级 上学期	二年级 下学期	三年级 上学期	三年级 下学期	选修
生物学	4	0~6	2	2	0~2	0~2	0~2		0~4
信息技术	3	0~18	3				0~18		0~4
通用技术	3		3+6（劳动技术6分）						0~4
音乐	3	0~9	1	1	1		0~6		0~2
美术	3	0~9					0~6		0~2
体育与健康	12	0~18	2	2	2	2	2	2	0~4
			3						
综合实践活动（包括劳动）	14		14						
校本课程（学校）		8	2	2	2	2	2		8
合计	88	（38~46）+8							14~54

表2　课程设置明细

课程 / 学习领域	国家课程	校本课程（选修）	校本课程（学校特色）	备注
语言文学	语文	中华传统文化专题研讨；中国现当代作家作品专题研讨；中国革命传统作品专题研讨；汉字汉语专题研讨	诗词鉴赏；传统文化与现代应用；古典小说精粹赏读；古典美文选读；高中语文必考经典篇目及文化常识；中华经典文言故事选读；让经典活起来之课本剧改编；高中语文读写创；寻觅诗词中的二十四节气；中学生规范书写	学生根据自己的兴趣爱好，自主选择校本课程的学习，可以自主参加社团活动

续表

学习领域 \ 课程	国家课程	校本课程（选修）	校本课程（学校特色）	备注
语言文学	英语	高中英语选修（8、9、10模块）	英语世界；文学欣赏，读写结合——英文经典永流传；英美文化小常识；高中英语读后续写与概要写作指导；英语口语教程；英语读与写；英语新高考；高中英语竞赛写作与思维训练；英文名著进课堂	
数学	数学	A类课程：微积分；空间向量与代数；概率与统计	数学之美；高中数学奥赛教程；高效学习	
自然科学	物理	物理选修（1、2、3）；化学实验；化学与社会；传染病与防控；食品安全与检疫；史学入门；史料研读；财经与生活；法官与律师；地理野外实习；城乡规划；环境保护	高中物理竞赛教程；生活中的化学；生活中的生物学；生活与地理；旅游地理；与物理同行—物理学史篇；生物·科技·生活；生活中的物理；校园植物鉴赏	
	化学			
	生物			
	地理			
社会科学	思想政治		铭记历史；枣庄历史与文化系列丛书之水乡古韵；西方社会文化生活现象简介；高中心理健康教育活动实践；生命 安全 成长；健康人生；校园安全读本；心理导航；时代风云—新时代中国外交；好习惯成就未来；做最好的自己——高中生自主教育	
	历史			
	安全教育			

续表

课程 学习 领域	国家课程	校本课程（选修）	校本课程（学校特色）	备注
技术	通用技术	算法初步； 移动应用设计	中学生创造力培养教程；信息技术前沿科技发展历程鉴赏；创客指南	
	信息科技			
艺术	音乐	合唱；合奏；舞蹈表演；戏剧表演；音乐基础理论；视唱练耳；工艺；设计	美术经典中的党史故事；国色绘疗；唱响青春——中学生最喜爱的合唱歌曲集；装饰画；高中生学习篆书·隶书·楷书·行书技法指南；音乐百花园；现代剪纸艺术；基础摄影入门课程；纸为你，剪世界；艺风拂面，陶冶情操——陶艺；魅力点染——扎染的传承与创新；楷书·多宝塔碑——"汉字之魂"学生软笔；素描专业训练；水粉画基础；中国书法的欣赏与学习；色彩认识与风景写生；陶艺；篆刻；高中硬笔书法；记录生活之美	
	美术			
体育 与健康	体育与健康	选择性必修3模块任选	体能、武术与健身操；球类运动；快乐足球；武术；羽毛球基础；健身健美操；乒乓球基础	

续表

课程 学习领域	国家课程	校本课程（选修）	校本课程（学校特色）	备注
综合实践活动	社会实践课程、研学旅行课程、社会实践活动课程		高中生涯规划；高中学习方法指导；大学专业解析；智慧创新；高中生文明礼仪规范；法制与人生；高中生德育实践；多彩的家乡文化；鲁南地区红色研学游	

说明：

我校认真实施国家课程（必修、选择性必修），规范实施校本课程（选修+学校特色课程）；关注学生个性特长，利用各种资源，开发校本课程，拓展学生的学习空间，加强课程内容的层次性、广泛性、多样性、动态性和社会性。

课时分配根据年级不同分别设置。如表3、表4、表5所示：

表3　高一课程设置与课时分配、比例及其说明

课程类型	科目	周课时数	课程实施形态 必修	课程实施形态 选修 限选	课程实施形态 选修 自选	备注
国家课程	语文	4	●			必修上，必修下
	数学	4	●			必修
	英语	4	●			必修1、必修2、必修3；日语教程（个别学生选择性必修）
	物理	2	●			必修1、必修2
	化学	2	●			必修1、必修2
	思想政治	2	●			必修1、必修2、必修3
	历史	2	●			中外历史纲要

续表

课程类型	科目		周课时数	课程实施形态			备注
				必修	选修		
					限选	自选	
国家课程	地理		2	●			地理1、地理2
	生物学		2	●			必修1、必修2
	信息技术		1	●			必修模块1：数据与计算
	通用技术		1	●			必修模块1：技术与设计1
	音乐		1	●			音乐鉴赏
	美术		1	●			美术鉴赏
	体育与健康	科目1	2	●			体育与健康（全一册）
		科目2	1		●		选择性必修3模块任选
	综合实践活动	党团活动	1			●	校园安全读本
		学生发展指导	1		●		好习惯成就未来
		社会实践	1	●			《纸为你，剪世界——奇妙纸艺》校本教材、非遗文化土陶
		研究性学习	1	●			传统文化与现代应用
		研学旅行	1		●		鲁南地区红色研学游
劳动			1				校园劳动实践基地开展劳动实践活动

续表

课程类型	科目	周课时数	课程实施形态			备注
			必修	选修		
				限选	自选	
	周课时小计		31+（1~3）			注：信息和通用技术课程每周一节；综合实践活动中的党团学习、社会实践和研学旅行在周二、四、五的8、9节自习课，三科间隔进行
校本课程	德育课程	1	●			高中生文明礼仪规范；法制与人生；护航或法律解读；普通高中德育实践。以上任选
	生涯规划	1		●		提高学习效率；大学专业解析；做最好的自己——高中"自主教育"研究；记录生活之美；健康人生；好习惯成就未来。以上任选
	科学课程	0~1			●	生活中的化学；生活中的生物学；生活与地理；旅游地理；与物理同行—物理学史篇；生物·科技·生活；生活中的物理；化学实验；校园植物鉴赏；高一数学教案及学案；数学之美；高中数学奥赛教程；高效学习。以上任选
	人文课程	0~1			●	英语读与写；高中英语读后续写与概要写作指导；铭记历史；枣庄历史与文化系列丛书之水乡古韵；西方社会文化生活现象简介；时代风云——新时代中国外交；好习惯成就未来；做最好的自己——高中"自主教育"研究；护航或法律解读。以上任选

续表

课程类型	科目	周课时数	课程实施形态			备注
			必修	选修		
				限选	自选	
校本课程	审美课程	1			●	唱响青春——中学生最喜爱的合唱歌曲集；装饰画；高中生学习篆书·隶书·楷书·行书技法指南；音乐百花园；现代剪纸艺术；基础摄影入门课程；隶书·曹全碑——"汉字之魂"学生软笔书法；纸为你，剪世界——奇妙纸艺；艺风拂面，陶冶情操——陶艺；魅力点染——扎染的传承与创新；楷书·多宝塔碑——"汉字之魂"学生软笔书法；素描专业训练；水粉画基础；国色绘疗；中国书法的欣赏与学习；色彩认识与风景写生；陶艺；篆刻；高中硬笔书法；速写专业训练；艺风拂面 陶冶情操；记录生活之美。以上任选
	健康课程	1			●	快乐足球；高中心理健康教育活动实践；生命 安全 成长；健康人生；高中生心理健康与社会情感能力培养读本；心理导航。以上任选
	实践课程	1	●			高一军训教程；提高学习效率；大学专业解析；智慧创新；高中生文明礼仪规范；法制与人生；普通高中德育实践；记录生活之美；选课走班指南；生涯规划；鲁南地区红色研学游。以上任选

续表

课程类型	科目	周课时数	课程实施形态			备注
			必修	选修		
				限选	自选	
校本课程	竞赛课程	0~1			●	高一数学;数学之美;高中数学奥赛教程;高效学习;高中物理奥赛。以上任选
周课时小计		2~3				课程选修的课时基准数为2节,根据每个学生自主选修的情况略有不同
劳动和志愿服务课程课时不计入						
周课时总计		35				

表4　高二课程设置与课时分配、比例及其说明

课程类型	科目	周课时数	课程实施形态			备注
			必修	选修		
				限选	自选	
国家课程	语文	5	●			选择性必修上、选择性必修下
	数学	5	●			选择性必修
	英语	5	●			选择性必修4、5、6、7;日语教程(个别学生选择性必修)
	物理	3	●			必修3、选择性必修1
	化学	3	●			选择性必修1、选择性必修2
	思想政治	3	●			必修4、选择性必修1
	历史	3	●			选择性必修1、选择性必修2
	地理	3	●			选择性必修1、选择性必修2
	生物学	2	●			选择性必修1、选择性必修2
	信息技术	1	●			必修模块2:信息系统与社会

续表

课程类型	科目		周课时数	课程实施形态			备注
				必修	选修		
					限选	自选	
国家课程	通用技术		1	●			必修模块2：技术与设计2
	音乐		1	●			音乐鉴赏和歌唱
	美术		1	●			速写基础
	体育与健康	科目1	2	●			选择性必修中任选2模块（体能）
		科目2	1			●	选择性必修3模块任选
	综合实践活动	党团活动	1			●	铭记历史；枣庄历史与文化系列丛书之水乡古韵。以上任选
		学生发展指导	1	●			选课走班指南；生涯规划
		社会实践	1		●		基础摄影入门课程
		研究性学习	1			●	西方社会文化生活现象简介
		研学旅行	1		●		鲁南地区红色研学游
周课时小计			31+（1~3）				注：物理、政治上学期必修、下学期选择性必修；信息和通用技术课程每周一节；综合实践活动中的党团学习、社会实践和研学旅行在周二、四、五的8、9节自习课，三科间隔进行（地方课程已融入）

续表

课程类型	科目	周课时数	课程实施形态			备注
			必修	选修		
				限选	自选	
校本课程	德育课程	1			●	高中生文明礼仪规范;法制与人生;护航或法律解读。以上任选
	生涯规划	1	●			提高学习效率;大学专业解析;做最好的自己——高中"自主教育"研究;普通高中德育实践;记录生活之美;好习惯成就未来。以上任选
	科学课程	1			●	生活中的化学;生活中的生物学;生活与地理;旅游地理;与物理同行——物理学史篇;生物·科技·生活;生活中的物理;化学实验;校园植物鉴赏;高一数学教案及学案;数学之美;高中数学奥赛教程;高效学习。以上任选
	人文课程	1			●	英语读与写;高中英语读后续写与概要写作指导;铭记历史;枣庄历史与文化系列丛书之水乡古韵;西方社会文化生活现象简介;时代风云—新时代中国外交;好习惯成就未来;做最好的自己——高中"自主教育"研究;护航或法律解读。以上任选

续表

课程类型	科目	周课时数	课程实施形态			备注
			必修	选修		
				限选	自选	
校本课程	审美课程	1		●		唱响青春——中学生最喜爱的合唱歌曲集；装饰画；高中生学习篆书·隶书·楷书·行书技法指南；音乐百花园；现代剪纸艺术；基础摄影入门课程；隶书·曹全碑——"汉字之魂"学生软笔书法；纸为你，剪世界——奇妙纸艺；艺风拂面，陶冶情操——陶艺；魅力点染——扎染的传承与创新；楷书·多宝塔碑——"汉字之魂"学生软笔书法；素描专业训练；水粉画基础；国色绘疗；中国书法的欣赏与学习；色彩认识与风景写生；陶艺；篆刻；高中硬笔书法；速写专业训练；艺风拂面 陶冶情操；记录生活之美。以上任选
	健康课程	1			●	快乐足球；高中心理健康教育活动实践；生命 安全 成长；健康人生；高中生心理健康与社会情感能力培养；心理导航。以上任选
	实践课程	1		●		高中心理健康教育活动实践；生命 安全 成长；健康人生；高中生心理健康与社会情感能力培养；心理导航；时代风云——新时代中国外交；好习惯成就未来；做最好的自己——高中"自主教育"研究；护航或法律解读。以上任选

续表

课程类型	科目	周课时数	课程实施形态			备注
			必修	选修		
				限选	自选	
校本课程	竞赛课程	1			●	智慧创新;高中数学奥赛;高中物理奥赛;数学之美。以上任选
周课时小计		2~4				课程选修的课时基准数为2节,根据每个学生自主选修的情况略有不同
劳动和志愿服务课程课时不计入						
周课时总计		35				

表5 高三课程设置与课时分配、比例及其说明

课程类型	科目	周课时数	课程实施形态			备注
			必修	选修		
				限选	自选	
国家课程	语文	5			●	诗词鉴赏;国学经典走近儒学;高中语文必考经典篇目及文化常识;中华经典文言故事选读。以上任选
	数学	5			●	高中数学奥赛;高效学习。以上任选
	英语	5			●	文学欣赏读写结合——英文经典永流传
	物理	4	●			选择性必修2、3
	化学	4	●			选择性必修3
	思想政治	4	●			选择性必修2、3
	历史	4	●			选择性必修3
	地理	4	●			选择性必修3

续表

课程类型	科目		周课时数	课程实施形态			备注
				必修	选修		
					限选	自选	
国家课程	生物学		4	●			选择性必修3
	信息技术						
	通用技术						
	音乐		1	●			选择性必修——歌唱
	美术		1	●			素描基础
	体育与健康	科目1	2	●			选择性必修中任选2模块（体能）
		科目2	1			●	高中心理健康教育活动实践
	综合实践活动	党团活动	1			●	铭记历史；枣庄历史与文化系列之水乡古韵。以上任选
		学生发展指导	1	●			选课走班指南；生涯规划
		社会实践	1		●		基础摄影入门课程
		研究性学习	1			●	西方社会文化生活现象简介
		研学旅行	1			●	鲁南地区红色研学游
周课时小计			31+（1~2）				注：若学生在高一、高二期间综合实践活动课程修够学分的可以不再选修（地方课程已融入）。

续表

课程类型	科目	周课时数	必修	限选	自选	备注
				选修		课程实施形态
校本课程	德育课程	1		●		高中生文明礼仪规范;法制与人生;护航或法律解读。以上任选
	生涯规划	1		●		提高学习效率;大学专业解析;做最好的自己——高中"自主教育"研究;普通高中德育实践;记录生活之美;好习惯成就未来。以上任选
	科学课程	1			●	高中数学选修4-1、4-4、4-5;物理选修1、2、3;化学实验;化学与社会
	人文课程	1			●	铭记历史;枣庄历史与文化系列之水乡古韵;西方社会文化生活现象简介;时代风云——新时代中国外交;日语;英语读与写;高中英语读后续写与概要写作指导
	审美课程	1			●	唱响青春——中学生最喜爱的合唱;装饰画;高中生学习篆书·隶书·楷书·行书技法指南;音乐百花园;现代剪纸艺术;基础摄影入门课程;隶书·曹全碑——"汉字之魂"学生软笔书法;纸为你,剪世界——奇妙纸艺;艺风拂面,陶冶情操——陶艺;魅力点染——扎染的传承与创新;楷书·多宝塔碑——"汉字之魂"学生软笔书法;素描专业训练;水粉画基础;国色绘疗;中国书法的

续表

课程类型	科目	周课时数	必修	限选	自选	备注
校本课程	审美课程					欣赏与学习；色彩认识与风景写生；陶艺；篆刻；高中硬笔书法；速写专业训练；艺风拂面 陶冶情操；记录生活之美。以上任选
	健康课程	1			●	快乐足球；高中心理健康教育活动实践；生命 安全 成长；健康人生；高中生心理健康与社会情感能力培养；心理导航。以上任选
	实践课程	1		●		高中心理健康教育活动实践；生命 安全 成长；高中生心理健康与社会情感能力培养；心理导航；时代风云——新时代中国外交；好习惯成就未来；做最好的自己——高中"自主教育"研究；护航或法律解读。以上任选
	竞赛课程	1			●	智慧创新；高中数学奥赛；高中物理奥赛。以上任选
周课时小计		2~3				高一、高二已选够8学分学生可以不选；课程选修的课时基准数为2节，根据每个学生自主选修的情况略有不同
劳动和志愿服务课程课时不计入						
周课时总计		35				

说明：

学校课程设置符合《普通高中课程方案（2017年版2020年修订）》文件精神，学制与课时科学合理。每学年52周，其中教学时间40周，社会实践1周，假期（包括寒暑假、节假日等）11周。每周35课时，每课时按45分钟计。18课时为1学分。在保证科目教学时间总量不变的前提下，学校根据教学实际需要，调整课堂教学时长，开展长短课时相结合的实践探索。类型设置全面灵活。根据国家规定的必修、选择性必修、选修三类课程结构，设置为国家课程、校本课程，共144学分，其中体育与健康的必修内容，必须在高中三学年持续开设；劳动为必修科目，共6学分，其中志愿服务2学分，在课外时间进行，三年不少于40小时；其余4学分内容与通用技术的选择性必修内容以及校本课程内容统筹；中华优秀传统文化、革命文化、社会主义先进文化、法治意识、国家安全、民族团结和生态文明等教育有机融入相关科目，渗透在学科课程中实施。

（三）校本课程开设的具体内容与说明

学校校本课程开设的具体内容如图3所示：

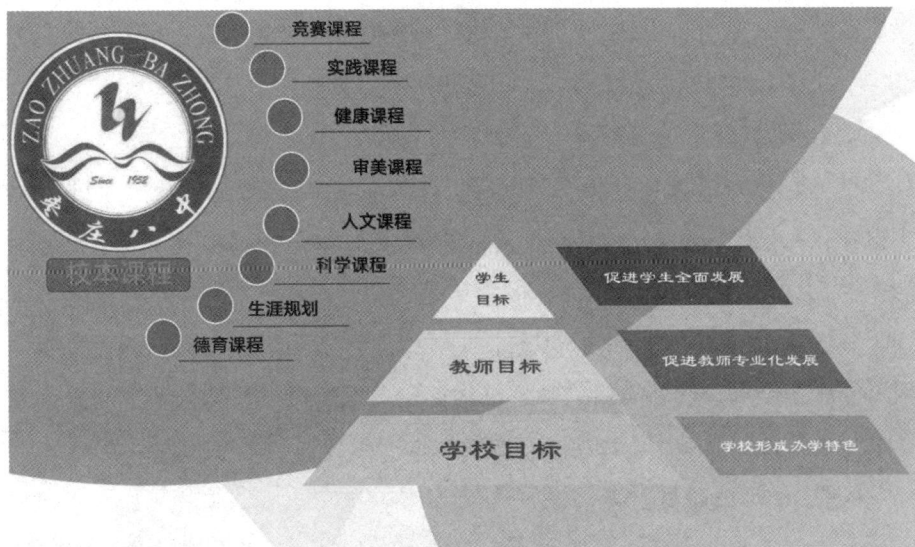

图3　山东省枣庄市第八中学校本课程结构

学校基于对国家课程（必修、选择性必修）和校本课程（选修）及当地课程特色资源的校本化利用，进行挖掘、整合和拓展，考虑到学生多样化、个性化、持续性发展的需要，已经或将要开发竞赛课程、实践课程、健康课程、审美课程、人文课程、科学课程、生涯规划、德育课程等八大领域校本课程100余种。校本课程的开设是教务处（课程实施指导中心）统一安排到三个年级具体实施，学生自主参与，开展多元化的社团活动，培养学生的兴趣特长、创新思维和实践能力。

四、课程实施

（一）编制课程纲要

国家课程教师根据课程标准、教情学情、教材内容等，从课程目标、课程内容（包括分单元内容）、课程实施、课程评价等方面形成模块课程纲要，做好课程实施的规划，拟定单元检测和模块检测方案。校本课程教师依据教学目标、教学资源等编制校本课程纲要，修订完善校本教材，编写课程简介，拟定课时教学方案。实践课程依据劳动课程、志愿服务、研究性学习、研学旅行等不同类型分年级编入教学安排，编制课程纲要（课程方案），确定综合实践课程的类型、目标、内容、实施和评价要求等具体内容。

（二）做好学生选课指导

建立学生发展指导制度，建设专、兼职相结合的教师队伍，加强对学生自我认知指导、学业选课指导，帮助学生更好地适应高中阶段的学习与生活，提高选修课程、选考科目、报考专业和未来发展方向的自主选择能力。同时分学期印制学生选课指导手册，指导手册包括课程的领域、课程类型、课时安排、课程简介、主讲教师、考核评价要求（重点是学分认定的方式和要求）等信息，供学生合理确定自己的学期课程规划。

（三）学生选课与上课

学生利用选课指导手册，根据自己的兴趣特长，填报选课志愿表。为便于统筹安排，每位学生选择的校本课程多于2门应选课程。学生选课多于课程容量的，程序抽签决定上课人选，未抽中的学生检索2门多选课程，教务处对学生的志愿表进行统计汇总。为提高教学效益，凡选择人数不足30人的课程暂不开设。年级依据学生选课情况编排课程表，一学期按18周安排，课程表应包括课程、授课教师、学习地点等信息。学生依据课程表固定班级上课或走班上课，走班上课时固定学生座次，严格进行考勤和管理。

（四）规范课程教学管理

教师自觉严格执行教学计划，开展新课堂达标活动，以构建"三为主，五环节"自主特色课堂模式为抓手，即以"教为主导、学为主体、学会学习"为主线，通过"导入目标、自主学习、展示提升、点评指导、达标测评"五个环节，培养学生的学科核心素养。按照学校制定教师千分量化奖励机制，对照教师工作量考核细则，落实绩效工资兑现要求，体现多劳多得，优劳多得，调动教师的责任心。

（五）完善多元综合的课程评价与学分认定体系

课程评价与学分认定体系坚持多元评价、过程性评价的方式。多元评价着力从"学科学业成效""技能特长发展"和"行为规范养成"三个方面进行。过程性评价可以采取课堂表现、作业完成、单元检测、微课题研究、汇报演讲等多种形式进行。

（六）丰富学校校本课程体系

做好校本课程立项，教研组综合学生需要、课程实际、课程资源等，确定校本课程开发的内容，提交《校本课程开发申报表》，校本课程开发实施领导小组对教研（备课）组提交的《校本课程开发申报表》进行审定，确定立项课程。进行课程研发培训，组织担任校本课程教材编写的教师通过读书、网络学习、专题研讨等方式，进行校本课程开发实施的基本理论和专业要求的培训，提高课程设计能力。做好课程落实实施。经学校校本课程开发实施领导小组审定通过的校本课程，由教务处列入校本课程实施计划，列入课程表付诸实施。教务处对课程实施进行检查，包括教案、授课、课后反思、建议意见等，汇总后作为下一轮校本课程开设的经验材料。

五、课程评价

（一）成立评价组织机构

学校成立校长牵头，教科室、教务处、艺体办、各年级等共同组成的课程实施评价小组。

（二）构建课程评价体系

（1）学业成绩评价。以分数评价的课程，学业总成绩主要包括以下三部分：一是学时成绩（C），即学生上课出勤率评价。出勤率低于60%无成绩；超过90%，可计满分；占学业总成绩的20%。二是课业成绩（P），即课业完成情况评价。包括平时上课听讲、学习的态度、作业的完成情况，占学业总成绩的40%。三是结业成绩（K），即课程结业成绩评价。占学业总成绩的40%。

学生学业成绩达到60分以上获得相应学分。学业成绩评价由任课教师负责，在期末考试后汇总结果报年级审批。

（2）社会实践评价。社会实践中的社区劳动、职业体验由实践单位按照优秀、合格和不合格三个等级进行评价。研究性学习按照研究性过程（包括选题、调查、资料查找等）占比50%，成果论文评价50%。研学旅行评价包括研学表现、调研评价、成果评价等三个方面。研究性学习和研学旅行的评价由学生的导师依据评价量表进行评价。

备注：校内不按成绩进行评价的部分一般需要设计评价量表进行评价。

（3）综合素质评价。班主任通过日常操行用等级形式对学生在出勤管理、学习态度、团结协作、遵规守纪等方面进行评价，通过操行评语对学生进行写实性、发展性评价。相关教师督促学生做好身心健康、党团活动等项目的描写，对学生的活动进行评价。

六、课程保障

（一）组织保障

1.成立领导小组

成立由校长任组长的课程改革领导小组，进行课程改革的顶层设计，统筹指导推进三个校区的课程规划实施。领导小组下设课程评审委员会、学分认定委员会、学生选课指导中心、课程研发中心等部门。

2.优化管理职能

优化机构设置，对现有中层部门职能进行调整与重新定位，教务处加挂课程实施指导中心、教科室加挂教师发展指导中心、政教处加挂学生发展指导中心牌子。

3. 明确工作职能

（1）课程评审委员会：负责组织专家组评审审定校本课程的建设与开设，制订校本课程评价标准。

（2）学生选课指导小组：负责组织学生生涯规划教育，组织班主任和教师对学生进行选课指导。

（3）学分认定委员会：主持学分认定工作，指导教务处做好校本课程教务管理，制订组织走班选课，编排校本课程教学班课程表，收集学分认定资料，做好学分登记认定工作。

（4）课程实施指导中心（教务处）：负责校本课程教务管理，组织教研组开展校本课程评价和校本课程教研活动。

（5）教师发展指导中心（教科室）：以课程规划实施为新的抓手促进教师专业成长，引导校本课程开课教师做好上课准备，认真做好学生学习评价，及时将学生考勤和评价记录上报教务处。

（6）学生发展指导中心（政教处）：组织年级组做好选课指导，加强学生纪律管理。

（二）机制保障

1. 完善国家课程运行机制

为保证开足、开齐、开好国家课程，强化教研机制建设。强化业务学习，组织教师学习新课标，研究新教材，提升实施新课程新教材的能力。强化校本研训，完善教研组长为核心的主题教研责任制和备课组长为核心的学科教学质量责任制，通过特色学科主题教研、组长论坛、自我反思、同伴互助等提升能力。同时，做好课程整合，引导教师依据课程标准，根据学生的需求和现有水平、着眼于学生的长远发展，将学习内容按照系统性、层次性的特点重新"建构"，对其内容、编排顺序和教学方法等方面进行适当的取舍或调整。强化课堂建模，深化基于核心素养培养的"三为主五环节"课堂教学建模，落实"教、学、评"一致性。

2. 构建校本课程实施机制

（1）明确开发流程。

学校课程资源调查。调查、了解校内外可以利用的课程资源，摸清校本课程开发的家底。

学生课程意愿调查。通过问卷调查的形式了解学生的兴趣及学习方向，在对每个学生调查的基础上进行归类整理，形成校本课程的开发"菜单"，以供学生选择，确保促进学生全面发展。

制订课程开发方案。以一学期为一个周期制定方案，内容包括课程指导思想、课程目标、师资、课程组织与实施、课程评价等。

教师申报课程。教师根据学校课程开发方案填写申报表经年级初审、校区复审和学校课程评审委员会终审，终审同意后，撰写课程实施计划。

学校对开发课程评价指导。学校根据教师撰写的课程实施计划进行督导检查、指导评价，确保校本课程开发的质量。

（2）深化实施流程。

开设。学生课程意愿调查中30名以上学生选择的课程为开设课程。新学期开始前汇总，形成本学期面向学生的拟开设课程目录，并将拟开设课程目录在开学第一周向学生、家长以书面意向征询书公布。

管理。教务处负责课程和教师管理。教务处要提前确定开课课程、选课及任课教师名单，排出学校课程开课课表，确定上课教室，编制学生名单和成绩记录卡；通过听课、召开学生座谈会、问卷调查、进行考察等形式做好日常教学检查。任课教师做好课程计划，在规定时间到规定的教室上课，做好学生课堂管理，完成课程推进与考核。教师开设校本课程情况应记录在教师业务档案中，在学校评等评优中作为参考。

上课。采取走班上课的教学形式，根据每个学生的选择不同，采取行政班与分层、分类走班相结合的教学组织（即行政班和教学班）。根据学生学业层次和认知水平、学生学科基础、学习能力的差异，在走班时，每个学生可以选择不同层次的教学班，这些教学班级在教学目标、内容、途径、方法和评价上设定不同方案,实行分层教学。语文、英语、政治、历史、地理等文科倾向类课程以国家课程为基础,设置补弱类和提升类课程,采取"捆绑式必选"和"自主选修"两种修习方式,分别满足合格考和等级考两类学生的学习需要。

3. 强化课程选课推进机制

通过学校网络平台发布课程信息,下发由课程评审委员会制作、印发的《选课指导手册》,班主任召开班会对学生选课进行指导,并通过微信群、钉钉群对家长进行宣传。学生和家长明晰选课内容方式后,学生本着自主自愿、个性修习的原则在网上自主选课。学生选课后,依据学校课程开设情况确定个人课表,进行个性修习。

4. 完善课程实施评价机制

从学校、教师和学生三个维度对课程实施进行评价。学校和教师课程评价采用评价量表从课程目标达成、课程内容实施、学业质量成绩、课程实施创新等方面对课程实施情况进行评价。利用问卷调查的方式让学生从教学实施、学习收获、课程满意度等方面对课程实施进行评价。评价结果列入教师实绩考核的项目。

（三）制度保障

学校制定了《枣庄八中2022—2025年规划》《学分认定办法》《社团管理制度》《选修课管理制度》《校本课程建设管理方案》《美术学科基地建设三年规划》《关于深化课程改革 建设达标课堂实施方案》《关于进一步推进语文特色学科建设的意见》《关于进一步推进美术特色学科建设的意见》等一系列制度。学校发展性评价的方案已初步建立,上述制度均已开始全面推行,有力地推动了课程改革。

（四）资源保障

1. 经费保障

学校力争上级部门的支持,设立新课程实施专项经费,对课程开发、实施中取得的优秀教学成果给予奖励,保障教师培训、科研、课程改革及特色建设等各项工作的顺利开展,确保课程改革的有力推进。

2. 师资保障

加强教师的专业培训，尽快打造一支适应高中深化课改的师资队伍。完善教师考核制度，把教师开发、开设选修课的建设、管理等纳入考核范围，调动教师的积极性。

3. 资源保障

从内部充分利用我校拥有多个校区的资源优势，各校区利用各自的优势，提供设备、开辟场地供学生学习、实践。充分利用高庆堂省级名师工作室、张开放省级班主任工作室以及枣庄市联研共同体，提升教师的课程开发建设能力和执教能力。从校外看，强化与城区初中的联系，增强初、高中衔接教育的有效性；加强与龙润生态园、瑞诺电子科技有限公司和大洼美术写生基地等校外实践基地的联系，拓宽学生课程参与度；加强与省内外著名重点中学的联系，引进优质教育资源；加强与高校的联系，利用暑假组织学生进行国内著名高校游学活动，拓宽学生的视野。

13

山东大学附属中学课程规划方案

编者点评

　　绝大部分学校都是小学、初中、高中分学段设置，学校课程也相应地分别规划各自学段的课程方案。一所十二年贯通式的学校该如何整体规划小学、初中、高中三个学段的课程方案，系统设计、统筹规划，发挥它"十二年贯通"的优势，山东大学附属中学给我们提供了一个典型的案例。这份课程规划方案秉承学校"共享生命成长"的教育理念和"培养懂得幸福并具备终生追求幸福能力的人"的教育目标，践行"养心育德，养根育能"的教育策略，倡导"站在文化的高度思考教育，站在教育的高度思考教学，让学生发生真实性的学习"的教育思想，构建了以核心素养为导向，融课程、教学、评价、管理为一体的十二年贯通式课程，旨在培养"信息时代负责任的创造者"。

　　学校的课程目标用18个素养指标详细地描述了每个指标的具体表现，内涵丰富、具体、明确，若能在"理想远大""责任担当""精神富足"等方面再补充一些具体表现，既能体现国家课程方案中育人目标"有理想"方面的基本要求，又能展现学校的特色和十二年贯通式的办学优势。

　　该方案"一核、三类"的"贯通"课程体系"采用'4+4+2+2'模式，实现小学低学段与高学段（1~4年级）、小学高学段与初中低学段（5~8年级）、初中高学段与高中低学段（9~10年级）、高中高学段（11~12年级）全程"贯通"，充分彰显了十二年贯通式办学的优势和学校的课程特色。建议在对课程结构与设置的说明时，补充学校的课程体系与国家课程方案中科目设置和课时分配的基本要求保持一致性的相关内容。

　　系统设计十二年贯通式课程评价体系也是该课程规划方案的一大亮点。学校参照《国家课程标准》的具体要求，基于学校办学理念、育人目标、课程目标、课程结构、课程实施以及课程特点等，参考多个素养模型，设置了评价学理深厚、评价形式多元、评价主体多元的十二年贯通式的素养评价模型。如能在课程评价的整体设计时，进一步说明评价模型中的素养指标与学校课程目标中的18个素养指标的对应关系，呈现学校在相关评价方式上的具体操作方法，能更好地发挥案例的借鉴、参考价值。

山东大学附属中学课程规划方案

设计者：赵勇　王波　苏晓虎　李林　张华

　　山东大学附属中学（以下简称山大附中）依托山东大学深厚的文化底蕴和丰富的教育资源，秉承"共享生命成长"的教育理念和"培养懂得幸福并具备终生追求幸福能力的人"的教育目标，践行"养心育德，养根育能"的教育策略，倡导"站在文化的高度思考教育，站在教育的高度思考教学，让学生发生真实性的学习"的教育思想，培养"信息时代负责任的创造者"。

　　为此，学校构建了以核心素养为导向，融课程、教学、评价、管理为一体的十二年贯通式课程，制定了本课程规划方案。

一、课程依据

（一）国家和地方政策背景

　　《基础教育课程改革纲要（试行）》中提出的"调整和改革基础教育的课程体系、结构、内容，构建符合素质教育要求的新的基础教育课程体系"的整体要求为课程体系建设指明了方向。《国家中长期教育改革和发展规划纲要（2010—2020年）》的颁布为"执行义务教育国家课程标准的深化课程与教学方法改革"提供了坚实的政策基础。《基础教育课程教学改革深化行动方案》明确提出"把国家统一制定的育人'蓝图'细化为地方和学校的育人'施工图'"，切实加强国家课程方案向地方、学校课程实施规划的转化工作。

　　2014年开启第八次课程改革的深化阶段，2017年颁布高中课标，凝练了学科核心素养、素养表现及学业质量标准。2022年4月，《义务教育课程方案和课程标准（2022年版）》明确了培养目标，优化了课程设置，细化了实施要求，进一步明确"培养什么人、怎么培养人、为谁培养人"，优化学校育人蓝图。

（二）学校教育哲学

1. 教育愿景

把学校办成社会信任、教师幸福、学生喜欢的场域。让学校成为教师发展的沃土、学生成长的乐园。让学校成为生命绽放之源、社会文明之本、文化传承之基。

2. 教育使命

秉持山东大学"为天下储人才，为国家图富强"的办学宗旨，做有信仰的教育，共享生命成长。

"共享"：突出多方主体（教师、家长和学生之间，师生、生生、师师之间，学校、社会和家庭之间）的平等对话和共同参与，彰显"协同性"。

"生命"：既是多方主体的生命体验，又更突出作为未来希望的青少年学生的生命价值，凸显"人本性"。

"成长"：强调以进步的、面向未来的和长远的眼光看待孩子、看待学习、看待教育，侧重"发展性"。

学校"站在文化的高度思考教育，站在教育的高度思考教学，让学生发生真实性的学习"，秉持"协同、人本、发展"的理念来审视教育教学实践的方方面面，营造"共享生命成长"的氛围，重新建构和改造现有的课程体系，不断升级"共享生命成长"的实践版本和操作模式，让立德树人的价值导向在办学实践中落地、落实、落细，让孩子充分体验生命成长和历练的过程，以促进生命更好的成长。

（三）学情分析

山大附中是一所涵盖小学、初中、高中的十二年贯通式学校。作为十二年贯通式学校，经过系统、连续、贯通的培养，学生在习惯养成、思维发展、综合素养提升方面都有比较优异的表现。山大附中学生有非常强烈的发展意愿和较好的学业基础，对学校课程有强烈的需求，期待学校能够提供丰富化、个性化、选择性的课程。这为学校开展课程建设、规划设计课程方案提供了良好的前提和基础。

（四）社区的发展需要

山大附中隶属于山东大学，大多数学生的家长是山东大学、齐鲁医院、山大二院等机构的教（医）职工。他们专业能力强，学历水平高，很多人有国外留学的经历。这样的家长群体，对孩子的教育期待非常高，对学校的教育要求高。如果仅仅停留于国家课程的常态化实施，很难满足家长对孩子全面发展的教育诉求。这就需要学校推动国家课程的校本化，开发多样的校本课程，满足学生多样化、个性化的发展需求，甚至需要为具有特殊才能的孩子提供定制化的课程，为拔尖创新人才的成长提供课程保障。

（五）课程资源条件

1. 优势

（1）理念先进。学校具有"教育理念新、教育质量高"的显著特点。在首届齐鲁名校长赵勇的引领下，学校有着自己的价值追求及理念建构，以德育立校、以文化建校、以科研兴校、以课程强校；学校长期聘请国内一流专家指导前沿的研究及课程建设。在这样的环境中，我们一直接受国内先进理念的熏陶，接受国内、省内一流专家的指导，有着先进的课程理念。

（2）课程建设基础好。学校基于核心素养，已经打造了"横向融合，形成集群，纵向渐进，螺旋式上升，尊重人才成长的共性与个性，突出创新型人才培养"的十二年贯通式课程体系。制定了十二年贯通式课程建设方案；编写了主题式、项目式学习《教学指南》《学习指南》；陆续出版了一系列课程建设成果；研究论文被各级、各类期刊录用；基于课程建设形成了一批课题研究成果；编制了"学习科学与有效教学"指导手册；研制了学科《新常态教育教学标准》；主题式、项目式学习实施成果突出。

（3）师资力量强。学校拥有齐鲁名校长2人，齐鲁名师2人，特级教师7人，正高级教师6人，高级教师62人，教职员工逾540人。硕士研究生以上学历占比64%。拥有93人的课程建设骨干团队，有200余人的课程实践团队。

2. 劣势

（1）近年招生的学生对已有课程的适应性降低。

（2）随着青年教师的快速增加，课程理解力和课程实践力的平均水准下降。

3. 机会

学校已经在国家顶级专家团队的指导下进行了为期四年的超前探索，新一轮指向素养的新课程标准的颁布为学校的课程建设提供了难得的机遇。

4. 威胁

素养导向的课程设计与传统纸笔测试的匹配问题。

二、学校课程方案

（一）课程目标

1. 毕业生画像

有自主发展的能力，个性特长突出，敢于冒险，乐于创新，善于合作，富有责任感和奉献精神；具备欣赏美、追求美、创造美的能力；拥有强健的体魄、独立的人格、远大的理想；具有富足、完美的精神世界，常怀博爱之心、敬畏之心。

2. 课程理念

- 学生即项目；
- 课程即项目；
- 教学即研究，学习即探险，经历即成长；
- 评价即帮助，教、学、评合一。

3. 课程目标

基于"共享生命成长"的教育理念，旨在培养懂得幸福，并具备终生追求幸福能力的人。具体表现在两类素养的18个方面。如表1所示：

表1 山东大学附属中学的课程目标结构表

素养分类	素养指标	具体表现
学科素养	学科观念	能理解各个学科的本质，具备学科观念，如生物学科的生命观念，地理学科的人地协调观，物理学科的物理观念，化学学科的宏观辨识与微观探析，变化观念与平衡思想，证据推理与模型认知等
	学科实践	能具备各个学科的认识世界的方式，如科学学科的实践包括提出问题和明确需解决的难题、建立和使用模型、设计和实施调查研究、分析和解释数、利用数学和计算思维、建构解释和设计解决方案、基于证据的论证、获取、评估和交流信息等
跨学科素养	自主发展	能有明确的目标；能正确认识与评估自我；能依据自身个性和特长选择适合自我的发展方向；能合理分配和使用时间与精力等
	特长突出	能有一个或多个智能领域，如语言智能、数学逻辑智能、空间智能、身体运动智能、音乐智能、人际智能、自我认知智能、自然认知智能等
	敢于冒险	能勇敢面对挑战、接受挑战；能坚持不懈、永不放弃；能放宽心态、乐观面对；能实现自我，体会幸福
	勇于探究	能有坚持不懈的探索精神；能大胆尝试，积极寻求有效的问题解决方法等
	身心健康	能理解生命意义和人生价值；具有安全意识与自我保护能力；掌握适合自身的运动方法和技能，养成健康文明的行为习惯和生活方式等
	创新创造	能感受他人、社会、自然等方面的需求；能具有好奇心和想象力；能突破传统、规定或界限，能联系各个学科或领域，建立别人没有建立的连接；能将想法物化为成果；能将成果推广、运用，产生价值
	合作交流	能与他人共同学习；能与他人共同解决问题；能以参与者或者领导者的角色参与共同决策；能听取他人的意见和建议；能尊重他人；能表达有建设性的意见和建议等

素养分类	素养指标	具体表现
跨学科 素养	乐于奉献	能关心他人；能理解他人的困难；能为他人提供帮助；能在帮助他人中体会幸福和快乐等
	审美情趣	能具有艺术知识、技能与方法的积累；能理解和尊重文化艺术的多样性，具有发现、感知、欣赏、评价美的意识和基本能力；能具有健康的审美价值取向；能具有艺术表达和创意表现的兴趣和意识，能在生活中拓展和升华美等
	责任担当	能敬业奉献，具有团队意识和互助精神；能主动作为，履职尽责，对自我、他人、社会、自然负责；能明辨是非，具有规则与法治意识，积极履行公民义务，理性行使公民权利等
	独立人格	能有积极的心理品质，自信自爱，坚韧乐观；有自制力，能调节和管理自己的情绪，具有抗挫折能力等
	批判质疑	能具备问题意识；能独立思考、独立判断；思维缜密，能多角度、辩证地分析问题，做出选择和决定等
	理想远大	能立志成为德智体美劳全面发展的社会主义合格的建设者和接班人；能以世界为舞台，助益人类的福祉，促进人类可持续发展等
	博爱之心	能助益全人类的福祉，能关心世界，关心自然，关心他人，关心身边的事物，关心自我
	敬畏生命	能尊重身边的所有生命；能理解生命意义和人生价值；能具有安全意识与自我保护能力等
	精神富足	能有思想抱负，人格伟大，品德高尚；能为他人着想；能乐观面对困难；能有兴趣爱好等

（二）课程结构与设置

在课程改革的实践中，山东大学附属中学不断总结和完善学校总体课程结构，逐步形成了以培养信息时代负责任的创造者为育人目标的"一核、三类"的"贯通"课程体系。

1. 整体课程结构及其说明

"一核"：聚焦培养负责任的创造者，让学生具有全球视野和家国情怀，增强创新意识，提升创新能力，开展创新实践。

"三类"：具有面向不同群体的高原课程、山脉课程和山峰课程三类课程（如图1）。

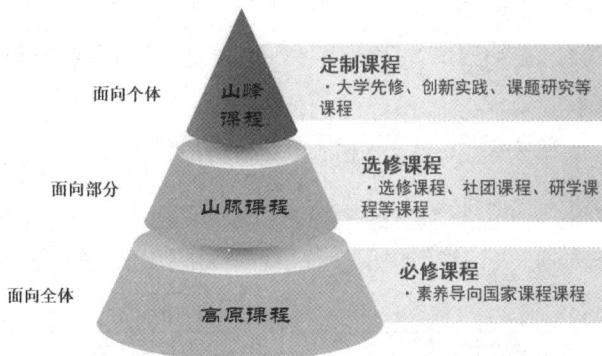

图1　山东大学附属中学课程结构图

（1）高原课程。高原课程聚焦学生核心素养发展，是全体学生必修的国家课程。学校在贯彻落实国家课程方案和课程标准的前提下，统筹地方课程和校本课程，积极推进课程整合，强化跨学科学习，涉及"人文课程""数理课程""艺体课程""德育课程""心理课程"五大领域。如表2所示：

表2　高原课程结构表

学习领域	科目设置
人文课程	语文、英语、历史、道德与法治、地理
数理课程	数学、物理、化学、生物、信息技术
艺体课程	体育、音乐、美术、戏曲
德育课程	习惯养成课程、生命教育课程、安全教育课程、劳动教育课程、爱国教育课程、责任教育课程、研学教育课程
心理课程	认识自我课程、情绪调适课程、生涯管理课程、人际关系课程

（2）山脉课程。学校针对学生不同的发展方向，为其提供适合其发展的"选修课程""社团课程""研学课程""竞赛课程""实践课程"等系列课

程。目的是开阔学生视野，激发学生兴趣，发展学生特长，为其提供展示舞台，满足学生个性化学习和全面发展的需要。

（3）山峰课程。山峰课程是山脉课程的深化和延续，是面向有特长的优秀学生开设的个性化课程。学习该类课程的学生需要经过选拔，或具备某些必要的学习基础。主要包括大学先修课程、课题研究课程、科技创新课程、社会研究课程等。

"贯通"：采用"4+4+2+2"模式，实现小学低学段与高学段（1~4年级）、小学高学段与初中低学段（5~8年级）、初中高学段与高中低学段（9~10年级）、高中高学段（11~12年级）全程贯通。如图2所示：

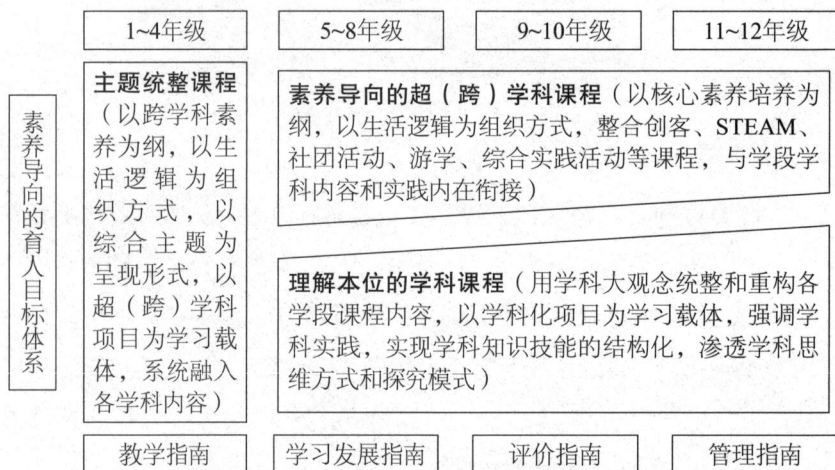

1~4年级	5~8年级	9~10年级	11~12年级

素养导向的育人目标体系	主题统整课程（以跨学科素养为纲，以生活逻辑为组织方式，以综合主题为呈现形式，以超（跨）学科项目为学习载体，系统融入各学科内容）	素养导向的超（跨）学科课程（以核心素养培养为纲，以生活逻辑为组织方式，整合创客、STEAM、社团活动、游学、综合实践活动等课程，与学段学科内容和实践内在衔接）
		理解本位的学科课程（用学科大观念统整和重构各学段课程内容，以学科化项目为学习载体，强调学科实践，实现学科知识技能的结构化，渗透学科思维方式和探究模式）
	教学指南	学习发展指南　评价指南　管理指南

图2　山东大学附属中学课程贯通结构

2.课程设置与课时分配、比例及其说明（如表3、表4、表5）

（1）第一学段课程（1~4年级）。

表3　第一学段课程结构表

课程		年级与课时分配			
		一	二	三	四
分科课程	语言文学	语文	252	252	221	221
		外语	63	63	63	63
		传统文化	31	31	32	32

续表

课程			年级与课时分配			
			一	二	三	四
分科课程	数学	数学	126	126	126	126
	社会科学	道德与法治	94	94	94	94
		心理健康			31	31
	自然科学	科学	31	31	63	63
	综合实践	信息科技			32	32
		劳动技术	31	31	32	32
	体育与健康	体育	126	126	94	94
	艺术	音乐	63	63	63	63
		美术	63	63	63	63
综合性课程	主题统整		105	105	105	105
生命化项目课程	各学习领域	戏剧	30	30	31	31
		生命与安全	9	9	9	9
		爱国主义教育	8	8	8	8
		主题班队活动	16	16	16	16
		选修课	175	175	175	175
		社团活动	175	175	175	175
	社区服务与社会实践		每学年1~2周			

说明：

●每学年上课时间为35周。校机动时间2周，主要开展社区与社会实践活动。

●一至二年级每周29课时，3~4年级每周30课时，每节课按40分钟计。将每周课时的10%开展超学科主题统整课程的学习。

●每天延时服务时间开展选修课程和社团活动，学生课程自选，走班上课。

●主题统整课程、劳动技术、信息科技、主题班队活动、爱国主义教育课程、生命与安全课程根据内容分散安排或集中安排。

（2）第二学段课程（5~8年级）。

表4　第二学段课程结构表

课程			年级与课时分配			
			五	六	七	八
分科课程	语言文学	语文	210	210	210	175
		外语	105	105	175	175
		传统文化	35	35	17	-
	数学	数学	175	175	175	175
	社会科学	道德与法治	70	70	70	70
		历史	–	–	70	70
		地理	–	–	70	70
		心理健康	35	35	35	35
	自然科学	科学	70	70	–	–
		生物	–	–	105	105
		物理				105
	综合实践	信息科技	35	35	70	70
		劳动技术	35	35	–	–
		研究性学习	35	35	35	17
	体育与健康	体育	105	105	105	35
		体育分项	–	–	–	70
	艺术	音乐	70	70	35	–
		美术	70	70	35	–
		艺术分项				70
生命化项目课程	各学习领域	生命与安全	9	9	9	9
		爱国主义教育	8	8	8	8
		主题班队活动	16	16	16	16

续表

课程			年级与课时分配			
			五	六	七	八
生命化项目课程	各学习领域	选修课	175	175	40	40
		社团活动	175	175	40	40
		社区服务与社会实践	每学年1~2周			

说明：

●每学年教学时间40周。其中社会实践活动1~2周，考试、节假日及重大活动4周，授课时间按35周计。

●五至六年级每周30课时，每节课按40分钟计。七、八年级每周36课时，每节课按40分钟计。课程内容以学科大观念统整与重构，采用多样化的学习方式，每学期各学科均开展项目化学习。

●每天延时服务时间开展丰富的选修课程和社团活动，学生课程自选，走班上课。

●研究性学习、劳动技术、信息技术、主题班队活动、爱国主义教育课程、生命与安全课程择机分散安排或集中安排。

（3）第三学段课程（9~12年级）。

表5 第三学段课程结构表

课程			年级与课时分配			
			九	十	十一	十二
分科课程	语言文学	语文	175	140	140	175
		外语	175	140	140	175
	数学	数学	175	140	140	175
	人文与社会	思想政治	70	70	70	128
		历史	70	70	70	128
		地理	—	70	70	128

续表

课程			年级与课时分配			
			九	十	十一	十二
分科课程	科学	生物	–	70	70	128
		物理	122	70	70	128
		化学	122	70	70	128
	技术	信息科技（技术）	35	35	35	17.5
		通用技术	–	35	35	17.5
	体育与健康	体育	105	105	105	105
	艺术	音乐	17.5-	17.5	17.5	17.5
		美术	17.5	17.5	17.5	17.5
生命化项目课程	各学习领域	研究性学习活动	9	70	70	70
		社区服务	三学年至少10个工作日			
		社会实践	每学年至少一周			
		生命与安全	7	7	7	7
		爱国主义教育	8	10	10	10
		生涯课程	8	8	8	8
		主题班团活动	15	15	15	15
		选修课	15	35	35	35
		学术型课程	70	35	35	35
		社团活动	8-	35	35	35
		个性化指导	每生每周一次			

说明：

●本课程设置方案是对所有普通高中课程开设的基本要求，但不是学生课程选修的最低要求。必修课程所有学生必须修习，选修课程由学生自主选择修习。

●每学年52周，其中教学时间35周，考试、节假日及重大活动4周，社会实践1周，假期11周。社区服务一般安排在课余时间、周末或节假日。原则上每学期分两段安排课程，每段10周，其中9周授课，1周复习考试。每周5天上课，周学时数不超过35。每学时一般为40分钟。高一、高二年级每周有3学时机动时间（含班团活动时间），学校可自主安排。

●九年级为初高衔接年级，每周36课时，每节课按40分钟计。课程内容以学科大观念统整与重构，采用多样化的学习方式，每学期各学科均开展项目化学习。

●每个模块通常为36学时，语文、数学、外语每个模块在一个学段内完成。人文与社会、科学领域的有关科目每个模块一般在一个学期内完成，必要时可在不增加学时的前提下，在本领域内将有关科目学时打通使用或调整开设顺序。音乐、美术、体育与健康每个模块为18学时。

●学校可根据需要调整技术领域中信息技术和通用技术的开设顺序。

●艺术领域每周开设1学时。音乐和美术可间周开设。

●研究性学习活动高一、高二年级每周3学时，2学时在课内实施，一般连排使用；1学时安排在课余和假期时间进行，以学生自主完成为主。

●学校课程主要指《课程方案》的"选修学分II"。有条件的学校可以围绕各学习领域自主开发和安排教学内容，增加学校课程的开设量。

●学生每学年在每个学习领域都必须获得一定学分，三年中获得116个必修学分，在选修课程中获得28学分，其中学校课程至少6学分，总学分达到144方可毕业。学生可以根据自己的兴趣爱好选修更多课程，获得更多的学分。

（三）课程实施

1.开展素养导向的（单元整体）教学设计

（1）超越课时设计，基于核心素养确定教学单元。教师需要灵活对待教科书上以学科内容为依据的单元编排方式；综合考虑大观念、学科知识技能、学科实践方式，强调学科内容的结构性和关联性，对课程内容进行分析、整合、重组；依据课程标准，明确单元内容所能承载的核心素养内涵和水平，确定单元育人指向；最终确立整合的、开放性的单元探究主题。

（2）凝练大观念或学科核心观念，重构单元课程内容。在进行单元整体教学设计时，教师需要分析课标和教材内容，明确单元学习所涉及的具体知识、技能；在此基础上，教师要对单元内容进行分析，提炼单元大观念（核心观念）和学科实践方法；明确单元指向的概念性理解，表述单元大观念

（核心观念）的具体内涵；用可视化的方式绘制单元围绕大观念（概念性理解）的内容结构图。

（3）拟定素养导向的单元教学目标。可参考埃里克森等人建议的"新三维目标"，即K（知识）、U（理解）和D（技能）。更好的做法是，结合学业质量标准，在拟定单元教学目标时，教师需要整合素养、学科观念和知识或技能，描述达成预期目标后的表现特征。

具体而言，首先要以素养为纲，明确教学内容所指向的素养；然后从学习结果的视角来写，从已经形成了该素养或观念的视角阐述学生在该素养上的具体表现；最后要结合课程内容进行叙写。换句话说，素养目标的撰写体例是"运用学科观念和学科实践，调动学科事实和技能，解决相关问题"。

（4）创设贯穿单元的真实情境或驱动型任务。在创设情境或任务上，教师要从学生日常-社会实践出发，创设有意义的、开放性的情境化任务；然后，以完成贯穿单元的情境化任务或问题为主线，组织单元学习活动；特别注意的是，单元中设计的子任务不是简单的并列或线性关系，而是要生成贴近学生问题解决思路、螺旋上升的子任务或探究项目序列。

（5）强调学生自主的深度学习和探究。单元学习是以任务为驱动，不断生成问题、不断解决问题的过程；在单元学习中，教师需要突出自主、合作、探究的学习方式，并且强调学科实践，注重科学思维和探究模式的运用；教师要重点关注学生的学习过程，强调思维深度、合作或探究质量；在单元学习中，教师要提供学习支架或工具，尽可能使学生学习及思维过程外显化和可视化。

（6）强调隐形的、与探究任务融合的过程性评价。教师要遵循"教学任务即评价任务、评价即学习"的理念。教师不单独创设评价任务，而是将单元学习的系统探究任务视为评价任务。在进行单元教学设计时，教师需要明确每个探究任务指向的评价目标、证据载体和表现预期。教师要尽量避免显性的过程性评价，强调系统收集项目完成过程中的学生资料。一是尽量避免直接提供评价表，让学生打分的形式，这样会打断学生的学习过程；二是在项目进程中，教师尽量采取引导性问题、集体反思或讨论各种artifact（思路、计划、方案、产品等）的评判标准等方式开展过程性评价；三是教师要采取各种方式记录学生项目完成过程（计划书、收集的材料、讨论记录、中介产品、修改记录、最终产品及其说明、展示记录，等等）。

2. 开展学科项目化学习

（1）建立学生个性化课程体系。让课程适应学生，根据学生的个性特点、需求、兴趣和特长建立适合每一个学生的个性化课程体系。课程目标与内容、教学过程、教学方式、学习方式、考试与评价方式、作业项目、假期项目、特色化项目课程、学生社团课程等，要充分体现选择性，让不同的学生学习不同的课程。帮助学生从小学习生涯规划，培养生涯规划能力。指导学生从小进行个人学习计划的制定，并学会在实施过程中不断调适、完善自己的学习计划，发展自主学习与合作学习能力。

（2）建立教师课程创生体系。把"备课"变成教师课程研究与课程创生过程。教师的重要专业素养是课程意识、课程研究与创生能力。教师需根据学生的需要和特点、自己的专业理解、学校文化特色、社会生活的新变化诸方面，对所教课程做出调适、改变、转化、整合与提升，以最大程度发挥课程的育人价值。教师需要不断提高用课程标准和教科书"教"的能力，而不是简单"教"课程标准与教科书。教师需要将所教的任何学科首先转化为"师本课程"，进而根据学生的个性化发展需要开发丰富多彩的"学校特色项目课程"。每一位教师教任何学科前需要研制持续更新的"课程纲要"，在第一次上课前发给学生，让学生了解本学期要探究的内容和完成的项目等。

（3）建立以项目教学为核心的深度教学体系。教师全面推行项目教学。项目即做研究、做课题，植根真实情境、解决复杂问题，并使观念"物化"。项目教学强调观念"物化"，但反对"产品导向"或"结果导向"，关注学生"有价值经验"或"精彩观念"的产生和持续发展。教师要根据学生需要、学科特点和真实生活情境，动态开发"学科项目"和"跨学科项目"，并持续更新项目。教师要以项目教学为核心让所有教学都走向深度教学。教师从事深度教学，意味着让学生亲身经历知识的诞生与应用过程，直接投入学科实践与课程实践；选择"少而重要"的学科观念、主题或范例展开深度探究，追求学生学科理解的"深度"而不是知识掌握的"宽度"；秉持"不确定知识观"，所掌握的知识技能灵动鲜活、可广泛迁移以实现应用；让学生的学习受创造动机和内在兴趣所驱使；让学生成为知识的创造者、教师成为学习的促进者。在深度教学中，教师是学科专家与教育专家的结合，学生是学徒，亲身经历体现个性特点的学科实践，一切知识技能的掌握则是学科实践的"副产品""伴随物"。

（4）建立以项目学习为核心的深度学习体系。学生全面实施项目学习。学习即做项目、做研究。学生学习任何学科知识，都自觉将学科知识与真实生活情境联系起来，将生活情境转化为问题情境，提出可以持续探究的、有价值的"本质性问题"；学生"像学科专家一样去思考"，在真实情境中表现学科专家的探究行为，在解决问题中运用所学学科的重要概念与观念；学生、教师和相关社区成员针对"本质性问题"合作提出解决问题的方案并进行充分论证；在学生投入探究和问题解决过程的时候，教师要提供各类必要的资源、技术等"脚手架"，以帮助学生克服困难，迎接挑战；学生经过几周或几个月的探究，形成一套可触摸、可欣赏和可研究的"产品"，即观念物化的人工作品，如物理模型、计算机模型、研究报告、录像、小电影、小戏剧、绘画、游戏、网站、计算机编程等等，这些作品指向"本质性问题"的回答，可以公开展示、研究和评论。学生在持续的项目学习中学会思维、学会学习、学会合作、学会做人，发展信息时代所需要的"核心素养"。与此同时，学生要将用中学、做中学、创中学、合作中学的方法和态度贯穿于一切学习活动中，避免死记硬背的机械式、被动式学习，将所学习的学科观念和学科实践能够广泛迁移、运用于不可预测的复杂情境中，真正走向"深度学习"。

（5）建立以教师的学生研究为核心的研究性教学体系。教学即倾听，学习即告诉。教师即学生研究者。教师即教学研究者。教师做学生研究具有独特性：教师是在帮助学生发展的过程中研究学生。教师在教学过程中要创设问题情境让学生投入进去；倾听、理解、研究学生的思想并在对话、讨论中把学生的思想引向深入；与学生共同探究学科与生活；在自我反思及同伴研讨中不断提升自己的思想。这样，教学就变成一项实实在在的研究：研究学生的思想；与学生共同做研究。学校的日常教学研究也要以教师的学生研究为核心组织起来，人人都是学生研究者。

（四）课程评价

评价是课程建设与实施的关键一环，也是检验课程建设与实施成效的重要依据，在高利害性标准化考试仍然大行其道的当下，如何回归儿童、理解学生，并在此基础上开发素养为本、相对温润、具有发展性的课程评价体系，是关键问题。

本校十二年贯通式课程建设的评价体系是参照《义务教育课程方案和课程标准（2022年版）》具体要求，基于集团办学理念、育人目标、课程目标、课程结构、课程实施以及课程特点等确立起来的。

其整合过程性、形成性和终结性评价，覆盖学生的学习过程，刻画学生核心素养的发展阶段，有效做到"教、学、评"一致性，从而形成十二年贯通式课程建设评价体系。如图3所示：

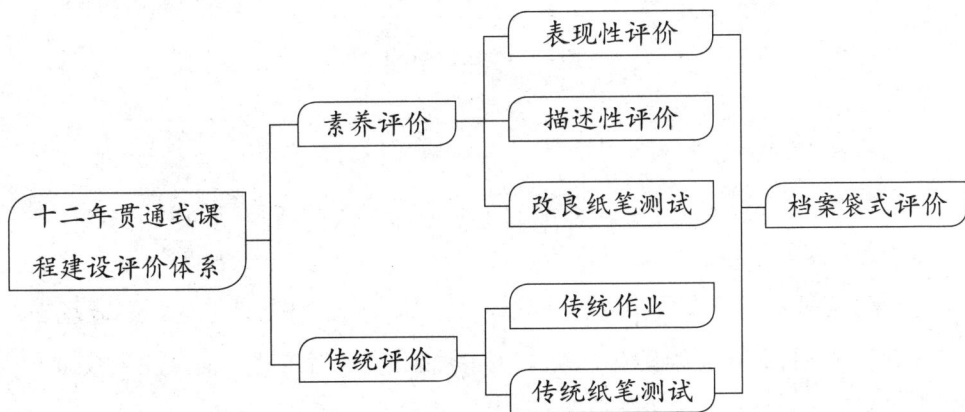

图3 课程建设评价体系

1. 评价观

评价即帮助，"教、学、评"合一。

倡导"教、学、评"一体化。课程、教学、评价是三位一体的关系，不是从课程到教学、再到评价的线性关系。评价既是重要的课程开发过程，也是教学过程的有机构成。一切评价均需"嵌入"课程开发和教学过程之中，指向课程、教学和学生学习的持续改善。

整合学科逻辑与生活逻辑，以学业质量标准为依据，以学科实践为途径，以促进核心素养发展为目标，让学习评价贯穿上述三者整体、协同发展的全过程。如图4所示：

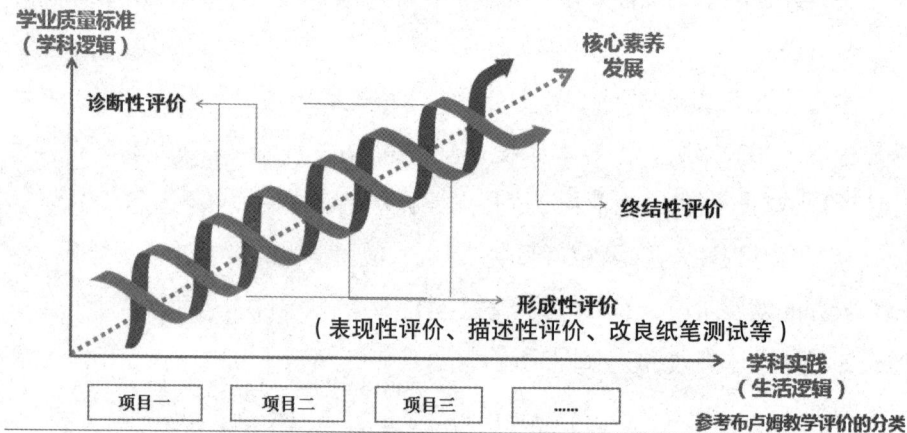

图4　课程评价观

2.评价特点

价值多元，服务发展；内容多元，情智并重；方式多元，量质结合；主体多元，视界融通。

（1）多元评价方式融合，多元评价主体参与。评价体系运用了表现性评价、描述性评价、改良纸笔测试、档案袋式评价等方式，而且注重教师评价、学生评价、自我评价等，体现了多元评价方式和多元评价主体。

（2）指向核心素养，实现"教、学、评"一体化。核心素养是育人目标，学习方式变革是实现核心素养的途径，多元评价方式嵌入学习过程，服务于学习方式变革，指向核心素养达成，实现了"教、学、评"一体化。

（3）体现发展性评价，关注学生成长。评价体系体现了评价即学习、评价即诊断、评价即描述和记录、评价即迁移、评价即反思等思想，因此更加关注学生的成长，是一种发展性评价。

（4）内部评价为主，外部评价为辅。评价体系更加注重内部评价，而第三方评价、中考、高考等外部评价是内部评价的有机衔接和补充。

3. 评价流程

依据素养目标，确定素养表现，制定评价标准，设计并实施教学任务，教学过程与评价相结合，实现"教、学、评"一体化，以评价促进学生发展。让评价过程始终嵌入教学过程的每一个环节，促进学科观念生成，推动学科实践进程，指向核心素养发展。如图5所示：

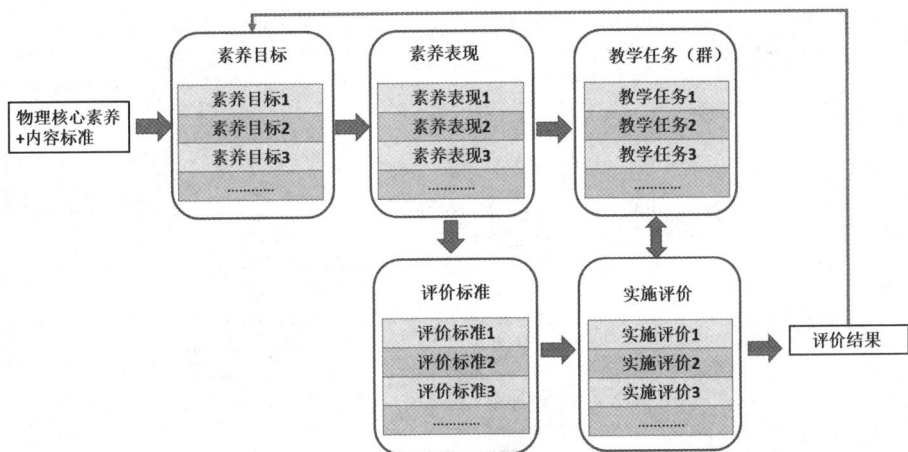

图5　课程评价流程

4. 评价指标

首先，按照《国家课程标准》的要求，国家课程的校本化实施要指向学科核心素养的达成；其次，按照学校的办学理念及培养"负责任的创造者"的育人目标，十二年贯通式课程一方面要指向学科核心素养的达成，另一方面要指向跨学科核心素养的达成。其中，关于核心素养的达成，是通过凝练学科观念（概念性理解），设置真实情境，亲历学科实践实现的。学科核心素养包括两个重要部分，即学科大观念和学科实践；而跨学科核心素养可以根据学校育人目标，参考OECD素养模型、4C素养模型、云谷学校素养模型、探月学院素养模型、维斯学校素养模型、杨向东教授提出的素养模型等，设置兼具学校特色和国际视野的素养指标，具体可以包括但不限于文化理解与认同、合作与交流、创新与创造、审辩式思维等。综上所述，学校遵循生命成长历程，尊重学生发展规律，整体规划十二年贯通式的素养评价模型。如表6所示：

表6　十二年贯通式课程的素养评价体系

素养分类	素养指标	素养表现
学科素养	学科观念	……
	学科实践	……
跨学科素养	自主发展	……
	特长突出	……
	敢于冒险	……
	勇于探究	……
	身心健康	……
	创新创造	……
	合作交流	……
	……	……

5. 评价形式

重视嵌入式的过程性评价，倡导表现性评价、描述性评价和新型标准化评价。

（1）建立以表现性评价为主体的核心素养评价体系。教师要研究各学科核心素养的可能表现；创设促进核心素养表现的真实任务情境；研究学生运用学科观念解决问题的思维过程；评价学生的解决问题及观念"物化"的结果，如研究报告、作品、实物等。

（2）描述性评价助力对学生核心素养发展进阶的刻画。教师面对任何学生的时候，应始终保持专业研究者的态度去尊重、理解与欣赏。教师在评价学生的过程中，要研究学生的会话、研究学生的"作品"：学生有哪些精彩观念和美好体验？学生的独特学习风格是什么？学生的个性特点是什么？学生在发展过程中有哪些新变化？为改善学生的学习应该提供哪些个性化策略和措施？对这些问题做出描述，寻找促进学生发展的可靠证据。具体方法有：书写评语——具体操作流程是当评价学生的时候，找三个优点，找一个可以改良的地方（不是找一个缺点）。无论哪个学科，只要让学生做了一定的任务之后，我们可以从论证技巧、内容问题、精通掌握、深层思考、表达、倾听、精确度和准确度、语言和词汇、培养创造力、与他人合作、阅读和写作等方面找优点，以上即为素养表现；书写课程档案——记录学生在课堂中阐释对话冲突、理解等方面的内容。一种是通过视频记录，一种是通过文字来记录。

（3）研究并实施新型标准化评价。根据学生核心素养的发展要求，将传统纸笔测验改造、发展为新型标准化评价。素养本位的标准化评价需要综合考虑四个方面：一是寻找学科核心素养表现与真实情境之间的结合点；二是确定恰当的情境呈现方式；三是选择适度的支撑性资料或数据；四是学会合理的设问。在准确把握学科核心素养内涵和表现特征基础上，基于真实情境，创设能够引发学科核心素养表现的评价任务，最终以学业质量标准为依据，研制等级性评分标准，是设计指向核心素养命题的基本环节。

教师要充分尊重和保护学生的人格，严格禁止在任何时候、任何地点对学生的学业成绩排名次；要使纸笔测验成为表现性评价的补充，并使二者形成有机联系，彻底根绝"刷题"现象；要使纸笔测验本身尽可能开放，体现学生对学科观念的理解、应用与创造。

（4）以"档案袋"的方式留存学生学习的历程、素养的发展、实践的进阶。收集能够反映学生学习历程、素养发展、实践进阶的典型作品、反思、演讲视频、调研材料等，以此证明学生的成长，同时有助于学生反省、家长知情。学生成长记录袋中材料的收集和选择与一定的素养目标相适应，不只是简单汇集学生作品，而是有意义、有目的地收集学生迈向素养目标及与成长和发展相关的材料。学生成长记录袋的基本成分是学生作品，但同时往往也包括对学生完成作品过程的描述与记录，还包括学生本人、教师、同伴、家长对作品的评价。理想的档案形式可以参考：每半个学期为学生建立一个成长档案，内容包括但不限于课程内容、课程作品、课程反思、课程评价（等级和描述）、改良纸笔测试题及成绩、教师团队总结性描述评价等。尝试实现电子档案，减少教师的工作量。

（5）依据素养表现的不同形式，我们具体采用课堂互动、实验探究、改良的纸笔测试、作品评价等评价方式，发挥不同评价方式的作用，保证评价结果的准确性和改进策略的有效性。将评价结果都作为学生成长历程、素养发展、实践的进阶的典型材料，在学期末收录到学生的档案袋评价中，交给学生和家长，以此证明学生的成长，同时有助于学生反省、家长知情。如表7所示：

表7　课程评价形式

素养目标	素养表现	评价形式			
		课堂互动	实验探究	纸笔测试	成果呈现
指向核心素养的教学目标	达到素养目标应有的表现	课堂提问、课堂观察、口头汇报、小组讨论、辩论、演示等	实验操作、实验报告	传统试题、改良纸笔测试	研究论文、项目成果、思维导图、微视频

6. 评价主体

在实施评价的过程中，改变传统的以教师为主的评价方式，让学生、学习小组、家长、社区人员等角色参与评价，采用教师评价、学生自评、生生互评、家长评价等方式进行多主体评价。在不同主体的评价过程中形成相互交流，相互激励，相互促进的模式，从而提高课堂教学的质量。

7. 评价功能

素养表现性评价有利于内在动机的激发，进行指向知识内核的高投入、高表现学习，从而产生切身体验、发展高阶思维、形成观念理解并进行应用、创造，最终实现核心素养的生成。

三、课程保障

（一）组织保障

为保障课程的建设与实施，学校调整组织架构，创新工作机制，形成各种"场域"，不断提升教师课程领导力。具体体现在以下方面：

1. 构建团队，形成"对话的场域"

学校将教师划分为不同团队，各团队间分工合作，协同推进课程建设。课程专家团队进行高位引领、顶层设计；课程核心教师团队形成具体的教学指南和学习指南体例；课程骨干教师团队形成具体的教学指南、学习指南、评价指南，并对课程实践团队进行培训；课程实践教师团队实施单元设计案例，并不断完善、丰富案例，形成成熟的课程实施成果。

2. 研教一体，营造"练习的场域""创造的场域"

教研、教学、课程三部门联合，对课程的研究、开发与实施进行一体化构建、一体化管理，自上而下促进研教一体。课程建设是一个不断"探索—反思—再探索"的过程，需要教师开展深入研究，敢于创新突破。在课程建设与实施的过程中，学校逐渐形成了课程建设、教研、教学"三位一体、三步闭环"的研修模式，即在"研中建、建中教、教中研"，营造了成果创造的场域和课程实施的场域。

（二）机制保障

1. 创新机制，建设"系统的场域"

（1）教师评价机制。为了更好地激活"系统的场域"，学校对教师进行"核心教师、骨干教师、实践教师"等身份的认定，采用"以绩代评、动态认定"的方式，即通过研发数量、同伴互评、专家鉴定、学生反馈等方式进行教师评价。

（2）成果评价机制。采用会议鉴定为主的方式进行成果评价。方式有月汇报、学期督导、阶段性攻关、学期会议鉴定等。月汇报重在展示各学科组每个月的推进情况；学期督导重在了解各学科组在学期课程建设与实施的整体情况；阶段性攻关重在一定时间内完成案例的开发或资源的建设；学期会议鉴定则是关注阶段性成果的质量，并给予相应的成果认定与评价。

（3）项目推进机制。学校注重对课程开发与实施各环节的跟进指导。专家深入学科课程建设团队中进行引领与指导，在与核心教师、骨干教师、实践教师的交流中，发现问题，解疑答惑；核心教师深入到学科课程开发与实施过程中，了解开发与实施的情况与问题，与骨干教师团队、实践教师团队对话，或提供帮助，或组织攻关……不同团队教师建立了一种积极沟通、相互分享的对话生态。

2. 资源保障

学校设有课程建设与实施专项资金，保障课程建设会议举办、课程劳务费用发放、课程建设成果出版、教师外出培训学习、相关书籍购买等。

（三）实施保障

1. 明确课程体系的建设流程

基于对"国家教育政策的研究"和"教育理念前沿的研究"，结合学校的办学理念，使用"SWOT分析"法，形成了课程建设的顶层设计，分别建立了"课程建设团队""建设运行机制"，形成"各课程项目组顶层设计与全系架构"。采用"条块结合"的方式推进（"条"即各项目组，"块"即各学段），落实主责学习，坚持"方案、分解、开发、实施、研究、萃取、评估"的开发过程，注重督导、支撑、保障，加强过程性评价。并采用规范程序进行成果审定、经费审核，推进成果推广、转化。

2. 研制课程开发的模型

以ADDIE课程开发模型与SAM敏捷迭代课程开发模型为蓝本，形成整体上以"分析—设计—开发—实施与评价"为大结构，以"样例—评估—设计"为小结构的"研—建—教"一体的课程建设与实施模型。即在"研中建→建中教→教中研→研中建"的循环发展闭环中不断提升课程质量。在研究中预设与设计，在教学中检验与调整，在实施中评估与改进，在反思中改进与提升。

3. 形成"学术领导、行政服务、项目管理"的运行机制

在十二年贯通式课程建设中，教师在专家、教授的指导与引领下，研读相关政策文件、文献书籍，以科研的态度、科学的精神和学术的意识进行课程建设工作，保证课程建设的科学性与连续性，形成了浓厚的"学术领导"氛围。在课程建设的推进过程中，学校各部门统一联动、协作研究，通过完善课程建设实施与评价机制，提供课程建设立项经费支持，实现课程建设工作的有效开展与落实，组织研发成果的鉴定与推广，为课程建设做好后勤保障与"行政服务"工作。在课程建设的工作过程中，各个课程建设团队通过"项目管理"的方式开展工作，项目组长作为主要负责人，通过提交课程开发项目立项书与预期成果登记表，申请项目经费，保障工作的有序开展，保证课程建设的整体推进。